DROEMER✪

Dr. Ina Knobloch

SHUTDOWN

**Von der Corona-Krise zur
Jahrhundert-Pandemie**

Mit Ausnahme von Personen des öffentlichen Interesses wurden die Namen
der Geschilderten aus Sicherheitsgründen verfremdet.

Besuchen Sie uns im Internet:
www.droemer.de

Aus Verantwortung für die Umwelt hat sich die Verlagsgruppe
Droemer Knaur zu einer nachhaltigen Buchproduktion verpflichtet.
Der bewusste Umgang mit unseren Ressourcen, der Schutz unseres Klimas
und der Natur gehören zu unseren obersten Unternehmenszielen.
Gemeinsam mit unseren Partnern und Lieferanten setzen wir uns
für eine klimaneutrale Buchproduktion ein, die den Erwerb von
Klimazertifikaten zur Kompensation des CO_2-Ausstoßes einschließt.
Weitere Informationen finden Sie unter:
www.klimaneutralerverlag.de

Originalausgabe Juli 2020
© 2020 Droemer Verlag
Ein Imprint der Verlagsgruppe
Droemer Knaur GmbH & Co. KG, München
Alle Rechte vorbehalten. Das Werk darf – auch teilweise – nur mit
Genehmigung des Verlags wiedergegeben werden.
Covergestaltung: Isabella Materne, München
Coverabbildung: MBLifestyle; Freeda / shutterstock
Satz: Adobe InDesign im Verlag
Druck und Bindung: CPI books GmbH, Leck
ISBN 978-3-426-27844-4

2 4 5 3 1

INHALT

PROLOG

Die Geschichte der Menschheit ist eine Geschichte der Seuchen. Es ist der stete Kampf gegen ein unsichtbares, bedrohliches, tödliches und oft unbekanntes Imperium von Mikroben, das ganze Staaten und manchmal die ganze Welt in Angst und Schrecken versetzt. Unter anderem Pest, Pocken, Cholera, Typhus und Ebola waren solche Imperien, jetzt ist es Corona.

Das Imperium der Viren schlägt zurück, wenn sein Lebensraum bedroht ist. Schon Hunderte Millionen Jahre vor den Menschen und Tieren haben Mikroben den Planeten besiedelt. Ohne diese Mikroorganismen könnte die Menschheit gar nicht existieren. Naturzerstörung, Klimaerwärmung, Umweltgifte, intensive Landwirtschaft und Überbevölkerung bedrohen das Imperium der Mikroben zunehmend.

Doch auch die neuesten Errungenschaften der Zivilisation helfen der Evolution der Mikroben auf die Sprünge. In immer raffinierteren Biolaboren der Welt werden mit modernsten gentechnischen Methoden Viren und Bakterien kreiert und manipuliert und längst ganz legal in die Welt gesprüht. Unter dem Deckmantel der Abwehrstrategie, Welternährung oder Gesundheit werden in Biowaffenlaboren der Welt die tödlichsten Erreger gezüchtet, manipuliert, »geschärft« und Impfstoffe dagegen entwickelt. Die Grauzone zwischen »guter« und »böser« Gentechnik und Impfforschung ist so groß, dass die weißen und schwarzen Ränder gar nicht mehr erkennbar sind.

Durch den erhöhten Druck der Zivilisation, Zerstörung und Überbevölkerung »rebellieren« die unsichtbaren Mächte der Mikroorganismen schon seit Jahrzehnten. Ob aus »Frankensteins«

Laboren oder zerstörten Ökosystemen, dieses Imperium schickt uns einen neuen Krankheitserreger nach dem anderen. Zeichen, so dramatisch wie die Plagen in der Bibel, häuften sich nicht zufällig in den Wochen vor dem Ausbruch von Corona. Denn eine neue Zeit ist angebrochen – der Klimawandel und seine Folgen sind ein ebenso deutlicher Hinweis darauf wie die Corona-Krise.

Notre-Dame von Paris, die berühmteste Kathedrale der Welt, geht Mitte April 2019 in lodernden Flammen auf, und die ganze Welt ist bis ins Mark erschüttert. Wie ein mahnendes Omen lodert ihr infernales, brennendes Kreuz bis weit in den Himmel. Die menschengemachte Klimaerwärmung schlägt sich auch in lodernden Flammen nieder.

Etwa zur gleichen Zeit überschwemmen sintflutartige Regenfälle Indonesien, Ostafrika, Brasilien und andere Länder. Millionen Menschen sind auf der Flucht, und in Australien brechen die Temperaturen alle Rekorde. Buschbrände verbreiten sich wie ein Lauffeuer über den überhitzten Kontinent und zerstören Wälder, Felder und Dörfer wie noch nie zuvor.

In Brasilien, Afrika und Borneo brennen ebenfalls die Regenwälder und werden in einem Ausmaß geplündert, das alles Vorherige in den Schatten stellt. Heuschreckenschwärme von einer bislang unbekannten Dimension überfallen Ostafrika, während in Europa Schwärme von Staren vom Himmel fallen. In Australien regnet es tote Fledermäuse und in Florida erstarrte Leguane vom Himmel. In Chile werden Dutzende tote Wale an Land gespült, und in der Karibik spuckt das Meer tonnenweise Algen an die Strände.

Es sind nicht die biblischen Plagen, sondern Zeichen, die einen apokalyptischen Schatten vorauswarfen und sich in den letzten zwölf Monaten ereigneten, bevor Corona die Welt endgültig aus den Angeln hob. Der Mensch befeuert nicht nur den Klimawandel, sondern zerstört Natur und Umwelt in einer Dimension, die kein Ökosystem mehr verkraften kann. Viren, die bislang in einer harmonischen Symbiose mit ihrem tierischen Wirt zusammenleben, geraten unter Druck und suchen sich einen neuen Lebensraum oder zerstören den Angreifer: die Menschheit.

Gleichzeitig schärfen Wissenschaftler im Auftrag von Regierungen Krankheitserreger mit gentechnischen Werkzeugen zu gefährlichen Waffen, oder sie manipulieren Mikroben für die Industrie, der sie Milliarden Gewinne bescheren sollen und mit denen diese längst auf den Feldern der Welt ihr Unwesen treibt.

Die Regierungen der Welt wussten, dass eine dramatische Pandemie kommen wird, stellten Pläne auf und simulierten sogar Szenarien mit Corona-Viren. Trotzdem war kein Land der Welt auf das neue Corona-Virus SARS-CoV-2 vorbereitet. Doch eins ist klar: Nach dem Shutdown ist die Welt eine andere. Ob sie besser wird, liegt an uns, noch können wir das Mutterschiff Erde auf einen anderen Kurs bringen. Nach Corona ist vor der nächsten Pandemie, und die könnte noch viel tödlicher sein.

VIRAL

Geheime Supermacht

Gift, Geifer, Schleim

Etwa 800 Millionen Viren tummeln sich auf jedem Quadratmeter unseres Planeten. Für einen Super-GAU reicht es, wenn nur ein paar tödliche Erreger darunter sind, die sich viral verbreiten. Die nächste Pandemie kann schlimmer werden als jeder Krieg. Wir sollten uns besser darauf vorbereiten als auf Corona.

Viren sind wie Zombies, mörderische Untote, die überall lauern, unglaublich aktiv, aber unfähig, sich selbst zu ernähren oder zu vermehren. Sie sind weder tot noch lebendig und dringen wie Aliens in fremde Lebewesen ein, manipulieren und töten auf brutalste Weise.

Sie infiltrieren das Erbgut ihrer Opfer und missbrauchen das Genom für ihre Zwecke. Aber manche retten damit auch Leben. Ohne Mikroben wäre der Mensch nicht lebensfähig. Ohne Hilfe von Viren hätte es in der Evolution den Sprung vom Brut- oder Beuteltier zum Säugetier wahrscheinlich nie gegeben. Der Krieg gegen Viren ist auch ein Krieg gegen uns selbst . Keine Frage, dass wir gegen einige Viren ankämpfen müssen, aber alle Viren auszurotten, das wäre nicht nur das Ende der Menschheit, sondern vermutlich das Ende des Lebens auf unserem Planeten. Und impfen können wir uns auch nicht gegen alle Viren der Erde, das wäre nicht nur Selbstmord auf Raten, sondern übersteigt auch sämtliche Forschungskapazitäten.

Die Erforschung dieser Mikrozombies wird uns noch lange beschäftigen und hält sicher noch einige Überraschungen bereit, vielleicht muss die Evolution ganz neu geschrieben werden. Allein ihr Name verursacht Gänsehaut. Virus kommt aus dem Lateinischen und bedeutet nichts anderes als Gift, Geifer oder Schleim. Nicht alle sind tödlich, viele gar nützlich, aber niemand kann ihnen entweichen. Es gibt keinen Ort der Erde, wo sich Viren nicht ausgebreitet haben. Selbst unser Körper ist durchdrungen von Milliarden dieser winzigen Wesen, die nur aus einer Erbmasse mit Proteinhülle bestehen und scheinbar nichts anderes tun, als ihre DNA in fremde Zellen zu schießen. Tiere, Pflanzen, Pilze, Bakterien und Menschen werden tagtäglich von Billionen Viren attackiert.

Mit jedem Atemzug inhalieren wir Viren, mit jeder Mahlzeit schlucken wir sie, und mit jedem Tropfen Wasser oder Saft nehmen wir Millionen dieser winzigen Zombies in uns auf. Allein unser Erbgut besteht zu einem Zehntel aus Viren-DNA. Ihr raffiniertes Zusammenspiel mit höheren Organismen hat sich über Jahrmillionen entwickelt.

Ausgestattet mit Hüllen wie Waffen, schießen sie ihr Erbgut in fremde Zellen und manipulieren sie so, dass sie selbst zum Geburtshelfer der Viren werden. Der machtlose Wirt vermehrt den Eindringling so lange, bis er förmlich platzt und die »Aliens« ins Freie lässt. Das passiert ständig, ohne Pause und überall. In unserer globalisierten Welt ist es nur eine Frage der Zeit, wann die nächste tödliche Pandemie vor der Tür steht.

Viele Viren warten noch auf ihre Entdeckung, und andere verändern sich so rasant, dass die Forschung nicht Schritt halten kann. Die brutalen Symptome und tödlichen Auswirkungen einiger viraler Seuchen sind jedoch jedem bekannt: Tollwut, Ebola, Zicka, Aids, Pocken, Gelbfieber, Kinderlähmung, SARS, MERS und dann: das neue Corona-Virus SARS-CoV-2.

Am sich ständig verändernden Grippevirus sterben jährlich Tausende Menschen. Vor hundert Jahren waren es im Fall der Spanischen Grippe gar zwischen 20 und 100 Millionen Tote. Niemand weiß es genau. Fakt ist, dass diese Seuche mehr Menschenopfer gefordert hat als der Erste Weltkrieg.

Entdeckt wurden die Minizombies erst Ende des 19. Jahrhunderts von einem deutschen Botaniker, der mit erkrankten Tabakpflanzen experimentierte. Bei seinen Forschungen konnte der Wissenschaftler eine giftige Masse identifizieren, einen toxischen Saft oder Schleim, der sich auf Blättern vermehrte und sie infizierte: »Virus« auf Latein.

Mitte des 20. Jahrhunderts wurden die Winzlinge durch die Erfindung des Elektronenmikroskops schließlich sichtbar gemacht, und noch immer wissen wir viel zu wenig über diese sich ständig ändernden Wesen, wie das neue Corona-Virus mehr als deutlich gezeigt hat.

Mensch vs. Virus

Trotzdem fördern von Allmachtsfantasien beseelte private Milliardäre, Wirtschaftsbosse und Regenten mit gigantischen Summen die fatale Einbahnstraße der Biotechnologie als vermeintlich einziges Heil der Menschheit. Verdeckt über Stiftungen sammeln die Big Player der Wirtschaft auch bei Regierungen Milliarden für die Kreation und Genmanipulation von Mikroben und Pflanzen zur Bekämpfung von Seuchen und zur vermeintlichen Rettung der Menschheit ein.

Unter dem Deckmantel des Fortschritts und der Philanthropie profitieren dabei nicht nur Big Pharma, Biotech- und Nahrungsmittelkonzerne, es öffnet sich dabei auch Tür und Tor für die Erforschung und Produktion von Killerviren für Biowaffen.

Geimpft und auch mit Biowaffen gekämpft wurde allerdings schon lange vor der Entdeckung und Erforschung der Mikroben. Frei nach dem Motto: Gleiches mit Gleichem bekämpfen. Kein anderer als Samuel Hahnemann, der Vater der verpönten Homöopathie, war nach Edward Jenner einer der großen Verteidiger der damals noch sehr umstrittenen Impfanfänge. Der unkonventionelle Forscher infizierte sich selbst mit Kuhpocken, um damit eine schwache Infektion auszulösen und sich dadurch zu immunisieren. Hahnemann forschte weiter an dem Serum und brachte die Pockenimpfung ein gutes Stück voran, bereits Ende des 19. Jahrhunderts, Jahrzehnte vor der Entdeckung der eigentlichen viralen Übeltäter, wurde die Pockenimpfung zur Pflicht in Preußen.

Nach der Visualisierung der Viren und der Entschlüsselung ihrer Erbsubstanz in den 1950er-Jahren begann der Boom der mikrobiologischen Forschung und Entwicklung neuer Impfstoffe. Erfolgreich konnten damit endlich auch übelste Seuchen bekämpft werden, und die hochmütige Menschheit glaubte als Sieger im Kampf gegen die Mikroben hervorgegangen zu sein. Ein fataler Trugschluss.

Viren verändern sich in einer Geschwindigkeit, mit der kein Forscher der Welt mithalten kann. Einer Welt, die nicht darauf vorbereitet ist, dass diese Zombies mit geballter exponentieller Kraft zurückschlagen. Weder die Medizin noch die Wirtschaft noch die Politik ist auf einen viralen Super-GAU vorbereitet, weder in Deutschland noch in irgendeinem anderen Land der Erde.

Corona hat gezeigt, was ein Virus kann. Doch das ist erst der Anfang. Ein noch gefährlicherer Erreger könnte einen Großteil der Menschheit ausrotten und die globale Wirtschaft komplett in die Knie zwingen. Hunger, Armut, Nahrungsmangel, Wassernot, Flucht, Vertreibung und Krieg wären die Folgen.

Es ist fast eine Ironie des Schicksals, dass der Mensch, der sich selbst als »Krone der Schöpfung« bezeichnet, von einem so winzigen Geschöpf in die Schranken gewiesen wurde, das er selbst als »Krone« bezeichnete: Corona.

Corona hat die Welt verändert. Bis zum Ausbruch dieser neuen Seuche hatten die meisten deutschen Bürger noch geglaubt, dass WHO und Regierungen in den Industrienationen aufkommende

Seuchen im Griff hätten. Doch weit gefehlt, und seit Corona glaubt das auch kaum einer mehr.

Nach Schätzungen von Experten könnte uns bald eine neue, noch viel tödlichere Pandemie treffen. Das vergleichsweise harmlose neue Corona-Virus hat schon gezeigt, dass es die Menschheit im Griff hat: Shutdown!

ENTDECKUNG

Unkontrollierte Ausbreitung

Erste Anzeichen

Es ist ein ungemütlicher, aber kein ungewöhnlicher Tag, als der 23-jährige Liang an einem Morgen kurz vor Weihnachten 2019 zur Arbeit geht. Auf dem Weg dorthin hat der junge Mann starke Kopfschmerzen, aber er ist sehr pflichtbewusst und kehrt nicht um, nimmt den überfüllten Bus und hält den Schmerz aus.

Sein Arbeitsplatz liegt am Bahnhof von Hankou, in der Nähe des Fischmarkts von Wuhan. Die Märkte in China sind anders als die europäischen. Viele Wildtiere werden dort als Delikatesse oder Heilmittel gehandelt, und auf einem Fischmarkt werden nicht nur Fische verkauft, sondern ebenfalls zahlreiche andere exotische Tiere. Viele »Delikatessen« werden lebendig angeboten. Auch Liang kauft auf dem nahe gelegenen Fischmarkt oft ein. Aber nicht an dem Tag, als ihn erstmals Kopfschmerzen quälen, wie er sie zuvor nicht kannte.

Am nächsten Tag geht es ihm noch schlechter, und er meldet sich krank.

Der junge Mann fühlt sich inzwischen so schlecht, dass er den Notarzt aufsucht. Die Symptome deuten auf eine starke Erkältung oder Grippe hin. Ohne weitere Tests bekommt er Penicillin und noch weitere Medikamente verordnet und wird wieder nach Hause geschickt. Die Medikamente schlagen nicht an. Nach drei Tagen fühlt er sich immer noch nicht besser, beschließt aber trotzdem, zur Arbeit zu fahren. Liang nimmt wieder den Bus zu seinem Job am Bahnhof. Als er in dem überfüllten öffentlichen

Verkehrsmittel sitzt, geht es ihm so schlecht, dass er umkehrt und direkt ins Krankenhaus fährt.

Die Klinikärzte stellen stark erhöhte Leberwerte fest und schicken ihn trotzdem wieder nach Hause. Die Fieberschübe werden jedoch immer schlimmer. Der verzweifelte junge Mann weiß sich nicht anders zu helfen und sucht ein anderes Krankenhaus auf. Dort wird er zunächst mit Verdacht auf Lungenentzündung eingewiesen. Als einer der Ärzte den Anamnesebericht liest, fällt ihm jedoch auf, dass Liang in der Nähe des Markts arbeitet, von dem offensichtlich eine neue, hochansteckende Krankheit ausgeht. Es ist nicht der erste Fall mit diesen schweren Symptomen. Drei Menschen liegen in einem anderen Krankenhaus mit gleichem Krankheitsverlauf in Quarantäne auf der Intensivstation. Diese ungewöhnliche Infektionswelle hat Liangs Krankenhausarzt verfolgt und überweist ihn ebenfalls dorthin.

In etwa zur gleichen Zeit steige ich in Frankfurt nach einer 24-stündigen Reise erschöpft aus dem Flugzeug. Nicht zum ersten Mal kehre ich von einer mehrwöchigen Expedition aus Lateinamerika zurück. Erledigt bin ich nach der anstrengenden Exkursion stets, aber diesmal ist es anders. Mein Körper fühlt sich an, als wäre ein Lkw drübergefahren, während gleichzeitig ein penetranter Husten meinen Brustkorb dermaßen malträtiert, dass ich fürchte, mir eine Rippe zu brechen. Schweiß läuft mir über die Stirn, und mein Körper wird von regelmäßigen Fieberschüben geschüttelt.

Impfungen – kein Allheilmittel

Irgendein Virus hat mich erwischt, obwohl ich mich zuvor reisemedizinisch auf den neuesten Stand gebracht und alle wichtigen Impfungen aufgefrischt habe. Allerdings liegt das schon einige Wochen zurück, als Vorbereitung für meine China-Expedition, die ich kurz vor meiner Costa-Rica-Reise angetreten hatte.

Zum allerersten Mal habe ich mich gegen Tollwut impfen lassen. Es ist eine aufwendige und teure Impfung, gegen eine Krankheit, die fast immer tödlich verläuft und über die in Deutschland nur wenige Ärzte informieren, denn Tollwut gilt hierzulande als ausgerottet. Todesfälle gibt es trotzdem immer wieder. Nach den strengen WHO-Kriterien gilt die Seuche hierzulande auch keinesfalls als ausgerottet, vor allem weil die Viren immer wieder bei Wildtieren in Deutschland nachgewiesen werden, vor allem bei Fledermäusen.

Anders in China, dort ist diese Seuche ohnehin eine häufige Todesursache. Nach Aids und Tuberkulose gilt Tollwut dort als dritthäufigste Todesursache unter den meldepflichtigen Infektionskrankheiten. Nach einer Schätzung der WHO sterben jährlich etwa 60 000 Menschen an Tollwut, die meisten davon in Asien und Afrika. Die tödlichen Viren, die das Hirn förmlich auffressen, werden fast immer von Hunden übertragen.

Ein Biss von einem tollwütigen Hund genügt und bedeutet für ungeimpfte Opfer fast immer ein Todesurteil. Selbst mit Impfung ist der menschliche Körper gegen das aggressive Lyssavirus nicht ausreichend gewappnet, aber immerhin überlebensfähig. Eine Nachimpfung rettet dann wenigstens das Leben. Ansonsten gibt es keinerlei Heilmittel gegen diese tödliche, qualvolle Krankheit, gegen die schon die alten Römer und Griechen kämpften.

Hase und Igel

Dieser tödlichen Tollwutgefahr wollte ich mich nicht länger aussetzen, nicht nur wegen meiner China-Reise, auch wegen der Gefahr in Costa Rica, Deutschland und sonstigen Ländern. Alle anderen Impfungen ließ ich ebenfalls auffrischen und mied alle viralen, bakteriellen Gefahren: kein Wasser aus der Leitung, nur gekochtes Essen, kein Salat und Früchte nur ganz frisch. Trotzdem hat es mich erwischt. Die Mikroben lauern einfach überall, und gegen die exotischen Viren und Keime ist mein Körper nicht gewappnet. Auch bin ich nicht gegen alles geimpft, denn es gibt schlichtweg viel mehr Virenstämme als passende Impfstoffe. Viele Viren reagieren darüber hinaus nicht ausreichend auf Impfstoffe, und andere mutieren so schnell, dass die Entwicklung eines Impfstoffes wie der Wettlauf zwischen Hase und Igel verläuft. Wie der Igel gewinnt das mutierende Virus stets das Rennen.

Die Fieberanfälle hatten schon in Costa Rica begonnen, wenige Tage vor meiner Rückreise. Am Flughafen interessiert sich niemand für kranke Passagiere, auch nicht in Frankfurt. Selbst Wochen später, nachdem Corona als gefährliche Epidemie aus China auf dem Weg zur Pandemie eingestuft wird, gibt es am Frankfurter Flughafen noch immer keinerlei Kontrollen oder Beratungen.

Am Passschalter in Frankfurt höre ich, wie eine offensichtlich aus China kommende Passagierin fragt, wo sie sich melden soll, sie hätte Fieber. Niemand interessiert sich dafür. Wenn es schlimmer wird, soll sie in ein Krankenhaus gehen, rät der Beamte. Weder Bodenpersonal noch Flugbegleiter/-innen oder Piloten/Pilotinnen sind für eine Epidemie, geschweige denn für eine Pandemie geschult. Es gibt weder ausreichende Quarantäneeinrichtungen noch genügend Schutzkleidung und schon gar keine ausgebildeten Seuchenspezialisten an den Terminals der Welt.

Auch mich fragt am Flughafen niemand nach Krankheiten, weder in Costa Rica noch in Deutschland, obwohl mir die Schweißperlen auf der Stirn stehen und meine Wangen fiebrig glühen. So geht es auch allen anderen Passagieren, egal, aus welchem Land sie kommen und wohin sie reisen. Das ändert sich erst, als ein paar Wochen später die Pandemie nicht mehr aufzuhalten ist und selbst Großveranstaltungen wie die Internationale Tourismusmesse in Berlin oder der Autosalon in Genf abgesagt werden.

Anfang Januar wird auch in China noch niemand auf Krankheiten kontrolliert, egal, ob Reisende fiebern oder frösteln. Ob sie das Corona-Virus tragen, kann noch nicht festgestellt werden. Erst am 7. Januar identifizieren Forscher dieses neuartige Virus, das eng mit dem SARS-Virus verwandt ist, das 2003 in China entdeckt wurde. Beide sind Corona-Viren, die Wissenschaftler nennen es zunächst 2019-nCoV (2019 entdecktes neues Corona-Virus), wenig später wird das Virus in SARS-CoV-2 umbenannt und die Krankheit als Covid-19 bezeichnet (aus englisch *coronavirus disease*, 2019). Das Durcheinander mit den Kürzeln führt dazu, dass sowohl Erreger als auch Krankheit als Corona in die Geschichte eingehen.

Anfang Januar liegen die Infizierten im Zentralkrankenhaus von Wuhan noch mit Verdacht auf SARS in der Intensivstation. Denn bislang ahnen Mediziner und Forscher nicht, dass es sich um ein neuartiges Virus handelt, das den Patienten zu schaffen macht, sondern vermuten einen neuen SARS-Ausbruch. Niemand vermutet zu diesem Zeitpunkt, dass es sich um ein Virus handelt, das wenige Wochen später die ganze Welt in Atem halten wird.

Liang geht es inzwischen so schlecht, dass er sich kaum mehr bewegen kann. Im Jinyintan-Hospital wird er sofort unter Quarantäne gestellt. Noch drei weitere Patienten mit den gleichen Symptomen liegen dort bereits abgeschottet auf der Intensivstation. Weil er kaum noch atmen kann, bekommt Liang reinen Sauerstoff in die Lungen gepumpt. Ärzte und Pflegepersonal tragen Ganzkörper-Schutzanzüge. China hat von den letzten Seuchen gelernt, von SARS, MERS und auch der Schweinegrippe – aber nicht genug im Krisenmanagement. Zunächst soll der Verdacht auf ein gefährliches Virus geheim gehalten werden.

Auch alle anderen Länder werden versagen, obwohl die Welt beobachtet, was in China passiert, und alle Experten und Regierungen wissen, was die explosionsartige Vermehrung eines neuen Corona-Virus laut eigenen Berechnungen bedeuten wird, handelt keine einzige Regierung angemessen, und auch die Forscher, Mediziner und sonstigen Berater der Regierung versagen. In keinem

Land werden vorsorglich mehr Masken, Schutzanzüge, Desinfektionsmittel, Beatmungsgeräte und Notfallmedizin angeschafft.

Auch der Flugverkehr geht erst einmal fröhlich weiter, und die Medien pendeln zwischen Panikmache und Verharmlosung. Vom Shutdown ist in Europa noch lange keine Rede, selbst als das Virus längst den Kontinent erobert und erste Todesopfer gefordert hat. Als Ende Februar Stars und Sternchen zur 70. Berlinale über den roten Teppich schreiten und die Filmwelt sich feiert, als gäbe es kein Morgen, ahnt noch niemand, dass das Festival die letzte große Veranstaltung in Deutschland für lange Zeit sein wird.

Kurz zuvor besucht Helmut Müller mit seiner Frau deren chinesische Heimat. Der Ausbruch der Corona-Seuche trifft das Paar aus dem Schwarzwald völlig unvorbereitet. Obwohl sie weit vom Seuchenherd entfernt unterwegs sind, beschließen sie eine vorzeitige Heimreise. Ihren Rückflug hätten sie sowieso umbuchen müssen, die Lufthansa hat ihren Luftverkehr mit China bereits eingestellt, das Paar muss mit Air China in die Heimat reisen.

Mit dieser Fluglinie werden Chinesen aus den Corona-Krisengebieten nach wie vor nach Deutschland geflogen und hierzulande nicht einmal auf Corona getestet oder vorsorglich in Quarantäne geschickt. Solche Maßnahmen werden erst angeordnet, als es schon zu spät ist. Noch Anfang März, zwei Wochen vor dem Shutdown in Deutschland, sind zwar die ersten Veranstaltungen schon abgesagt, aber die Brauerei Hösl in Mitterteich macht sich über die Epidemie lustig und lädt zur »Massen-Schluckimpfung« ein, wie sie das alljährliche Starkbierfest des Burschenvereins Concordia 1894 nennt.

Eine fahrlässige und sehr wahrscheinlich tödliche Aktion, wie viele andere in einer Zeit, als die Epidemie längst zur Pandemie geworden ist, aber Regierung, Experten und Gesundheitsämter nach wie vor die Gefahren herunterspielen und aufs Händewaschen verweisen. Zwei Wochen nach dem Fest ist die 6500-Seelen-Gemeinde ein Hotspot von Covid-19, und Söder greift durch.

Das Virus fliegt mit

Als die Müllers die Heimreise nach Deutschland antreten, gibt es in der Heimat noch kaum Corona-Fälle, aber Deutschland tut nichts dafür, dass es auch so bleibt. Am Flughafen in Peking werden sie durch eine Schleuse geschickt, die Körpertemperatur und Infektionsherde scannt. Vor dem Boarding bekommt jeder Passagier einen Mundschutz. China hat sich vorbereitet. Ganz anders in Deutschland. Als die Müllers landen, ist Corona bereits auf dem besten Weg zur Pandemie, und am Frankfurter Flughafen wird kein einziger Passagier aus China oder einem anderen Infektionsherd der Erde untersucht. Auch nicht an ihrem Zielflughafen in Stuttgart.

Obwohl die Müllers symptomfrei sind, wollen sie sich auf Corona testen lassen, doch sowohl Hausarzt als auch Krankenhausärzte lehnen einen Test ab, solange die beiden China-Heimkehrer keine Symptome zeigen. Es gibt noch immer keine ausreichenden Tests für das Virus. Die Müllers begeben sich daraufhin in eine selbst verordnete Quarantäne zu Hause. Das umsichtige Ehepaar handelt, um andere zu schützen, denn längst ist bekannt, dass auch besonders milde Krankheitsverläufe ansteckend sind und schwere Fälle auslösen können.

Deutschland ist auf den pandemischen Ernstfall schlichtweg nicht ausreichend vorbereitet. Der von Regierungsseite seit Jahren befürchtete Fall einer Pandemie wurde nie praktisch simuliert und Ärzte nicht speziell geschult und ausgestattet. Seit Jahrzehnten verharrt auch die Reisemedizin auf altbekannten Methoden, obwohl mit der Globalisierung immer mehr Epidemien mitreisen und verbreitet werden und ohnehin Menschen immer regelmäßiger um den gesamten Globus jetten.

Im tropischen Costa Rica sind Seuchen dagegen ein allgegenwärtiges Thema. Das lateinamerikanische Land gehört, wie alle anderen Länder dieser Breiten, zu den gefährdeten Gebieten von

Malaria, Zicka, Dengue und noch einigen anderen viralen Epidemien mit teilweise fatalen Folgen. Hohe Standards und gute Bildung minimieren das Seuchenrisiko in Costa Rica. Aber nirgends auf der Welt hat die Menschheit die Viren wirklich im Griff – auch nicht in Deutschland.

Aber vor allem das seit wenigen Jahrzehnten bekannte und gefürchtete Dengue-Fieber verbreitet sich in allen tropischen Ländern immer mehr. Jährlich erkranken 50 bis 100 Millionen Menschen daran, davon laut WHO 500 000 schwere Krankheitsfälle und 22 000 Todesfälle. Die Zahl der Opfer stieg in den letzten 50 Jahren um das 30-Fache. Insgesamt sind 2,5 Milliarden Menschen von der Krankheit bedroht, die Grenze zur Pandemie wäre längst überschritten, wenn sich das Virus in den gemäßigten Breiten und damit in den Industrienationen ebenso gut vermehren könnte wie in den Tropen. Doch das wird nicht mehr lange dauern. Der Klimawandel bringt auch solche tödlichen Folgen mit sich.

Ein wirkungsvoller Impfstoff ist nicht in Aussicht, spezifische Medikamente gibt es ebenso wenig. Das einzige, was bisher auf den Markt gebracht wurde, erwies sich als untauglich. Die Symptome gleichen der einer Grippe, mit stärkeren Gliederschmerzen und einem begleitenden Hautausschlag. Knochenbrechergrippe wird Dengue daher auch genannt. Zwar habe ich keinen Ausschlag, aber es fühlt sich an, als wolle mir jemand alle Knochen brechen. Ich überlege, zum Arzt zu gehen.

Noch breitet sich diese tropische Seuche in Deutschland nicht aus, dem Zwischenwirt der Dengue-Viren ist es hier zu kalt. Wie Malaria wird Dengue durch Stechmücken übertragen, vor allem durch die Gelbfiebermücke und die Asiatische Tigermücke. Arten, die sich hierzulande nicht verbreiten können, die keinen Winter überleben würden.

Tödliche Kombination: Pandemie und Klimawandel

Jedenfalls war das bis vor Kurzem so. Die Asiatische Tigermücke hat Südeuropa inzwischen erobert und wurde auch schon in Süddeutschland nachgewiesen. Mit dem Klimawandel wird es nicht mehr lange dauern, bis diese und andere exotische Seuchen sich auch bei uns ausbreiten und dann in einer vielleicht viel tödlicheren Variante. Auf Frachtern, mit Kreuzfahrtschiffen und Flugzeugen gelangen tagtäglich exotische Viren und ihre Wirte oder Zwischenwirte nach Europa und damit auch vor unsere Haustür. Dengue ist längst da und wartet nur auf seine Verbreitung.

Während ich immer noch überlege, zum Arzt zu gehen, geht es Liang im entfernten China weiterhin sehr schlecht. Ein junger Arzt steht in der Intensivstation des Zentralkrankenhauses in Wuhan, schaut die Patienten mit vermeintlicher Lungenentzündung besorgt an und überlegt, einen Kollegen zu informieren. Er hat einen Verdacht und will die Patienten, die an weiteren, sehr untypischen Lungenentzündungssymptomen leiden und einen atypischen Verlauf der Krankheit aufweisen, melden. Die Infizierten sprechen auch auf kein Antibiotikum an. Der Arzt macht sich große Sorgen, aber niemand will seine Sorgen teilen.

Sein Name ist Li Wenliang, er wird als Märtyrer in die Medizingeschichte eingehen. Noch hat er keine Ahnung, auf was er gestoßen ist und auf was er sich einlässt. Aber Li ist sich sicher, dass mit den Patienten etwas nicht stimmt. Die Symptome erinnern ihn an SARS, das sogenannte Schwere Akute Respiratorische Syndrom, das erstmals im November 2002 in der chinesischen Provinz Guangdong beobachtet wurde. Der Erreger wurde später als ein bis dahin unbekanntes Corona-Virus identifiziert.

Vermutlich ging die Seuche damals von dem Koch eines Spezialitätenrestaurants für Wildtiere in Shenzhen, Südchina, aus. Aber es heißt, auch Kakerlaken könnten SARS-Corona-Viren weitertragen, als sogenannte Vektoren dienen. Die Insekten sollen das

Virus aus Essensresten in einem Wohnblock in Hongkong aufgenommen und weitergetragen haben. Die Meldung ging 2003 durch alle Medien, die Kakerlaken als Vektor von Corona-Viren wurden bis heute nicht genauer untersucht. Aber das Virus verbreitete sich wie ein Feuer in dem Wohnblock. Von China nach Hongkong eingeschleppt hatte es ausgerechnet ein Mediziner, auch noch ein Lungenspezialist.

Der 64-jährige Arzt Liu Jianlang zeigt bereits Symptome der Lungenkrankheit SARS, als er im Februar 2003 zu einer Hochzeit nach Hongkong eingeladen ist. Liu will sich das Fest nicht entgehen lassen und reist trotzdem in die Metropole. In einem internationalen Hotel quartiert sich der Mediziner ein und infiziert innerhalb von 24 Stunden zwölf weitere Gäste aus unterschiedlichen Ländern, die das Virus in die Welt tragen. Liu wird zum sogenannten Superspreader. So viel zum Eid des Hippokrates zur ärztlichen Sorgfaltspflicht. Es hätte auch ein deutscher, italienischer, britischer, amerikanischer oder russischer Arzt sein können.

Der Dominoeffekt

Zu den SARS-Infizierten von 2003 gehört auch ein junger Mann, der in Hongkong beheimatet ist. Nach den ersten Symptomen wird er in ein örtliches Krankenhaus gebracht und steckt dort zahlreiche Pfleger, Krankenschwestern, Ärzte und andere Patienten an. Einer dieser Patienten wiederum schleppt das SARS-Virus in den besagten Wohnblock, der zu einem wahren Brutkasten für den aggressiven Erreger mutiert. Der klassische Dominoeffekt, der sich bei dem neuen Corona-Virus SARS-CoV-2 wiederholt und bei jedem weiteren pandemischen Erreger auch wieder unweigerlich auftreten wird. Die Todesspirale beginnt sich zu drehen, und bis heute weiß niemand, wer sie angefeuert hat.

Das Spekulationsspektrum ist groß: Vielleicht waren es die Kakerlaken, die Klimaanlage oder die Toiletten, die die explosionsartige Vermehrung der SARS-Viren in dem dicht besiedelten Wohnblock verursacht hatten. Konkrete Erkenntnisse wären hilfreich gewesen, aber niemand ahnte damals, dass knapp zwei Jahrzehnte später ein Kreuzfahrtschiff ein noch viel schlimmerer Inkubator für ein Corona-Virus sein würde.

Bis heute gibt es weder einen Impfstoff für SARS noch eine spezifische Behandlungsmethode für die dadurch verursachte Atemwegserkrankung. Insgesamt starben weltweit 2002/03 mehr als tausend Menschen an der damals neuen Infektion. Danach verschwand der Erreger ebenso schnell, wie er gekommen war. Der Verlauf hätte auch anders enden können, keiner der betroffenen Staaten wäre darauf vorbereitet gewesen.

SARS war die erste Pandemie des 21. Jahrhunderts. Die Symptome der Kranken waren ähnlich wie die, die Dr. Li Wenliang gute 16 Jahre später bei den Patienten auf der Intensivstation beobachtet. Nachdem seine Bedenken nicht gehört wurden, beschließt er am 30. Dezember 2019, einige Kollegen über WeChat zu informieren.

Inzwischen wurde bei mir in Deutschland ein grippaler Infekt diagnostiziert, aber nicht getestet. Klingt harmlos, ist es aber nicht. Die Infektionswelle erreicht allein bis Februar 2020 mehr als 80 000 Menschen in Deutschland, mehr als hundert sterben. Es sind deutlich mehr Menschen als in der vorherigen Grippesaison. H1N1 heißt der virale Erreger, der derzeit weltweit am meisten gefürchtet wird. Die Zahlen der Opfer sind jedoch nichts gegen die Pandemie, die das bösartige Virus ein Jahrhundert zuvor gefordert hat. Fast ein Drittel der damaligen Weltbevölkerung starb an der sogenannten Spanischen Grippe.

Vorboten

Die Jahrtausendseuche

Eine Seuche so schlimm wie Pest und Cholera zusammen, die gegen Ende und noch kurz nach dem Ersten Weltkrieg die Menschheit fest im Würgegriff hatte. Der Schriftsteller Stefan Zweig notiert im Herbst 1918 in sein Tagebuch, gegen diese Weltseuche seien ähnliche Ausbrüche, wie die der Pest, ein Kinderspiel. Die Spanische Grippe fresse täglich 20 000 bis 40 000 Menschen.

Bis heute ist nicht klar, woher der aggressive Erreger kommt. Ihren Ursprung hat die Spanische Grippe jedoch sicher nicht auf der Iberischen Halbinsel, wie ihr Name vorgibt, sondern vermutlich eher im Mittleren Westen der USA. In Kansas wurden Tausende amerikanischer Soldaten für den Einsatz an der Westfront ausgebildet. Im März 1918 klagt der Armeekoch Albert Gitchell über rasende Kopf- und Gliederschmerzen, Fieber und Halsweh. Wenig später sind schon über tausend Soldaten erkrankt, und ein paar Dutzend sterben.

Abertausende amerikanische Soldaten ziehen wenig später über den Atlantik an die Westfront und verbreiten das Virus auf dem europäischen Kontinent. Später wird Gitchell als Patient 0 in die Medizingeschichte eingehen.

Aber bekannt wird die Krankheit erst, als sie im neutralen Spanien grassiert, denn die Krieg führenden Staaten verhängen Nachrichtensperren. Als im Mai 1918 der Monarch vom Fieber geschüttelt wird, kabelt die spanische Agentur Fabra:

»In Madrid ist eine merkwürdige Seuche von epidemischem Ausmaß aufgetreten. Aber die Epidemie ist von mildem Charakter, bisher wurden noch keine Todesfälle gemeldet.« (Übersetzung KI)

Die Spanier sollten sich täuschen, die Seuche kommt in drei großen Wellen zwischen Mai 1918 und Frühjahr 1919. Und erst die zweite und dritte Welle reißt Millionen von Menschen in den Tod. Innerhalb kürzester Zeit ist der zunächst typische Grippeerreger zu einem tödlichen Monster mutiert. Noch wissen die Menschen nicht, was überhaupt ein Virus ist, halten ihn für ein sich selbst vermehrendes flüssiges Gift.

Forscher und Mediziner wissen allerdings damals schon, dass dieses »Gift« hochansteckend ist. Nur was sie dagegen tun können, ist ihnen schleierhaft. Mit allen möglichen Tinkturen, Drogen und auch giftigen Substanzen, von Arsen bis Quecksilber, versuchen die Ärzte, der Seuche Herr zu werden. Doch nichts hilft wirklich.

Die Entdeckung der Viren

Erst wenige Jahre zuvor hat Paul Ehrlich ein Mittel gegen Syphilis-Bakterien entdeckt. Penicillin, das erste richtige Antibiotikum, sollte erst zehn Jahre später entdeckt werden. Geholfen hätte es aber auch nichts, Antibiotika greifen nur Bakterien an, und für alle Grippeformen sind Viren verantwortlich.

Bakterien sind zwar ebenfalls Mikroben, aber wesentlich größer als Viren und selbstständige Lebewesen, die bereits im 17. Jahrhundert entdeckt wurden – wenige Jahre nachdem ein holländischer Brillenmacher das Mikroskop erfunden hatte. Das Vergrößerungsgerät eröffnete dem Betrachter einen ganz neuen Blick auf die bislang verborgene Welt der Mikroben, Bakterien wurden erstmals sichtbar, auch wenn die wesentlich kleineren Viren noch eine Weile im Verborgenen blieben. Der niederländische Naturforscher Antoni van Leeuwenhoek beobachtete stäbchenförmige Mikroorganismen und gab ihnen den altgriechischen Namen dafür: Bakterie.

Viren konnten sich noch ein paar Jahrhunderte vor dem Auge der Menschheit verstecken, bis kurz nach dem Zweiten Weltkrieg das Elektronenmikroskop erfunden wurde. Im Gegensatz zu Bakterien verfügen Viren über keinen eigenen Stoffwechsel und können sich nicht selbstständig ernähren und vermehren. Doch beide Arten von Mikroben, Bakterien und Viren, bevölkern den ganzen Planeten bis in den letzten Winkel.

Etwa tausend verschiedene Bakterienarten leben in und auf unserem Körper, insgesamt beherbergen wir ein paar Dutzend Billionen davon, aber noch deutlich mehr Viren. Allein ein Gramm Kot enthält etwa eine Milliarde Viren und »nur« 100 Millionen Bakterien. Hört sich eklig an, ist aber lebensnotwendig, und bei jedem sieht diese Bakterien-WG anders aus, aber allen hilft diese Armada, fremde Keime und vor allem Virenangriffe abzuwehren. Und umgekehrt helfen auch körpereigene Viren, fremde Mikroben in Schach zu halten. Es gibt sogar Viren, sogenannte Phagen, die es ausschließlich auf Bakterien abgesehen haben. Russische Forscher haben aus diesen kleinen, hilfreichen »Zombies« wirkungsvolle Antibiotika entwickelt. Doch der körpereigenen Mikrobenarmee gelingt es nicht immer, Eindringlinge unschädlich zu machen, vor allem nicht bei unbekannten Erregern.

Als die Spanische Grippe gegen Ende des Ersten Weltkriegs die Menschheit in Atem hält, war der teuflische Verursacher noch ein kleiner großer Unbekannter. Aber die Wissenschaft wusste bereits, dass es noch kleinere Erreger geben musste als Bakterien. Denn eine ganz tote giftige Substanz konnte sich schlecht vermehren, es musste etwas Lebendiges sein, auch wenn es noch so klein war. Nach dem Zweiten Weltkrieg wurden die Erreger dann entdeckt, tatsächlich entschlüsselt wurden die Viren der Spanischen Grippe aber erst achtzig Jahre nach dem Ausbruch der Pandemie.

Der amerikanische Pathologe Johan Hultin ließ Grippeopfer von 1918/19, die im Permafrost von Alaska konserviert waren, exhumieren und konnte Ende des 20. Jahrhunderts nachweisen, dass es sich bei der Pandemie damals tatsächlich um einen Grippeerreger handelte, wenige Jahre später konnten Wissenschaftler

die komplette Gensequenz dieses Influenza-A-Virus entschlüs-
seln und veröffentlichen. Das aggressive Virus, das wahrscheinlich direkt von der Geflügelpest abstammt, wird seither an alle
interessierten Labors der Welt mit Schutzstufe 3 verschickt. Insgesamt gibt es vier biologische Sicherheitsstufen für Forschungseinrichtungen, S1 bis S4, wobei S4 die höchste Sicherheitsstufe für
die gefährlichsten und die genmanipulierten Keime ist.

Darüber, wie viele tödliche Virenstämme in welchen Labors
der Welt lagern, lässt sich nur spekulieren, aber es sind genug, um
die ganze Menschheit mit einem Schlag auszurotten. Noch lange
vor der tatsächlichen Entdeckung der Viren und den Möglichkeiten der Genmanipulation wurden hochinfektiöse Mikro-
benstämme für die biologische Kriegführung eingesetzt. Dem
Tode geweihte, ansteckend kranke Menschen wurden einfach ins
Feindeslager geschickt oder gleich Pestleichen als Kanonenfutter
genutzt und der Feind damit bombardiert. Um die amerikanischen Ureinwohner auszurotten, wurden sie von den Kolonialherren mit Pferdedecken, die mit Pockenpusteln infiziert waren,
scheinheilig beschenkt.

Kein Wunder, dass die Amerikaner 1918, nach dem Ausbruch
der Grippeepidemie, den Feind im Verdacht hatten, eine Biowaffe
eingesetzt zu haben. Konkret hatten sie die Deutschen im Verdacht, denn deutsche Agenten hatten bereits nachweislich in verschiedenen Ländern Milzbrand- und Rotzbakterien eingesetzt,
um Tierseuchen im Feindgebiet auszulösen. Doch einen relativ
harmlosen Grippevirus so zu manipulieren, dass er zur tödlichen Waffe wird, das konnten auch die Deutschen damals noch
nicht.

Die Corona-Verschwörung

Als Dr. Li Wenliang Ende Dezember 2019 seine Kollegen über die Patienten mit der seltsamen Lungenkrankheit informiert, gibt es bereits in der ganzen Welt Labore, die mit Leichtigkeit Viren genetisch manipulieren können. Labore, die tödliche Biowaffen herstellen und tödliche Viren oder Bakterien virulenter und leichter übertragbar machen können. Labore, die unter strengster Geheimhaltung stehen und genügend Stoff für Spekulationen bieten.

Kein Wunder, dass Verschwörungstheorien kursieren, als Wenliangs Tweet über das neue SARS-ähnliche Virus öffentlich wird. Irgendjemand, wahrscheinlich Wenliang selbst, leakt die interne WeChat-Nachricht über die neue Epidemie. Die Behörden reagieren sofort, aber nicht so, wie Wenliang hofft.

Bereits am 1. Januar 2020 berichtet die staatliche Nachrichtenagentur Xinhua, dass acht Personen in Wuhan Falschinformationen über eine Krankheit im Internet verbreitet hätten und dafür strafrechtlich belangt würden. In derselben Meldung wird bekräftigt, wie harmlos die Erkrankung sei und dass keine Übertragung von Mensch zu Mensch möglich wäre. Gleichzeitig lassen sie den Markt in Wuhan schließen und desinfizieren und informieren bereits einen Tag zuvor das chinesische Büro der Weltgesundheitsorganisation WHO über mehrere Fälle einer schweren Lungenentzündung mit unbekanntem Erreger.

Trotzdem werden Li Wenliang und seine Kollegen in das Sicherheitsbüro der Stadt Wuhan einbestellt. Wenliang wird genötigt, eine Erklärung zu unterschreiben, dass er unwahre Behauptungen verbreitet hätte, die die gesellschaftliche Ordnung stören würden. Weiter muss er unterschreiben, dass er sein Verhalten bedauert und mit strafrechtlichen Konsequenzen rechnen muss, wenn er mit diesen »illegalen Aktivitäten« nicht aufhört.

Wenliang und seine Kollegen haben zu dieser Zeit längst an den Behörden vorbei Proben der Erkrankten an ein Analyselabor geschickt. Noch vermuten die Mediziner einen neuen SARS-Ausbruch. Doch der Test ist negativ. Auch bei der inzwischen offiziell in Auftrag gegebenen Laboranalyse lautet das Ergebnis am 5. Januar: negativ – weder SARS noch MERS konnte als Erreger nachgewiesen werden.

Genau zehn Jahre nach der SARS-Pandemie wurde ein neuartiges Virus aus der Corona-Familie bei einem Bewohner Saudi-Arabiens entdeckt: MERS-CoV, Middle East Respiratory Syndrome Coronavirus. Ein hochgefährliches Virus, das ebenfalls Atemwegserkrankungen hervorruft und genau wie SARS vom Tier auf den Menschen übertragen wird. Im ersten nachgewiesenen Fall von MERS 2012 soll es ein Dromedar gewesen sein.

MERS ist nicht so ansteckend wie zuvor SARS, aber dafür umso tödlicher. Experten gehen bei infizierten Patienten von einer 35-prozentigen Todesrate aus, was bedeutet, dass jeder dritte an MERS erkrankte Patient stirbt. Bis Mai 2019 haben sich offiziell 2442 Menschen mit MERS-CoV infiziert. Niemand ahnte, was danach kommen würde.

Wenige Tage nachdem Wenliang seine Kollegen über die ungewöhnliche Lungenkrankheit der Patienten informiert hat, zeigt er selbst die ersten Symptome der Krankheit. Das Virus wurde gerade als neues Corona-Virus identifiziert.

Um seine Familie nicht zu gefährden, zieht er in ein Hotel. Schützen will er vor allem seine schwangere Frau und sein Kind. Entgegen der Behauptung der Behörden weiß er längst, wie hochinfektiös die neue Krankheit ist, und fürchtet eine neue SARS-ähnliche Epidemie – oder schlimmer. Wie recht er haben wird, ahnt er noch nicht.

Während Wenliang sich ernsthafte Sorgen machen muss, geht es Liang langsam, aber stetig besser. Er wird später von sich behaupten, der erste Überlebende der Corona-Infektion zu sein, und bald das Krankenhaus verlassen können – im Gegensatz zu Wenliang. Der Arzt, der als Erster die schweren Symptome erkannte und trotz des Drucks der Behörden die Gefahr veröffentlichte, leidet nun selbst an der Krankheit, die Menschen in aller Welt das Leben kosten wird.

Bei mir sind die Grippesymptome inzwischen ebenfalls abgeklungen. Auch in meinem Dschungeldorf in Costa Rica haben sich viele Bewohner mit einer Grippe infiziert, wie ich inzwischen herausgefunden habe. Die Infektionswelle ist kurz vor meiner Abreise ausgebrochen. Eine Krankheit, an die sich die Nachfahren der wenigen überlebenden Ureinwohner der amerikanischen Kontinente inzwischen genauso angepasst haben wie Eroberer und Einwanderer. Ein immer noch gefährlicher Feind, aber nicht mehr zu 90 Prozent tödlich.

Tödliche Mitbringsel

Überall auf der Erde herrscht eine ständige Co-Evolution zwischen Mensch und Pathogen. Auf den virulenten Angriff folgt die Immunabwehr und darauf ein neuer Angriff mit einem veränderten oder anderen Virus. Die körpereigenen Abwehrsysteme sind ein effizientes biologisches Wunder, aber tödliche Keime und Viren sind unschlagbare Angreifer.

Doch längst nicht alle Viren sind tödliche Zombies, und bei manchen Arten geht die Co-Evolution weit über eine Anpassung hinaus. Wissenschaftler haben erst kürzlich herausgefunden, dass der Mensch mit einigen Viren tatsächlich in Symbiose lebt, das heißt, diese Viren sind so sehr an den Menschen angepasst, dass sie ihm sogar nützlich sind, beispielsweise beim Stoffwechsel oder bei der Immunabwehr. Völlig fremde Viren dagegen sind weder hilfreich noch gut, und das körpereigene Abwehrsystem ist auf solche »fremden Zombies« nicht vorbereitet, das hat sich im Laufe der Geschichte immer wieder in dramatischem Ausmaß gezeigt, vor allem bei der Eroberung der Neuen Welt. Die Europäer lösten mit ihren Erregern einen Flächenbrand auf den neuen

Kontinenten aus und brachten tödliche Keime mit zurück in die Heimat.

Als Kolumbus 1492 Amerika entdeckt, hat er Influenza mit dabei. Noch schneller als die Spanier erobert das Virus mit dem wohlklingenden Namen die Neue Welt. In der Karibik, wo Kolumbus zuerst landet, wird Influenza innerhalb weniger Jahrzehnte fast die gesamte Bevölkerung auslöschen. Hunderttausende sterben auf den Inseln, und die eingeschleppten Viren springen auf den Kontinent über.

Im »Austausch« bringen die Spanier bei ihrer Rückkehr in die Heimat neben zahlreichen Trophäen auch ein paar »virulente Geschenke« mit. Von »Montezumas Rache« bis zur »Franzosenkrankheit« – fremde Pathogene machen bereits damals der Menschheit mehr zu schaffen als heimische Erreger.

Kurz nachdem die Spanier von der Entdeckung Amerikas zurückkehren, breitet sich die Syphilis wie ein Lauffeuer in Europa aus. Mit den Sklaven aus Afrika bringen sie wiederum unbekannte Pathogene in die Neue Welt. Ein viraler Teufelskreis, der durch die damalige Globalisierung in Gang gesetzt wird, soll schon bald Millionen Menschen das Leben kosten. Mit Ratten, Maus und Mann erobern die europäischen Kolonialherren die Welt, stets mit Influenza und Co. im Gepäck.

Inzwischen ist die Welt besser gegen Keime gewappnet, dafür aber in einem ganz anderen und viel schnelleren globalen Austausch als zu Kolonialzeiten, und damit breiten sich auch neue Seuchen mit Leichtigkeit gleich pandemisch aus.

Heute schippern nicht nur immer mehr Schiffe auf den Weltmeeren und verteilen Mikroben über alle Kontinente, im Himmel kreuzen auch noch wahre Biobomber. Flugzeuge haben die Vernetzung der Welt beschleunigt wie kein anderes Verkehrsmittel zuvor und damit auch die Verteilung der Krankheitserreger, die im geschlossenen System der Flugkabine zirkulieren wie in einer »Virenschleudermaschine«. Schlimmer noch auf den immer größer werdenden Kreuzfahrtschiffen, die bei einem einzigen Infizierten schon zu einem wahren Seuchen-Brutkasten werden. Einzig die Kürze der Verweildauer in einem Flieger senkt das Risiko gegenüber Schiffen und anderen Zwangsgemeinschaften in weitgehend geschlossenen Systemen. Dazu gehören auch Gefängnisse und Krankenhäuser.

Der Inkubator

Mitte Januar ist Li Wenliang bereits ernsthaft erkrankt, und auch seine Eltern haben sich angesteckt. Seine schwangere Frau und sein Kind bleiben verschont. Der umsichtige Arzt hat sich sofort von seiner geliebten Familie getrennt, als er Verdacht schöpft, sich mit einem SARS-ähnlichen Virus infiziert zu haben. Bei allem, was er tut, denkt er zuerst an die anderen. Dass wahrscheinlich genau diese Umsicht ihn das Leben kosten wird, ahnt er vielleicht bereits, als er sich wenige Tage später dazu entschließt, die Erklärung zu veröffentlichen, zu der ihn die Behörden gezwungen haben.

Trotz der Verschwiegenheitserklärung, die Wenliang ebenfalls unterzeichnen musste, stellt er das Schriftstück ins Internet, in dem er sich dazu bekennen musste, »unwahre Behauptungen« verbreitet zu haben. Es ist inzwischen Ende Januar, Corona ist in China längst zu einer Epidemie geworden, umfangreiche Sperrzonen werden errichtet. Am 30. Januar 2020 ruft die Weltgesundheitsorganisation WHO die internationale Gesundheitsnotlage aus. In China sind mittlerweile über 8000 Fälle und über hundert Todesopfer durch Corona registriert. Auch im Ausland gibt es inzwischen Dutzende Neuerkrankungen. Wenliang geht es jetzt so schlecht, dass er sich kaum mehr rühren kann. Die Zahl der Infizierten steigt mittlerweile fast exponentiell.

Der neue deutsche Virenpapst

Nicht nur in China arbeiten Wissenschaftler mit Hochdruck an einem Schnelltest und Impfungen. Vor allem die Experten der SARS- und MERS-Epidemien sind gefragt. Zu weltweiter Anerkennung in der Corona-Forschung hat es der deutsche Wissenschaftler und Mediziner Prof. Dr. Christian Drosten gebracht. Bereits 2003 gehörte er zu den Entdeckern der SARS-Epidemie und entwickelte mit Kollegen einen diagnostischen Nachweistest für das Virus. Auch für das MERS-Virus entwickelte seine Forschergruppe nicht nur einen Nachweistest, sondern konnte auch belegen, dass das Virus ursprünglich von Kamelen stammt. Und jetzt Corona, Covid-19, SARS-CoV-2. Als die Epidemie sich ausbreitet, gehört Drosten zu den gefragtesten Menschen der Welt. Mit Hochdruck arbeiten er und seine Kollegen an einem Nachweistest, was ihnen bereits am 16. Januar gelingt.

Wie schon zuvor stellt Drosten seine Ergebnisse der Allgemeinheit frei zur Verfügung, wofür er unter anderem bereits mit dem Bundesverdienstkreuz ausgezeichnet wurde. Der Experte und Leiter der Virologischen Abteilung der Berliner Charité schätzt, dass sich bis zu 70 Prozent der Bevölkerung mit Corona infizieren werden. An einem Impfstoff wird an verschiedenen Forschungseinrichtungen mit Hochdruck gearbeitet.

Für Wenliang aber kommt jede Hilfe zu spät. Einen Schnelltest gibt es noch nicht, als er am 10. Januar die ersten Symptome der neuen Krankheit verspürt. Erst am 30. Januar bekommt er die Laborergebnisse des DNA-Tests, mit dem das Virus eindeutig nachgewiesen werden kann: Covid-19 positiv. Genau eine Woche später, am 6. Februar, schließt er für immer die Augen und geht als Märtyrer und Whistleblower-Arzt in die Geschichte ein. Um andere zu warnen, postet er bis zum letzten Tag Symptome und Verlauf der Krankheit auf der Internetplattform Weibo.

Wenliangs Eltern erholen sich dagegen wieder und werden we-

nige Tage nach dem Tod ihres Sohnes das Krankenhaus verlassen
können. Warum das Virus den 33-jährigen engagierten Augenarzt tödlich traf und seine Eltern nur milde attackierte, obwohl
die beiden im angeblichen Risikoalter sind, bleibt unkommentiert
und rätselhaft. Aber die Veröffentlichung seiner Zwangsverpflich-
tung schlägt hohe Wellen. Die ganze Welt verneigt sich vor dem
mutigen Schritt des chinesischen Augenarztes, trotz aller Zwänge
und Widerstände zu tun, wozu er sich als Mediziner verpflichtet
fühlt – auch wenn es ihn das Leben kostet. Unzählige Blumen und
Kerzen werden vor dem Krankenhaus abgelegt, in dem Wenliang
seine letzten Stunden verbrachte.

Wenliang hat jedoch noch mehr als nur Bewunderung und
Respekt ausgelöst. Sein Tod entfacht in China eine breite Diskus-
sion um mehr Meinungsfreiheit und weniger Zensur. Aber nicht
nur in China wird über Viren, Epidemien, Pandemien, Biowaffen,
Genforschung, Panik, Pleiten und Shutdown diskutiert. Nach
dem Tod des Märtyrers beginnt die Krise erst richtig – weltweit.

PANDEMIE

Welt im Fieber

Virale Fledermaussuppe

Der 23-jährige Liang ist inzwischen wieder vollständig genesen, virenfrei und arbeitsfähig. Seine Arbeitsstelle liegt immer noch am Bahnhof von Hankou, unweit des Fischmarkts von Wuhan. Dennoch ist alles anders. Die Straßen sind leer und der Markt geschlossen.

Obwohl die chinesischen Behörden Ende Dezember 2019 versucht hatten, Informationen an die Bevölkerung über einen neuen, gefährlichen Krankheitserreger zu unterbinden, reagieren sie sofort. Am 1. Januar 2020 wird das Fischmarktgelände nicht nur desinfiziert, sondern auch sofort geschlossen. Arbeiter in Schutzkleidung tragen lebende Salamander und andere exotische Tiere in Plastiktüten von dem geschlossenen Markt. Wohin sie die Tiere bringen, wird nicht bekannt gegeben, wahrscheinlich werden sie alle auf Viren getestet.

Über den ursprünglichen Erreger gibt es nach wie vor nur Spekulationen. Klar ist offensichtlich schnell, dass ein Corona-Virus der Verursacher der neuen Krankheit ist und dass dieses Virus ursprünglich von einem Tier stammt. Solche Übertragungswege werden Zoonosen genannt und sind sehr typisch für viele Seuchen. Nach der Schließung des Marktes geraten sehr schnell Fledermäuse als ursprüngliche Quelle in Verdacht.

Mitte Januar kommt dieser Verdacht auch der chinesischen Influencerin Wang Mengyun zu Ohren. Einige Jahre zuvor hatte sie auf der Insel Palau im westlichen Pazifik nicht nur beobachtet, wie

Gäste eine Fledermaussuppe als Delikatesse verzehrten, sondern es auch gefilmt und gepostet. Als die junge Chinesin Mitte Januar von Fledermäusen als mögliche Quelle des neuen Virus hört, postet sie den Clip erneut, und diesmal geht er im wahrsten Sinne des Wortes viral.

Millionen Menschen auf der ganzen Welt schauen sich den Film an, wie eine Asiatin eine Fledermaussuppe verspeist. Die Bilder suggerieren, dass eine Chinesin eine regionale Spezialität vom Wildtiermarkt in Wuhan verspeist und Fledermaussuppe ein typisch chinesisches Gericht wäre. Der längst geschlossene Fischmarkt wird inzwischen von den meisten Medien als Wildtiermarkt bezeichnet, und zahlreiche Bilder von exotischen Tieren, die angeblich auf diesem Markt als Delikatesse gehandelt wurden, geistern durchs Netz. Aber Mengyuns Fledermaussuppen-Video schlägt alle anderen Beiträge, und die chinesischen Wochenmärkte geraten international unter Druck.

Was Tier- und Naturschützer aus aller Welt seit Jahren erfolglos fordern, schafft Corona in viraler Geschwindigkeit: Märkte, auf denen wilde Tiere wie Fertigsuppen gehandelt werden, zu schließen und den Handel mit exotischen Tieren insgesamt einzudämmen. Es spielt keine Rolle, ob Mengyuns Video ursprünglich aus China oder aus einem anderen Land stammt. Der Film hat die Menschen wachgerüttelt, und wer sich schon nicht für den Schutz der Natur interessiert, hat spätestens jetzt begriffen, dass die gnadenlose Ausbeutung der Wildnis auch fatale Folgen für die Menschheit und einen selbst haben kann. Corona hat es geschafft: Am 26. Januar verbietet die Regierung von China den Handel mit wilden Tieren im ganzen Land.

Corona stoppt den Wildtierhandel

Zhou Jinfeng, dem Generalsekretär der China Biodiversity and Green Development Foundation, kommt die Entwicklung gelegen. Seit Jahren setzt er sich gegen den Handel mit exotischen und vor allem bedrohten Tierarten ein. Die Bilder von Fledermäusen und anderen exotischen Wildtieren, die qualvoll auf einem Markt dahinvegetieren oder schon geschlachtet in Teilen, getrocknet oder pulverisiert feilgeboten werden, bleiben auch in China nicht ohne Folgen. Immer mehr Chinesinnen und Chinesen verzichten freiwillig auf Wildtiere und bezeichnen den Verzehr von Exoten als kulturellen Ausreißer, zumindest in der Hauptstadt. Auch die chinesischen Medien sprechen sich ganz offen für ein permanentes Verbot für den Handel mit Wildtieren aus. Aber das ist in China im Moment anscheinend noch so schwer durchzusetzen wie in Deutschland ein Tempolimit auf den Autobahnen.

Nach wie vor gestattet die Regierung Zucht und Verkauf von über 50 Wildtierarten, darunter Exoten wie Schnappschildkröten und Siam-Krokodile. Das Hauptproblem ist jedoch, dass die meisten Exoten gar nicht gezüchtet werden, sondern in der Wildnis gefangen und dann in Zuchtanlagen geschmuggelt werden.

Mit einer Gruppe von Mitstreitern reist Jinfeng im September 2019 nach Peking. Von einem Informanten haben die Naturschützer den Tipp bekommen, dass auf einem Bauernhof mehr als 10 000 vom Aussterben bedrohte Vögel illegal gehalten werden. Nachdem sich die Tierschützer ein Bild von der Lage vor Ort gemacht haben, informieren sie die Polizei.

Die chinesischen Behörden reagieren umgehend und unterstützen Jinfeng bei der Rettung der 10 000 Weidenammern, die unter erbärmlichen Bedingungen gehalten werden. Die Singvögel waren für Wildtiermärkte im Süden Chinas bestimmt gewesen, sie gelten dort als Delikatesse. Wie bei vielen anderen bedrohten Arten auch, ist die Zahl der Weidenammern in den letzten 15 Jahren dramatisch zurückgegangen, weil sie in China nach wie vor auf den Märkten gehandelt werden.

Vor allem in der südlichen Millionenmetropole Guangzhou ist der Verzehr von Wildtieren immer noch überdurchschnittlich verbreitet. Dorthin sollten auch die Weidenammern geliefert werden, und hätten Jinfeng und die anderen Naturschützer die Tiere nicht mithilfe der Polizei beschlagnahmt, hätte ihr letztes Stündlein schon bald geschlagen.

Grenzen dicht

Jeder für sich

Es ist der 23. Januar 2020, als in Wuhan die Stadtgrenzen dichtgemacht werden. Shutdown! Eine 11-Millionen-Einwohner-Stadt wird abgeriegelt und unter Quarantäne gestellt. Wenige Tage zuvor hatten Forscher und Mediziner offiziell bestätigt, dass das neue Corona-Virus doch von Mensch zu Mensch übertragen wird. Die chinesischen Behörden reagieren jetzt umgehend und beginnen den Infektionsherd abzuriegeln. Niemand wird mehr nach Wuhan rein- und niemand rausgelassen. Evakuierungsflüge werden vorbereitet, auch nach Deutschland.

Das Virus und der Shutdown haben inzwischen Auswirkungen auf die ganze Welt, auch wenn niemand ahnt, was noch kommen wird.

Vielleicht liegt es an ihrem Glauben, dass die Chinesen Monate später so gelassen mit den Anweisungen der Behörden umgehen und ohne Proteste die Ausgangssperren hinnehmen und Anweisungen befolgen. Vielleicht ist es auch die nackte Angst.

Ganz anders in Deutschland: Hier glaubt noch Anfang März niemand, dass ein Shutdown kommt, und auch nicht, dass er durchsetzbar wäre. Als es wider alle Erwartungen doch so kommt, halten sich die meisten Deutschen an die Auflagen, die aber längst nicht so streng sind wie in China, und die Rebellion dagegen beginnt schon nach kurzer Zeit. Kein Wunder, nach dem ganzen Hin und Her.

Der Leiter des Robert Koch-Instituts gibt am 2. März bei einer Pressekonferenz bekannt, dass das Risiko für die Bevölkerung als »mäßig« einzuschätzen ist. Die Gefahr für den Einzelnen wäre weiterhin nicht groß, ergänzt der Chefvirologe der Charité.

Aber es geht noch schlimmer: Dank der fatalistischen Äußerungen des amerikanischen Präsidenten Donald Trump sind die Bürger der Vereinigten Staaten noch viel weniger auf die Katastrophe vorbereitet als die Europäer. Mitte Februar twittert der Präsident, dass er alles unter Kontrolle hat, und am 27. Februar schickt er seinen inzwischen legendären Satz in die Welt: »Es wird eines Tages verschwinden, wie ein Wunder.« Kurz darauf stirbt der erste US-Amerikaner an dem neuen Corona-Virus, und schon einen Monat später sind die USA mit fast hunderttausend Corona-Infizierten das mit Abstand am schwersten betroffene Land der Erde.

Als Ende Januar 2020 in China nicht nur die Region Wuhan abgeriegelt wird, sondern auch zahlreiche andere Städte, schaut die westliche Welt noch mit kritischem Blick und strengem Urteil in den Osten. Die Chinesen haben viel zu spät gehandelt, urteilen die Kritiker und kehren in ihren Alltag zurück, als würde diese Seuche sie überhaupt nichts angehen.

Es ist die Zeit, als mir Freunde aus China Bilder von den gespenstisch leeren Straßen in ihrer Stadt Suzhou schicken, einer Metropole, die berühmt ist für ihre historischen Gärten und Kanäle, darunter der alte Kaiserkanal, der zum UNESCO-Weltkulturerbe gehört. Nur Monate zuvor hatte ich diese wunderbare Stadt besucht und bin jetzt umso geschockter von dem, was mir berichtet wird. War Suzhou während meines Besuchs noch eine pulsierende Metropole, gleicht sie inzwischen einer Geisterstadt. Brav bleiben meine Freunde in ihrer winzigen chinesischen Wohnung, wenn sie nichts ganz Dringendes zu erledigen haben, obwohl es in Suzhou keine Ausgangssperre gibt. Ohne Mundschutz geht sowieso keiner vor die Tür, obwohl noch gar keine Corona-Fälle in der Stadt gemeldet wurden. »Vorsorge ist besser als Nachsorge« ist die Devise, und dafür ernten die Asiaten oft genug Spott.

Der Mundschutz als minimale Schutzkleidung gehört in China schon seit Jahrzehnten zur Standardausrüstung in jedem Haushalt. Noch halten die meisten Europäer die Nutzung dieses Hygieneartikels für hysterisch, einige Wochen später werden die Mundschutzvorräte ganzer Krankenhäuser in Deutschland geplündert, und sämtliche Vorräte sind ausverkauft. Der deutsche Gesundheitsminister Jens Spahn verhängt im März persönlich ein Exportverbot für Schutzmasken.

Tierisch

Als ich Suzhou im September 2019 besuche, ist von den bald nötigen Einschränkungen noch nichts zu spüren. Im historischen Stadtkern tummeln sich vor allem Touristen aus aller Herren Länder und besuchen die Gärten. Wir folgen den Strömen zu den berühmten Grünanlagen, den verschlungenen Wegen zu künstlichen und kunstvoll angelegten Wasser- und Felsanlagen, mit Pagoden zum Verweilen, Philosophieren und Sinnieren. Was bei dem enormen Besucherandrang aber kaum möglich ist. Bei solchen Menschenmassen kommen mir stets alle erdenklichen Katastrophen in den Sinn, ein Virus habe ich in dem Moment nicht auf dem Schirm.

Wir lassen uns von der Menschenmenge durch die Gärten, die eigentlich Paläste sind, weitertreiben und berühren ehrfürchtig das uralte Mobiliar, ohne einen Gedanken daran zu verschwenden, welche virusverseuchte Hand vielleicht zuvor über die Fläche gestrichen hat. Nur Wochen später wird Corona auch bei mir die

Sicht auf die Dinge verändern, ohne Desinfektionsspray werde ich nicht mehr aus dem Haus gehen, wenn ich zurückkomme, werde ich mir stets als Allererstes die Hände waschen. Doch jetzt ist es noch anders. Wie bei all meinen Reisen habe ich in China zwar das Desinfektionsspray griffbereit in der Handtasche, aber vor lauter Begeisterung vergesse ich es oft.

Als wir durch die Straßen von Suzhou streifen, ist noch keine Spur vom Shutdown. Wie in Asien generell üblich, wird auch hier viel Essbares direkt auf der Straße zubereitet und zum Verzehr angeboten. Ich frage mich: Wird wie vielerorts in China auch hier Handel mit vom Aussterben bedrohten Wildtieren betrieben? Enden auch hier noch lebende Tieren im Kochtopf?

Die Antwort auf meine Fragen lässt nicht lange auf sich warten. Mitten in der Stadt gibt es einen bekannten und beliebten Markt, der zwar bei Weitem nicht so groß ist wie der in Wuhan, aber doch einiges zu bieten haben soll. Wir lassen uns den Weg erklären und landen in einer engen trubeligen Gasse, wo der tägliche Handel stattfindet. Noch bevor wir den Markt erreicht haben, können wir ihn allerdings schon riechen.

Allerlei exotische, würzige Düfte strömen in unsere Nasen, aber auch einige unangenehme Gerüche, die an ein Odeur zwischen Schweinestall und Fischmarkt erinnern. Wenig später erreichen wir die schmale Gasse, die, so weit das Auge reicht, von allerlei Waren gesäumt ist.

Die meisten Lebensmittel werden in riesigen Körben vor winzig kleinen Läden feilgeboten, und wir können sie weder identifizieren noch die chinesischen Schriftzeichen entziffern, die auf den zugehörigen Schildern stehen. Fragen können wir die Händler auch nicht, niemand auf diesem lokalen Markt versteht Englisch.

Aber einige Tiere können wir mehr als deutlich erkennen, und mein Verdacht wird bestätigt. Wie Sardinen werden lebendige Wildtiere in Bottiche gequetscht und als Nahrungsmittel feilgeboten: Frösche, Fische, Schlangen, Schildkröten, verschiedene Vögel und Kleinsäuger finden regen Zuspruch auf dem Markt – sicher nicht als Haustiere.

Batgirls Warnung

Als engagierte Naturschützerin kämpfe ich schon seit Jahrzehnten gegen den Handel mit Wildtieren, vor allem mit zahlreichen vom Aussterben bedrohten Arten, die skrupellos gejagt, gefangen, konsumiert oder ausgestellt werden. Mich beunruhigte aber noch etwas anderes.

Wildtiere sind ein Reservoir von Mikroben, ein gefährlicher Hort von Krankheitserregern. Dass ein paar Monate später ein chinesischer Markt und eine Fledermaus in Verdacht stehen werden, für die schwerste Pandemie der modernen Menschheit verantwortlich zu sein, kann ich bei meinem Besuch in Suzhou nicht ahnen. Aber ich habe einen wissenschaftlichen Artikel einer chinesischen Forscherin aus Wuhan gelesen, der genau davor warnt.

Die bekannte chinesische Fledermausforscherin Shi Zhengli veröffentlicht mit einigen anderen Wissenschaftlern am 19. März 2019 einen Artikel im Journal *Viruses* mit dem Titel »Fledermaus-Coronaviren in China«.

Die Wissenschaftler haben dafür drei verschiedene Corona-Viren untersucht, die alle ihren Ursprung in Fledermäusen haben, von dort auf Menschen oder andere Tiere übertragen wurden und sich dann weiterverbreiteten. Im Fokus hatten die Forscher SARS, MERS und SADS, ein Corona-Virus, das sich auf Schweine übertragen hatte und dem mehr als 20 000 Tiere im Jahr 2017 zum Opfer fielen.

In dem Artikel haben die Wissenschaftler alles zusammengefasst, was bis dato über diese Corona-Viren und die Übertragungswege bekannt war, und kamen zu dem Schluss, dass diese Seuchen erst der Anfang waren. Sie verweisen auch darauf, dass die vorherigen Corona-Ausbrüche absehbar gewesen wären, und warnen vor einem neuen Ausbruch mit einem anderen Virus aus dieser Familie. Erschüttert hat mich aber vor allem die Schlussfolgerung der chinesischen Wissenschaftler auf die eigene Esskultur.

»Zur chinesischen Esskultur gehören viele frisch geschlachtete und roh verzehrte Tiere, weil die Menschen glauben, dass diese besonders viel Nährstoffe enthalten, und genau das fördert die Virus-Übertragung. Es besteht generell die Annahme, dass Fledermaus-Corona-Viren für den nächsten großen Seuchenausbruch verantwortlich sein werden. In diesem Zusammenhang ist China der wahrscheinlichste Hotspot für den Ausbruch. Die Herausforderung besteht darin, herauszufinden, wann und wo das genau sein wird, damit wir unser Bestes tun können, um einen solchen Ausbruch zu verhindern.« (Übersetzung KI)

Ohne zu ahnen, dass genau diese Einschätzung aus dem März 2019 zum Ende des Jahres hin katastrophale Aktualität bekommen soll, schlenderte ich noch im September über den Markt mit dieser bedrohlichen, wissenschaftlichen Vorhersage im Kopf und betrachtete die traurigen Augen der vielen Tiere, die zum Verzehr feilgeboten wurden. Die Autoren der Studie hatten mehrfach gefordert, den Handel endlich zu untersagen. Doch es ist wohl mindestens so schwierig, den Chinesen diese jahrtausendealte Esskultur auszutreiben, wie den Deutschen das Biertrinken.

Noch schlimmer ist Gier und Geilheit. Zahlreiche Tier- und auch manche Pflanzenarten sind nur deshalb bedroht, weil viele Menschen an die aphrodisische Wirkung dieser »Naturheilmittel« glauben. Ganze Tiere oder Körperteile wie Schuppen, Horn oder Extremitäten werden auf den Märkten in China ebenfalls als Wundermittel angepriesen, auch auf dem Markt in Suzhou, den wir an unserem letzten Tag inspizieren. Was in den Körben auf der Straße angeboten wird, können wir nicht erkennen, es sind die unterschiedlichsten Pülverchen, getrocknete, klein geriebene Ware. Neugierig gehen wir an der undefinierbaren Auslage vorbei und betreten einen Laden. Und dort sehen wir sie: Dicht an dicht gedrängt stehen riesige Gläser, bis an den Rand voll, mit getrockneten Seepferdchen, andere mit Schuppen oder Hornsplittern von Nashörnern und Pangolinen!

Diese Schuppentiere, die wirken wie eine Mischung aus Gürteltier, gepanzertem Ameisenbär und Faultier, sind die am häufigsten geschmuggelten Tiere der Welt und dadurch extrem bedroht. Allein zwischen 2000 und 2016 sollen laut WWF über eine Million Pangoline illegal gehandelt worden sein. Denn das Fleisch gilt als Delikatesse und die Schuppen als Aphrodisiaka. Obwohl die Abnehmerländer in Asien liegen, sind fast alle Kontinente am Schmuggel beteiligt, auch Europa und die USA.

Guten Appetit

In zahlreichen asiatischen und afrikanischen Wäldern sind die Tiere schon fast ausgerottet. Doch das hält die Wilderer nicht von der Jagd ab, denn kaum ein anderes Tier wird so hochpreisig gehandelt wie das Pangolin. Das könnte sich bald ändern, denn die Schuppentiere sind ebenfalls Träger von Corona-Viren, die dem neuen SARS-CoV-2 sehr ähnlich sind, wie sich bald herausstellen wird.

Kopfschüttelnd und traurig betrachte ich die Schuppen in dem riesigen Einmachglas, nicht ahnend, dass die Tiere bald im Fokus der schlimmsten Pandemie unserer Zeit stehen werden. Mir ist der Appetit auf Fleisch und Fisch ohnehin schon ziemlich vergangen, aber spätestens nach dem Marktbesuch kann ich alles, was einmal Augen hatte, ganz sicher nicht essen.

Nicht so mein Kollege, mit dem ich reise. Er hat auch am Abend noch Hunger auf tote Tiere. In der Hoffnung, die Speisekarte wenigstens halbwegs zu verstehen, steuern wir ein Restaurant in der touristischen Fußgängerzone im historischen Zentrum von Suzhou an. Die Hoffnung ist vergeblich, es gelingt uns gerade, Fleisch, Fisch und vegetarisch zu unterscheiden. Aber das war es dann

auch schon. Das touristische Zentrum von Suzhou ist auch kein
Garant für Englisch sprechendes Personal, der Kellner lächelt
freundlich, versteht aber kein Wort, und wir ihn auch nicht.

Die ganz und gar nicht vegetarische Spezialität des Hauses will
mein Kollege unbedingt haben und wählt ein Gericht mit undefinierbaren fleischlichen Zutaten. Meine Angst und mein Mitleid
vor toten und dann auch noch unbekannten Tieren ist an dem
Abend besonders groß. Während ich mich schnell für irgendwas
Vegetarisches entscheide, versuche ich meinen Kollegen noch von
dem nicht identifizierbaren Fleischgang abzuhalten – vergeblich.

Ich probiere es noch mit schauerlichen Geschichten, von »Montezumas Rache« bis zur Pest, die es in China noch gibt. Dann er-
kläre ich wissenschaftlich, dass sowohl für Menschen als auch
für Tiere fremde Pathogene viel gefährlicher sind als heimische –
vergebens, er lässt sich nicht von dem Fleischgericht abbringen.
Zumindest muss ich mir nicht vorwerfen, nicht gewarnt zu haben.
Aber noch bevor ich meinen Vortrag beendet habe, steht der Kellner an unserem Tisch und will die Bestellung aufnehmen.

Freundlich versuche ich die Bedienung noch einmal wegzu-
schicken, aber mein Kollege ist schneller und bestellt die ominöse
Spezialität, während ich bei einem Teller Nudeln bleibe. Beim Essen habe ich sofort alle erdenklichen Keime im Sinn, von Ehec bis
Hepatitis, von Salmonellen bis zu BSE, Lebensmittel sind für pathogene Mikroben ein gefundenes Fressen, vor allem Fleisch und
Fisch.

Die Vorsicht, was fremdes Essen betrifft, gehört zu meiner
kindlichen Prägung, genau wie Zähneputzen und Händewaschen.
Im Urlaub in Südeuropa gab es nur Gekochtes, und als ich einmal
meine Tante in Spanien besuchte, wusch sie den Salat zuerst in
einer pinken Kaliumpermanganat-Lösung.

Die tiefroten, fast schwarzen Kaliumsalze der Permangansäure
kennt fast jeder aus dem Chemieunterricht. Die Kristalle sind
eine sehr oxidative und damit auch leicht explosive Substanz. In

geringer Dosierung jedoch ein hervorragendes Desinfektionsmittel für Lebensmittel, ein alter Trick von Globetrottern und Standard in vielen Labors.

Gegen Viren hilft diese lila Lösung allerdings auch nicht, aber immerhin hervorragend gegen Bakterien und Pilze. Bei all meinen späteren Expeditionen hatte ich diese Vorsicht vor fremden Lebensmitteln und Getränken stets im Hinterkopf. In unbekannten Restaurants der Welt habe ich immer eine Regel eingehalten: kein Fleisch, kein Fisch und nur Gekochtes oder Geschältes. Im Englischen klingt das etwas poetischer: »Cook it, boil it, peel it or forget it«, und den Fleisch- und Fischverzicht habe ich aus Erfahrung, Lebenseinstellung und mikrobieller Sicht ergänzt: In Tieren tummeln sich deutlich mehr für Menschen tödliche Mikroben als in oder auf Pflanzen.

Trotz aller Vorsicht hat es mich in aller möglichen Herren Ländern immer wieder erwischt. Aber immerhin nie so schlimm wie andere, die diese goldenen Regeln nicht beachtet haben. Fast jeden dritten Fernreisenden erwischt »Montezumas Rache«.

Die Durchfallerkrankung wurde nach einem Aztekenkönig benannt. Als die spanischen Eroberer die Ureinwohner unterwarfen, soll Montezuma einen Fluch ausgesprochen haben. Wenige Tage später erkrankten die Spanier an Durchfall, und Montezumas Fluch ging in die Geschichte ein. Verantwortlich für die Reisekrankheit sind allerdings fast immer Coli-Bakterien, Campylobacter, Salmonellen oder Noroviren. Eine Vielzahl von Mikroben, die überall vorkommen, aber in verschiedenen Ländern in geringfügig veränderten Varianten. Kleine Veränderungen mit großer Wirkung.

Am nächsten Morgen sieht mein Kollege so leichenblass aus, wie ich es befürchtet hatte. Seine Nacht ist wohl gar nicht gut verlaufen. Montezuma übt auch in China Rache. Mit der Reiseapotheke sind Fieber und Symptome einigermaßen in Schach zu halten. Am Flughafen in Shanghai bemerkt niemand etwas.

Noch denkt keiner an Corona und schon gar nicht an eine baldige Pandemie, die sich von China in die Welt verbreiten wird. Noch stehen hier am Flughafen keine Scanner, die Körpertemperaturen messen. Aber wahrscheinlich hätten die Geräte bei meinem Kollegen ohnehin nicht angeschlagen, da die Medikamente das Fieber auf Normaltemperatur reduziert hatten.

Genau diese Praxis der medikamentösen Fieberunterdrückung wird es später den neuen Corona-Viren ermöglichen, das Land, trotz modernster Fiebermesstechnik, unbemerkt zu verlassen. Der Krankheitsverlauf bei meinem Kollegen ist jedoch eindeutig und lässt sich zweifelsfrei auf die undefinierbare Spezialität des Hauses bei unserem Restaurantbesuch am Abend zuvor zurückführen.

Um weitere Krankheitsfälle zu vermeiden, ist die Quelle des Verderbens stets der wichtigste Hinweis bei Infektionskrankheiten und oft schwer auszumachen. Vor der Abreise melden wir den Vorfall noch dezent unserer Reiseleitung im Hotel. Die Spezialität soll keine weiteren Gäste ins Verderben stürzen.

Spurensuche

Die Quelle des Verderbens

Beim Ausbruch des neuen Corona-Virus dagegen ist auch Monate nach Identifizierung von SARS-CoV-2 die Quelle des Erregers noch immer nicht gefunden. Der Fischmarkt von Wuhan gilt weiterhin als Brutstätte des Virus, ohne den genauen Herd zu kennen.

Alle Erstinfizierten sind mit dem Markt in Kontakt gekommen, heißt es zunächst, später kommen auch daran Zweifel auf. Der Erreger ist auf jeden Fall hochinfektiös und hat sich in Windeseile viral verbreitet. Doch das bestätigt die Regierung in Peking erst am 20. Januar. Bis dahin besteht die Hoffnung, dass sich die Krankheit nur direkt vom Tier auf den Menschen überträgt, eine sogenannte Zoonose.

Am 6. Januar verkündet die Gesundheitskommission von Wuhan noch, dass es keinerlei klare Beweise für eine Übertragung der rätselhaften Lungenkrankheit von Mensch zu Mensch gäbe. Zu dieser Zeit arbeitet der chinesische Forscher Dr. Xu Jianguo bereits mit Hochdruck an der Gensequenzierung des neuen Virus und steht kurz vor dem Durchbruch.

Ob die Behörden tatsächlich noch glauben, dass die neue Corona-Krankheit ausschließlich von Wildtieren auf den Menschen übertragen wird und mit der Desinfektion und Schließung des Markts in Wuhan eine weitere Ausbreitung verhindert werden kann, wird die Öffentlichkeit niemals erfahren.

Auch sei kein medizinisches Personal erkrankt, behaupten die Behörden in der gleichen Meldung, während der Whistleblower-Arzt Li Wenliang bereits erste Symptome verspürt. Zu diesem Zeitpunkt liegen bereits 59 Patienten mit Lungenentzündung in den Krankenhäusern von Wuhan, bei 15 von ihnen konnte das neue Virus nachgewiesen werden, die anderen wurden noch nicht getestet. Niemand weiß etwas über die Krankheit, weder über deren Verlauf noch über die Übertragungswege. Medizin und Wissenschaft stehen noch ganz am Anfang.

Einen Tag später, am 7. Januar 2020, kann Jianguo erfolgreich vermelden, dass er das Virus entschlüsselt und damit identifiziert hat. Die Nachricht geht viral um die Welt, und die WHO fordert umgehend eine Veröffentlichung der wissenschaftlichen Daten, damit Forscher aus der ganzen Welt an der Entwicklung von Medikamenten, Impfstoffen und Schnelltests arbeiten können.

China zeigt sich jetzt mehr als kooperativ und lässt nicht nur die Gensequenzen veröffentlichen und für alle Wissenschaftler zugänglich machen, sondern auch Virusproben an Forschungseinrichtungen verschicken – auch nach Deutschland.

Bei dem Erreger, der wenige Tage später hochsicher verpackt in Frankfurt landet, handelt es sich weder um SARS noch um MERS, aber um einen verwandten, neuartigen Corona-Erreger, der noch immer keinen Namen hat. Erst Wochen später, als das Virus schon fast die ganze Welt erobert hat, wird das Virus SARS-CoV-2 und die dadurch verursachte Krankheit Covid-19 genannt. Der Begriff Corona-Virus hat sich allerdings längst etabliert und wird in fast allen Medien für SARS-CoV-2 verwendet.

Prof. Dr. Sandra Ciesek und ihr Team von der Virologie der Frankfurter Universitätsklinik nehmen die Proben in Empfang und vermehren sie erfolgreich auf Zellkulturen, damit genügend Material vorhanden ist, um einen Schnelltest auf das Virus zu entwickeln. Damit wird der international anerkannte Spezialist Prof. Christian Drosten von der Charité in Berlin beauftragt, der bereits Tage später einen Nachweistest entwickelt hat und ihn der Welt zur Verfügung stellt.

Das neuartige Virus ist also bestimmt, doch tatsächlich gibt es Dutzende verschiedene Corona-Viren, die in zahlreichen Wildtieren nachgewiesen werden konnten, vor allem in Fledermäusen. Davon sind inzwischen sechs verschiedene Arten als humanpathogen bekannt. Jianguo ist zunächst erleichtert, dass es sich bei dem Erreger nicht um SARS oder MERS handelt, wie viele befürchtet haben. In einem Interview am 9. Januar behauptet er mit voller Überzeugung, dass es keine weiteren Neuinfektionen gibt und es sich um einen sehr begrenzten Ausbruch handelt.

Der Mikrobiologe gibt außerdem bekannt, dass seit Jahren in zahlreichen Labors in China mit Corona-Viren in Tierversuchen gearbeitet wird, vor allem mit Fledermäusen. Trotz KI und digitaler Revolution sind nach wie vor Tierversuche der gängige Weg zu neuen Medikamenten.

Gegen das neue Corona-Virus ist die moderne Medizin noch völlig machtlos. Es wird vermutlich Jahre dauern, bis ein wirkungsvoller Impfstoff auf den Markt kommt, und für Heilmittel wird nur ein Bruchteil der Forschungsgelder ausgegeben. Bis zu einem ungefährlichen, effizienten Impfstoff ist das Virus wahrscheinlich noch x-mal mutiert.

Die meisten Corona-Viren bleiben auf ihre tierischen Wirte spezialisiert und sind damit für Menschen nicht gefährlich – noch. Denn die Viren verändern sich ständig, und sechs verschiedene Corona-Viren-Arten haben es bereits geschafft, den menschlichen Körper zu erobern. Manche tödlicher, andere weniger, manche ansteckender, andere weniger.

Laut Prof. Sandra Ciesek sind Corona-Viren für 10 bis 30 Prozent aller Atemwegserkrankungen verantwortlich. Das neue Corona-Virus ähnelt dem SARS-Corona-Virus zu 79,9 Prozent und einem Fledermaus-Corona-Virus zu 85 bis 88 Prozent. Das heißt, falls dieses Virus der Ursprung der Seuche ist, haben sich etwa 15 Prozent seiner Erbmasse beim Sprung auf den Menschen oder auf einen Zwischenwirt verändert oder wurden verändert.

Im Blut

Nach wie vor sind Fledermäuse die Verdächtigen Nummer eins auf der Suche nach dem Ursprung des neuen Corona-Virus. Aber selbst Monate nach dem Ausbruch der Pandemie gibt es noch keinen konkreten Beweis, außer einer fast 85- bis 88-prozentigen Übereinstimmung der RNA von Fledermaus-Corona-Viren mit SARS-CoV-2. Die Wissenschaft scheint bei der Suche nach der Quelle noch ziemlich im Dunkeln zu tappen. Mit heutigen technischen und wissenschaftlichen Möglichkeiten könnte die Virenforschung insgesamt viel weiter sein.

Doch SARS-CoV-2 aus der bekannten Corona-Viren-Familie ist auch noch Wochen nach seiner Entdeckung und Sequenzierung »Neuland« für die Wissenschaftler der Welt, die alle mit Hochdruck über das Virus forschen.

Für Menschen in Latein- und Südamerika sind Fledermäuse als

Überträger von gefährlichen Krankheiten nichts Neues. Vor allem eine Art ist bekannt dafür: die Vampirfledermaus. Des Nachts schwärmen sie aus und attackieren Säugetiere und gelegentlich auch Menschen. Geschickt rammen sie ihre spitzen Eckzähne in den Hals ihrer Opfer und laben sich dann an ihrem Blut.

Normalerweise bin ich ziemlich unerschrocken und wenig zimperlich bei meinen Expeditionen. Aber als ich vor Jahren das erste Mal so einen »Vampir« in der Hand hatte, lief mir ein eiskalter Schauder über den Rücken. Entdeckt hatte ihn mein costaricanischer Kollege Sergio. Unser Dschungelpfad führte über ein Stück Weideland, und dort entdeckte er den kleinen Vampir leblos am Boden. Noch hatte ich keine Ahnung, was es mit dieser Fledermaus auf sich hatte.

Als Sergio mit ernster Miene »vampire bat« von sich gab, hielt ich das für einen Scherz. Das Tier war winzig klein. Der Kollege legte mir das geschwächte Tier in die Hand, um gründlich zu überprüfen, ob es vielleicht noch zu retten sei, während er mir erzählte, wie viele Kühe die kleinen Vampire so killen.

Als ich realisierte, wie gefährlich die Tiere tatsächlich sind, hätte ich das Fledermäuschen beinahe fallen gelassen. Sergio beruhigte mich aber und versicherte mir, dass nur über den Biss die tödlichen Viren übertragen würden, und ich bräuchte mich vor Vampiren ja sowieso nicht fürchten, die hätten ja Angst vor Knoblauch.

Knobloch – Knoblauch, als wäre ich als Kind nicht schon genug mit dem Namen gehänselt worden, hatte sogar der Spanisch sprechende Kollege den Wortstamm erkannt, versicherte aber gleich darauf, was für ein hervorragendes Heilmittel Knoblauch doch sei. Schon vor Jahrzehnten wurde die antivirale Wirkung von Knoblauch wissenschaftlich belegt und tatsächlich auch über einen Zusammenhang mit dem Vampirmythos spekuliert.

Als Kern der Sage wurde eine von Fledermäusen übertragene Krankheit vermutet, die vor vielen Hundert Jahren in Transsylvanien ausgebrochen sein soll und dann von Mensch zu Mensch übertragen wurde. Eine Krankheit, die die Opfer zu Monstern mutieren ließ, die kein Licht ertrugen, und durch Knoblauch einigermaßen in Schach zu halten war. Böse Zungen behaupten, dass wir auch heute nicht viel mehr über Fledermäuse und Viren wissen als zu Graf Draculas Zeiten.

Ganz so schlimm ist es sicher nicht. Aber wie wenig über das Virus und seine Quelle auch Wochen nach seiner Genomanalyse bekannt ist, lässt Zweifel aufkommen: Am Dienstag, den 3. März, gibt WHO-Chef Tedros Adhanom Ghebreyesus bekannt: »Wir lernen das Virus immer besser kennen.«

Grundlagenforschung hätte vielleicht geholfen, um Wochen nach dem Seuchenausbruch mehr über das Virus zu wissen. Doch dafür gibt es auch in Deutschland schon lange kaum mehr Geld. In allen Fakultäten, aber besonders bei den biologisch-medizinischen Fachbereichen rächt sich die Strategie der profitgetriebenen Drittmittelstrategie gerade. Ein breites Grundlagenwissen über Corona-Viren hätte eine Pandemie vielleicht verhindern können.

Erst nachdem die Corona-Epidemie nicht mehr aufzuhalten war und sich zu einer Pandemie auszuwachsen drohte, wurden bereits gestrichene Forschungsgelder reaktiviert und für die Virologie genehmigt.

Für Gen-Design-Kreaturen scheinen die Gelder dagegen aus unerschöpflichen Quellen zu sprudeln. Die Menschen spielen lieber selbst Gott, als zu erforschen, was Mutter Natur für raffinierte Tricks auf Lager hat. Bekannt für solche »Spielchen« wurde der Fall des Südkoreaners Hwang Woo Suk, der beziehungsweise dessen Institut Berichten zufolge über Millionenbeträge verfügt, um alle erdenklichen Kreaturen zu klonen, obwohl er bereits wegen Forschungsbetrugs verurteilt wurde. Vom Größenwahn beseelt, will er so etwas wie Jurassic Park wahr werden und ein Mammut aus der Eiszeit auferstehen lassen.

Und er ist bei Weitem nicht der einzige Wissenschaftler, der mit schier unbegrenzten Forschungsgeldern jonglieren kann, um Design-Lebewesen zu kreieren und zu klonen – Frankenstein lässt grüßen. Die Corona-Viren hätten mit diesen Etats wahrscheinlich längst grundlegend erforscht werden können, spätestens seit SARS und MERS hätte daran auch ein weltweites Interesse bestehen müssen. Ganz unterbelichtet ist die Corona-Forschung allerdings nicht, seit Jahren wird an einigen Universitäten an unterschiedlichen Corona-Viren geforscht. Und bei einigen Forschern stehen insbesondere die Corona-Viren von Fledermäusen schon länger im Fokus.

Bislang gibt es nur Spekulationen darüber, warum ausgerechnet Fledermäuse ein Hort von besonders vielen, gefährlichen und mutationsfreudigen Viren sind. SARS, Ebola, Tollwut und zahlreiche andere für Menschen gefährliche Viren, wahrscheinlich auch das neue Corona-Virus, stammen ursprünglich aus Fledermäusen. Die Frage, warum all diese gefährlichen Erreger den fliegenden Säugern nichts anhaben können, stellte sich auch Cara Brook von der University of California.

Seit Jahren forscht die engagierte Wissenschaftlerin über Fledermäuse und die Viren, die sie befallen und besiedeln. Brook entdeckte dabei den Botenstoff Interferon Alpha, mit dem sich die Fledermäuse gegen die viralen Attacken regelrecht abschotten. Bei der ersten viralen Attacke fährt das Immunsystem der Fledermäuse hoch, flutet den Körper mit dem Botenstoff, der gleichzeitig eine überschießende Entzündungsreaktion verhindert und damit schwere Symptome unterdrückt.

Brook vermutet daher, dass Fledermäuse aufgrund ihres erhöhten Stoffwechsels diese verstärkte Abwehr im Laufe der Evolution entwickelt haben. Gleichzeitig würden diese »Superkräfte« der Fledermäuse dazu führen, dass die Viren ebenfalls »aufrüsten« und gefährlicher werden. Bedrohlich für uns wird es erst, wenn die Artenschranke übersprungen wird und die Killerviren auch auf den Menschen überspringen können. Wenn das aber stimmt und es sich bei dem Ursprung der Corona-Pandemie um eine Zoonose handelt, dann wird es bei SARS-CoV-2 nicht bleiben.

Lernen von Fledermäusen

Nach jahrzehntelanger Forschung haben Wissenschaftler 2019 herausgefunden, dass auch das Ebola-Virus ursprünglich von einer Fledermaus stammt. Seit über 60 Jahren ist bekannt, dass Fledermäuse Tollwutviren in sich tragen, auch in Deutschland. Forschungen dazu gibt es wenig. Erst zehn Jahre nach dem SARS-Ausbruch 2002 haben Wissenschaftler herausgefunden, dass dieses Corona-Virus ursprünglich von Fledermäusen stammt. Wenn so viel Geld in die Grundlagenforschung fließen würde wie in die transgene Biotechnologie und sonstige Biotechforschung, wären die Forscher wahrscheinlich schneller auf die Fledertiere gekommen und wären auch bei der neuen Corona-Krise schon weiter.

Der renommierte deutsche Virologe Christian Drosten glaubt nicht an das Superimmunsystem von Fledermäusen durch erhöhte Stoffwechselaktivitäten. Drosten hat eine eigene Theorie und vermutet, dass die Bildung riesiger Kolonien die rasche Veränderung der Viren stimuliert. Die australische Forscherin Linfa Weng wiederum bringt, wie Cara Brook, die aggressiven Viren bei Fledermäusen eher mit dem erhöhten Stoffwechsel in Verbindung.

Vielleicht gehören Viren schlicht zu einem symbiontischen Abwehrsystem der Fledertiere, die mit mehr als 1200 Arten die zweitgrößte Säugetiergruppe der Erde vertreten und über den ganzen Globus verteilt leben. Vor allem durch die Zerstörung von Ökosystemen sind ihre Populationen in den letzten Jahren dramatisch zurückgegangen. Ihre ökologische Bedeutung für die Verbreitung von Früchten, Samen, Bestäubung von Bäumen und ihre Interaktion mit Insekten sind noch lange nicht umfassend erforscht. Sicher ist, dass sie eine zentrale Schlüsselrolle in unseren

Wäldern übernehmen und die Menschheit noch viel von diesen Tieren lernen kann, gerade was die Virenforschung betrifft.

Bislang gingen Forscher davon aus, dass sich Säugetiere mithilfe ihres Immunsystems gegen fremde Viren stets wehren und durch die Bildung von Antikörpern gegen weitere Attacken des Erregers immunisieren. Neueste Forschungen aber zeigen, dass verschiedene Säugetiere auch Symbiosen mit Viren eingehen, die Erreger versorgen und im Gegenzug für die Verteidigung »instrumentalisieren«. Die symbiontischen Viren bilden dann eine Armee gegen fremde Eindringlinge. So soll es beispielsweise bei den aus Amerika eingeschleppten Grauhörnchen sein, die unsere heimischen Eichhörnchen immer mehr verdrängen. Lange glaubten Forscher, dass die Grauhörnchen aggressiv wären und unsere heimischen Hörnchen angreifen würden. Neuere Studien belegen allerdings, dass Viren diesen Job erledigen. Auch bei Fledermäusen konnte inzwischen eine symbiontische Beziehung mit Viren nachgewiesen werden.

Viren und Fledermäuse scheinen also dicke Freunde zu sein. Daher wird mittlerweile auf der ganzen Welt über Fledermausviren geforscht. Ob die Sicherheitsstandards in den Labors der Welt allerdings immer ausreichen, bezweifeln auch chinesische Wissenschaftler. Der chinesische Biologe Rao Yi postete beispielsweise vor einiger Zeit auf der Seite ResearchGate, dass in dem Forschungslabor in Wuhan ein Wissenschaftler von einer mit Corona infizierten Fledermaus attackiert wurde und direkt mit dem Blut des Tieres in Kontakt kam. Die Plattform ResearchGate wurde von deutschen Wissenschaftlern für den internen Austausch von Forschern entwickelt, Bill Gates ist einer der Hauptinvestoren des Forschungsnetzwerks. Der Forscher wurde anschließend zur Quarantäne nach Hause geschickt. Der Post wurde später gelöscht, und was mit dem Mann weiter passierte, wird nicht berichtet. In einem anderen Post, dessen Wahrheitsgehalt nur schwer überprüft oder belegt werden kann, wird die Direktorin des Instituts, Wang Yanyi, beschuldigt, Labortiere auf dem inzwischen berühmt-berüchtigten Markt in Wuhan verkauft zu haben.

Immer wieder taucht das Virologische Institut Wuhan in den unterschiedlichsten Medien auf und wird inzwischen von der US-amerikanischen Regierung offiziell verdächtigt, für den Ausbruch der Pandemie verantwortlich zu sein. Zuvor gab es regen internationalen Austausch mit dem Wuhan-Labor, auch bei den Feldforschungen des Biologen Kevin Olival, der für die gemeinnützige US-Organisation EcoHealth Alliance arbeitet und sich auf Fledermausviren spezialisiert hat. Bei einer Forschungsexpedition auf der Jagd nach Fledermausviren in Borneo machte Olival 2017 einige erstaunliche Entdeckungen, die im Angesicht der Corona-Pandemie in einem ganz neuen Licht erscheinen: In Fledermäusen wimmelt es nur so von Corona-Viren, und einige können direkt auf Menschen übertragen werden.

Es ist ein besonders schwülheißer Tag, als Olival mit seinem Team im Dschungel von Malaysia auf Fledermausjagd geht. Seine Expedition führt durch den immer stärker bedrohten Regenwald von Borneo. Nach einer schweißtreibenden Tour erreichen sie ihr Ziel, eine unter Forschern und auch bei einigen Touristen bekannte Fledermaushöhle.

Nicht weit von dem klaffenden Loch in einem vom Dschungel überwachsenen Felsen schlagen sie ihr Lager mit einem provisorischen Labor auf. Klapptisch, Plastikplanen und diverse Geräte dienen Olival und seinem Team als mobile Forschungseinrichtung. Von dem Camp aus können sie den Höhleneingang sehen, aber von Fledermäusen ist weit und breit keine Spur. Erst in der Dämmerung werden Hunderte, wenn nicht gar Tausende dieser Flugsäuger auf Nahrungssuche ausschwärmen.

Olival hat schon seine Doktorarbeit über diese Früchte fressenden Fledertiere und Viren geschrieben. Genauer über Nipah-Viren, die Ende der 1990er-Jahre eine schwere, fiebrige Enzephalitis bei über 200 Menschen in Malaysia auslösten. Auch damals hatte

Olival diese Fledermaushöhle als biologisches Reservoir im Visier und konnte den Zusammenhang mit dem Virus nachweisen. Jetzt ist es ein Corona-Virus, auf das es die Wissenschaftler abgesehen haben. Aber noch nicht SARS-CoV-2, es wird noch drei Jahre dauern, bis dieses neue Virus ausbricht.

Bevor sich Olival und seine Kollegen in die Höhle wagen, ziehen sie noch Schutzkleidung an. Sie wissen, warum, sie haben Hinweise gefunden, dass das Nipah-Virus direkt von Flughunden auf Menschen übertragen werden kann, und diese Infektion verläuft in mehr als der Hälfte der Fälle tödlich.

Als ich mich Jahrzehnte zuvor auf eine Dschungelexpedition in den Regenwald von Borneo begab, habe ich vielleicht genau die gleiche Fledermaushöhle besucht wie später Olival. Auf Schutzkleidung wäre keiner in unserem kleinen Team gekommen, auch nicht unser ortskundiger Führer Pa. Damals wurden Fruktivoren überhaupt nicht als Überträger von gefährlichen Krankheiten in Betracht gezogen, solange sie nicht auf dem Speisezettel standen.

Einzig auf eine Mütze zum Schutz vor Fledermausexkrementen wies Pa uns hin, bevor wir die Höhle betreten durften. Ohne unseren Guide hätten wir das Schloss der Fledertiere niemals gefunden. Der steile, kurvige und teilweise felsige Dschungelweg ist zunächst nicht von einem normalen Urwaldpfad zu unterscheiden, bis sich urplötzlich ein riesiges, klaffendes Loch im Felsen öffnet und auf den Eingang weist.

Der Höhle entströmte ein strenger Geruch nach Ammoniak und dem typischen Odeur von Fledermauskot. Trotzdem zögerte ich keine Sekunde, unserem Guide zum Schlafplatz der Tiere zu folgen. Hunderte, wenn nicht Tausende Fledertiere hingen kopfüber an der Felsdecke.

Ganz leise schlichen wir durch die Höhle, um die Tiere nicht zu verschrecken. Nicht immer gelang es uns. Einmal löste sich ein ganzer Schwarm und flatterte dicht an unseren Köpfen vorbei. Aber die meisten blieben dicht aneinandergedrängt am Felsen hängen und ließen sich beobachten. Ganz still verharrten die wenigsten, die meisten Tiere zappelten ein wenig, als würde sie ein wilder Traum bewegen. Manche hatten auch Babys auf dem Rücken, und andere streckten urplötzlich ihre Flügel aus.

Nie wäre ich auf die Idee gekommen, dass diese Tiere gefährlich für mich sein könnten. Heute würde ich allerdings besser geschützt in eine Fledermaushöhle gehen. Obwohl die Wissenschaftler inzwischen nachweisen konnten, dass Krankheiten auch über Urin und Exkremente von Fledermäusen direkt auf Menschen übertragen werden können, betreten auch heute noch viele Besucher ungeschützt die inzwischen berühmten Fledermaushöhlen von Borneo, Einheimische sowieso. Aber alle lokalen Reiseanbieter, die Touren zu den »Bat-Caves« anbieten, rüsten ihre Kunden inzwischen mit Schutzkleidung aus.

Die Touristen sind jedoch nicht die einzige Fledermaus-Einnahmequelle der Einheimischen. Seit Jahrhunderten dient Fledermausguano als Dünger für die umliegenden Felder und ist heute ein heiß begehrter Rohstoff. Vor dem Erdöl soll in Texas Fledermausguano der größte Exportartikel gewesen sein und wird noch immer teuer gehandelt.

Immer wieder stellen sich Experten, Landwirte und Gärtner die Frage, ob die Mikroben in diesem Dünger gefährlich für Menschen sein könnten. Auch der Forscher Olival geht dieser Frage nach, als er in Borneo auf Fledermausjagd geht.

Zu Tausenden hängen die kleinen Tiere kopfüber schlafend an der Felsdecke, als die Forscher die Höhle betreten. Trotzdem ist der Fang nicht ganz einfach, denn Fledermäuse haben einen sehr leichten Schlaf und einen starken Fluchtreflex. Aber Olival und sein Team sind inzwischen routiniert, mit einem kleinen Netz haben sie recht schnell ein Tier erbeutet, das sie in ihrem provisorischen Labor umgehend untersuchen.

Vorsichtig legen sie das Tier auf die Plastikdecke, spreizen die kleinen Flügelchen und entnehmen Blut-, Urin-, Kot- und Speichelproben, die sie nach China in das Forschungslabor in Wuhan schicken. In allen Proben werden die Wissenschaftler Corona-Viren finden, wie sie später veröffentlichen. Olival nimmt aber noch andere Proben, denn auch er stellt sich die Frage, ob die Viren vielleicht auch direkt auf die Menschen übertragen werden, die hier täglich hineingehen, um Touristen zu führen oder Dünger zu sammeln.

Eigentlich gingen die Wissenschaftler davon aus, dass Übertragungen von Fledermaus-Corona-Viren auf Menschen sehr unwahrscheinlich sind. Sie finden jedoch ein Virus, das dem SARS-Virus, das die erste Pandemie des Jahrtausends auslöste, sehr ähnlich ist, und sie infizieren damit menschliche Zellkulturen, in denen sie sich hervorragend vermehren. Noch im selben Jahr publizieren sie ihre Forschungen und teilen damit der Welt mit, dass Corona-Viren von Fledermäusen direkt menschliche Zellen infizieren können, zumindest im Laborversuch.

Olival geht aber auch der Frage nach, wie es in der Praxis aussieht, ob die Menschen, die täglichen Kontakt zu den infizierten Fledermäusen haben, auch Träger von Corona sind.

Tatsächlich können er und sein Team bei zahlreichen Testpersonen, die regelmäßig in der Fledermaushöhle arbeiten, Corona-Viren feststellen, aber keine Krankheitssymptome. Die Einheimischen leben anscheinend ganz gut mit dem Virus.

Damit ist klar: Schon Jahre vor dem Ausbruch von SARS-CoV-2 und der darauffolgenden Pandemie wussten zumindest Experten, dass SARS-ähnliche Viren direkt von Fledermäusen auf Menschen übertragen werden können. Trotzdem ist auch Monate nach dem Ausbruch der Krankheit und der Identifizierung des neuen Virus der ursprüngliche Wirt angeblich noch immer nicht bekannt.

Neben dem Fischmarkt von Wuhan rückt auch das örtliche Forschungslabor in unmittelbarer Nähe immer wieder in den Fokus der Ermittlungen und Spekulationen. Auch schon lange vor der neuen Pandemie geriet das Institut mit seinen Forschungen an Fledermäusen und Viren häufig ins Visier der Öffentlichkeit.

Im Februar 2020 veröffentlichen die chinesischen Wissenschaftler Botao Xiao und Lei Xiao auf der Internetplattform ResearchGate, dass sie das Forschungslabor in Wuhan für die Quelle des neuen Corona-Virus halten. Wenige Tage später ist dieser Eintrag verschwunden, zahlreiche Medien berichten darüber.

Professor Xiao aber bleibt bei seiner Einschätzung, vor allem weil Fledermäuse als wahrscheinlichste Primärquelle des neuen Virus identifiziert wurden und auf dem Fischmarkt von Wuhan angeblich nie Fledermäuse verkauft wurden. Gleichzeitig mit der Löschung von Xiaos Beitrag verschwindet auch sein Profil, und das chinesische Wissenschaftsministerium gibt laut Medienberichten bekannt, dass die Sicherheitsvorkehrungen von Forschungseinrichtungen, die mit Viren arbeiten, erhöht werden müssen. So viele Zufälle kann es eigentlich gar nicht geben.

Als Xu Jianguo am 7. Januar erfolgreich das Genom des neuen Corona-Virus entschlüsselt, ist es genau ein Jahr her, dass die biologische Fachwelt von einem ganz anderen erschütternden wissenschaftlichen Ergebnis aus der Virenforschung in Kenntnis gesetzt wird: Am 7. Januar 2019 wird bekannt, dass auch chinesische Fledertiere Brutstätten von Ebola-ähnlichen Viren sind, die vielleicht auch auf Menschen übertragen werden könnten. Zumindest Zellkulturen von Hamstern, Affen und Hunden können diese Viren erfolgreich befallen.

Die Studie über die sogenannten Filoviren, zu denen Ebola gehört, wird in dem renommierten Fachmagazin *Nature* veröffentlicht, und zwar unter anderem von Shi Zhengli, die an der Chinesischen Akademie der Wissenschaften in Wuhan forscht. Die Analysen fanden wahrscheinlich genau in dem Labor statt, das Prof. Xiao als ursprüngliche Quelle des neuen Corona-Virus in Verdacht hatte.

In der Fachwelt ist Zhengli schon lange als Koryphäe auf ihrem Gebiet bekannt und wird scherzhaft »Batgirl« genannt. In jahrelanger Arbeit hat sie mit ihrem Team die weltweit größte Datenbank über Fledermausviren angelegt. Zhengli ist auch Kopf der chinesischen »Fledermausjäger«, die nach dem Ursprung des tödlichen SARS-Virus gesucht haben und bereits 2017 einen baldigen noch schlimmeren Corona-Viren-Ausbruch prophezeiten. Auch vor Filoviren warnt Zhengli.

Dazu gehören das berüchtigte Ebola-Virus und das verwandte Marburg-Virus, das in den 1960er-Jahren mit Rhesusaffen von Afrika nach Deutschland eingeschleppt wurde und nicht nur von der Universität Marburg identifiziert wurde, sondern auch von dort ausgebrochen ist. Damals starben Dutzende Menschen im Frankfurter Raum an dem tödlichen Virus, das in die höchste Viren-Risiko-Gruppe eingeordnet und als potenzieller biologischer Kampfstoff der höchsten Gefahrenklasse eingestuft wurde.

Das Labor in Wuhan gehört ebenfalls zur höchsten Sicherheitsstufe 4, das entspricht der Sicherheitsstufe für Biowaffenforschung, die ja eigentlich verboten ist. »Batgirl« Zhengli streitet jedoch mit Vehemenz ab, dass der Ausbruch von Covid-19 irgendetwas mit dem Labor in Wuhan zu tun hat, und wehrt sich auf WeChat gegen jegliche Spekulation. Auch ganz offiziell weist das Institut die Anschuldigungen zurück:

»Der Ausbruch des neuen Corona-Virus 2019 ist eine Strafe der Natur für die Menschheit, für unzivilisiertes Gebaren. Ich, Shi Zhengli, schwöre bei meinem Leben, dass das nichts mit unserem Labor zu tun hat.« (Übersetzung KI)

VERSCHWÖRUNG

Fakt und Fiktion

Wuhan 400

Wuhan 400: die perfekte Waffe, die ausschließlich Menschen attackiert, diese aber in Massen dahinrafft. Das ist kein Auszug einer geheimen Militärstrategie, sondern ein Zitat aus dem Roman *The Eyes of Darkness* von Dean R. Koontz aus dem Jahr 1981. Mit über 500 Millionen verkauften Büchern ist Koontz einer der weltweit erfolgreichsten Schriftsteller des Fantasy- und Science-Fiction-Genres. Nach dem Ausbruch der Corona-Pandemie kursierte schnell das Zitat aus dem fast 30 Jahre alten Roman als prophetische Weissagung, und der Verlag freut sich. So schnell, wie sich das Virus ausbreitet, verkauft sich der Thriller und stürmt als E-Book die Bestsellerlisten, denn die gedruckten Bücher sind nicht lieferbar.

Die Verschwörungstheorie von Koontz als Hellseher eines Biowaffenangriffs aus Wuhan wird auch von vermeintlich seriösen britischen Medien geschürt. Mit der reißerischen Frage danach, ob ein Dean-Koontz-Thriller von 1981 den Ausbruch des Corona-Virus vorausgesagt hat, schürt die *Daily Mail* das Feuer; die *Times* legt nach und preist Koontz als Meister unserer schwärzesten Träume und literarischen Meister der Magie. Wer aber über die sensationslüsternen Schlagzeilen hinausblickt, wird feststellen, dass Koontz die Zutaten, die während des Kalten Krieges in der Luft lagen, einfach nur zauberhaft und fesselnd miteinander zu einem spannenden Plot verwoben hat. Nichtsdestotrotz, der Roman verkauft sich wie geschnitten Brot.

Außer dass das Corona-Virus vermutlich aus Wuhan kommt, hat es in Wirklichkeit aber nur wenig mit dem fiktionalen Erreger von Koontz' Buch gemein. SARS-CoV-2 kann im Gegensatz zum Romanvirus durchaus von einer anderen Kreatur getragen und übertragen werden, es stammt ja auch ursprünglich von Tieren. Und doch legt Koontz' Buch den Finger auf eine Wunde, die schon lange schwelt: Viren, die als Kampfstoffe eingesetzt werden.

Im Gegensatz zu dem neuen Corona-Virus ist beispielsweise der Syphilis-Erreger ein Bakterium, das tatsächlich nur Menschen befällt und nur über direkten Kontakt übertragen werden kann. Und da solche Erreger, die kein eigenständiges Leben führen können, sich unter anderem auch dadurch auszeichnen, dass sie auf toten Flächen, von der Türklinke bis zum Klodeckel, längere Zeit infektiös bleiben, eignen sie sich hervorragend als Waffen.

Anthrax, auch Milzbrand genannt, gehört zu den durch Bakterien verursachten Krankheiten, ist hochgefährlich und wird schon seit Jahrhunderten als biologische Waffe eingesetzt, lange bevor Bakterien und Viren überhaupt entdeckt und mit ihnen geforscht wurde. Daran erkrankte oder verstorbene Menschen wurden in Feindesland geschleust und verbreiteten dort die Krankheit weiter.

Heute sind Viren längst fester Bestandteil des internationalen Wettrüstens.

Biohazard

Von *Monsanto* über *Bayer* bis *Novartis*: Vieles deutet darauf hin, dass die westlichen Big-Pharma-Unternehmen der Gegenwart die Chemiewaffenhersteller der Vergangenheit sind. Monsanto tat sich vor allem im Vietnamkrieg mit Agent Orange hervor; Bayer, das inzwischen Monsanto gekauft hat, produzierte schon für die Nazis Giftgase. Senfgase, Sarin und VX sollen zu seinen Produkten gehört haben, einiges davon soll laut Berichten noch heute in syrischen Fässern lagern. Novartis wiederum wird nachgesagt, in eine Giftgasaffäre mit dem Assad-Regime verstrickt zu sein.

Die Chemiegiganten von einst, die mit der Produktion von chemischen Waffen für brutale Kriege reich geworden sind, gehören heute alle zu den Big Playern in der Pharmaindustrie und arbeiten in Hochsicherheitslaboren mit manipulierten Mikroorganismen. Das ist im Westen nicht anders als in Russland, aber dort vielleicht noch etwas undurchsichtiger, wenn man dem früheren Sowjetwissenschaftler Ken Alibek glauben will. In seinem 1999 erschienenen Buch *Biohazard* beschreibt der in die USA übergelaufene ehemalige hochrangige Biowaffenforscher seine Arbeit in dem vielleicht geheimsten Waffenprogramm der Geschichte: Biopreparat.

Angeblich wurde Biopreparat 1973 als eine zivile Fortführung des früheren Biowaffenprogramms eingerichtet. Tatsächlich soll das Programm nur ein Deckmantel für weitere Forschungen und auch Produktionen von Biowaffen gewesen sein, um die internationale Biowaffenkonvention nach außen hin einzuhalten. Die Existenz wurde von der damaligen Sowjetunion stets geleugnet.

Offiziell sei Biopreparat ein Konsortium von 18 offiziell zivilen Forschungseinrichtungen, in denen aber angeblich, so Alibek, eine ganze Armee von Wissenschaftlern arbeitete, um biologische Waffen zu entwickeln. Dazu gehörten manipulierte Stämme von Milzbrand, Ebola, Pest, Pocken und anderen tödlichen Erregern. Biopreparat soll der größte Produzent von waffenfähigem Milzbrand gewesen sein.

Als 1979 das Milzbrandvirus in Swerdlowsk, dem heutigen Jekaterinburg, ausbricht und mehr als hundert Sowjetbürger sterben, sickern jedoch immer mehr Details über die Biowaffenherstellung von Biopreparat durch. Ein knappes Jahr später veröffentlicht die *Bild-Zeitung* die Vorwürfe, und Moskau wehrt sich gegen »verleumderische Propaganda«. Die Regierung besteht weiterhin darauf, dass der Ausbruch durch verseuchte Nahrungsmittel ausgelöst wurde. Warum erinnert mich das nur an Wuhan und SARS-CoV-2?, frage ich mich ständig.

Bereits vor Alibek hatte sich der Biowaffenexperte Wladimir Passetschnik abgesetzt und die westlichen Geheimdienste 1989 darüber alarmiert, dass das riesige Ausmaß von Moskaus Geheimprogramm noch zehnmal größer war, als der Westen nach den ersten Zeitungsberichten annahm.

Zehn Jahre später, 1999, bestätigt Alibek die Größe des Programms und behauptet darüber hinaus, dass die Entwicklung von neuen Stämmen gentechnisch manipulierter Mikroben als Superwaffen fortgeführt würde. Sein Buch schockiert mit den Details der tödlichen Biowaffenentwicklung, die in der ehemaligen Sowjetunion jahrzehntelang vertuscht worden war und auch nach der Wende noch nicht zu Ende ist. Spätestens ab jetzt ist Russland als vermeintlicher Biowaffenproduzent Nummer eins ständig in den Schlagzeilen.

Wunschdenken

Der Corona-Tsunami

Während Politiker und Experten jegliche Verschwörungstheorien und Prophezeiungen aufs Schärfste kritisieren, orakeln sie selbst kräftig, vor allem nachdem es in Europa richtig ernst geworden ist. Der schwärzeste Tag ist der 10. März 2020, an dem ganz Italien zur Sperrzone erklärt wird. Der totale Shutdown. Erst einen Tag später wird Kanzlerin Merkel das erste Mal öffentlich und ausführlich zur Corona-Krise Stellung nehmen. Der Tag, an dem die WHO Covid-19 offiziell zur Pandemie erklärt: der verhängnisvolle 11. März. Ein Datum, an dem nicht nur die Katastrophe von Fukushima stattfand, sondern auch noch zahlreiche andere. Zur

Pandemie wurde Covid-19 schon sechs Wochen zuvor, doch die WHO wartete bis zu diesem Datum, um die Katastrophe zu verkünden.

Unterdessen kämpfen die Menschen in Italien ums nackte Überleben, vor allem in der Lombardei, Ärzte und Klinikpersonal sind am Ende ihrer Kräfte. Die Anzahl der Infizierten steigt landesweit auf mehr als 10 000, und über 600 Corona-Todesfälle haben die Italiener inzwischen zu beklagen.

Es ist der Tag, an dem Raffaele Bruno, der Chefarzt für Infektionskrankheiten am Krankenhaus Matteo im lombardischen Pavia, fast kapituliert. In den vergangenen Wochen haben er und seine Mitarbeiter fast täglich 18 Stunden durchgearbeitet. Corona sei wie ein Tsunami über sie gekommen, klagt er in einem *Spiegel*-Interview.

Jeder Arzt und jede Krankenschwester sei am Anschlag. Zwar gäbe es noch ausreichend Betten auf der Intensivstation, aber niemand wisse, ob der Höhepunkt der Epidemie bereits erreicht sei oder nicht. Er ahnt wahrscheinlich, dass es in den darauffolgenden Wochen noch viel schlimmer werden wird, will sich aber zu keiner Spekulation hinreißen lassen.

Es ist ein ehrliches Statement von einem qualifizierten, engagierten Facharzt, der im italienischen Krisengebiet alles für seine Patienten gibt, während deutsche Experten und Politiker am gleichen Tag noch blauäugig verkünden: »Im Herbst wird es kritisch, das ist klar.«

Der Virenpapst Christian Drosten orakelt noch Anfang März, dass es erst nach dem Sommer in Deutschland schlimm werden wird, und wird damit in zahlreichen Medien zitiert. Der Chefvirologe der Charité begründet seine Prophezeiung damit, dass es dann in den Kommunen zahllose unerkannte Fälle geben wird, da die Gefahr im Sommer aus dem Blick gerät, und ergänzt seine Zukunftsvorhersage noch während einer Pressekonferenz:

»Ich erwarte dann eine schlagartige Zunahme der Corona-Fälle mit schlimmen Folgen und vielen Toten. Wen wollen wir dann retten, einen schwer kranken 80-Jährigen oder einen 35-Jährigen mit einer rasenden Viruspneumonie, der binnen Stunden sterben würde und bei künstlicher Beatmung binnen vier Tagen über den Berg wäre?«

Tatsächlich müssen sich die Krankenhäuser in Deutschland schon zwei Wochen später diese Frage stellen, in Spanien und Italien sowieso.

Gleichzeitig verkündet Kanzlerin Merkel, dass sich 70 Prozent der Deutschen mit Corona infizieren werden, ordnet aber noch keine weitreichenden Maßnahmen an. Während Brasiliens Präsident Bolsonaro verkündet, dass er die Corona-Krise für »Fantasie« halte. Ähnlich hatte sich zuvor auch schon Trump geäußert und ruft eine Woche später dann aber doch den Notstand aus. Auch Kassenarztchef Andreas Gassen und viele andere Experten halten Anfang März die Pandemie eher für eine mediale als eine medizinisch relevante Infektion.

Zum gleichen Zeitpunkt kämpfen Raffaele Bruno und viele andere Mediziner rund um den Globus weiter, um das Leben Tausender Corona-Patienten zu retten.

Auch die WHO-Gesundheitspolizei verheddert sich immer wieder in widersprüchlichen Aussagen, mal schlimm, mal weniger schlimm, Hauptsache, keine Panik. Wochen nachdem alle Experten der Welt bei Covid-19 längst von einer Pandemie sprechen, schwadroniert WHO-Chef Tedros Adhanom Ghebreyesus noch am 9. März von einer weltweiten Epidemie, ergänzt aber: »Das Risiko einer Pandemie ist real.«

Die Definition einer Pandemie ist allerdings eindeutig: Wenn eine Epidemie sich auf allen Kontinenten über die Welt verbreitet, spricht man von einer Pandemie. SARS-CoV-2 hatte sich bereits Ende Februar über alle Kontinente ausgebreitet und war längst zur Pandemie geworden, als Ghebreyesus die Welt weiter verunsichert.

»Es wäre die erste Pandemie in der Geschichte, die beherrscht werden kann«, behauptet Ghebreyesus in einer Rede am 10. März. Und natürlich, dass es wichtig wäre, so viele Menschen wie möglich vor Ansteckungen zu schützen, was eine Selbstverständlichkeit bei jeder Seuche ist. Und er meint, es gäbe »viele Beispiele von Ländern, die gezeigt haben, dass die Maßnahmen helfen«. Tatsächlich bricht wenige Tage später das große Chaos aus. Die Fallzahlen schnellen exponentiell in die Höhe, und fast alle Länder machen die Grenzen dicht und holen ihre Landsleute nach Hause.

Die Geldgeber der WHO

Welche Maßnahmen der WHO-Chef meint, erläutert er nicht. Einen Tag später, am 11. März, spricht Ghebreyesus das Wort aus: Pandemie. Sofort macht Trump die Schotten dicht, der Luftverkehr von und nach Europa wird fast vollständig gestrichen.

Wer die Struktur der WHO kennt, kann sich denken, um was es der WHO geht. Sehr wahrscheinlich geht es außer um Quarantäne scheinbar auch um Impfstoffe und sehr, sehr viel Geld, vor allem um Aufträge für Big Pharma und zahlreiche Stiftungen. Beispielsweise ist die Bill-und-Melinda-Gates-Stiftung inzwischen der größte private Geldgeber der WHO. Nur 20 Prozent des gesamten Etats steuern die Regierungen der Geberländer bei, den Rest Industrie und Stiftungen, allen voran die Bill & Melinda Gates Foundation.

In den 1970er-Jahren war das Verhältnis noch umgekehrt, und die Staaten steuerten 80 Prozent zur Finanzierung der WHO bei. Mit dieser interessengesteuerten Beteiligung an der Weltgesundheitsorganisation beschäftigte sich noch kurz vor der Corona-Krise auch der Deutsche Bundestag in einem ausführlichen Papier. Explizit wird in dem Bericht die Kritik an der beteiligten Gates-Stiftung genannt sowie an der Stiftung Gavi (Global

Alliance for Vaccines and Immunisation), die ebenfalls von den Gates initiiert wurde.

Deutschland unterstützt die Stiftung, veranstaltet jedes Jahr eine Geberkonferenz unter der Schirmherrschaft von Bundeskanzlerin Merkel und beteiligt sich mit jährlich mehreren Hundert Millionen Euro an diesem Projekt zur Impfung von Menschen in Entwicklungsländern. Oxfam und Ärzte ohne Grenzen kritisieren den Einfluss der Industrie bei Gavi. Auch die WHO wird inzwischen für den starken Einfluss der Industrie kritisiert.

Schon lange ist die Weltgesundheitsorganisation ein Spielball von Businessinteressen geworden, erzählt Thomas Gebauer, der Leiter von medico international, dem Deutschlandfunk. Unter anderem belegt Gebauer seine These mit der 2009 von der WHO alarmistisch ausgerufenen Schweinegrippe-Pandemie, die den Steuerzahler allein in Deutschland Milliarden für Impfungen gekostet hat. Impfungen, die Berichten zufolge nie durchgeführt wurden, aber angeblich Milliarden in die Kassen von Big Pharma gespült haben.

Aber damit nicht genug, auf dem Weltwirtschaftsforum in Davos hat Gates 2017 eine weitere, europäische Stiftung zur Entwicklung von Impfstoffen gegründet: CEPI (Coalition for Epidemic Preparedness Innovations), eine Koalition für Innovationen zur Bereitschaft bei neuen Epidemien. Finanziert wird die Stiftung nicht nur von der Bill & Melinda Gates Foundation, sondern auch mit Geldern der EU und von Deutschland, darunter aktuell mit dreistelligen Millionenbeträgen für einen Impfstoff gegen das neue Corona-Virus. Private-public-Partnership heißt das Zauberwort.

Auch die neue europäische Stiftung CEPI bekommt sehr viel staatliche Fördermittel, von Europa und auch direkt von Deutschland. Allein 140 Millionen Euro vom deutschen Steuerzahler an zusätzlichen Geldern gleich am Anfang der Corona-Krise, nach der »Geberkonferenz« Anfang Mai wird der Etat noch einmal deutlich aufgestockt. Geld, das CEPI wiederum an öffentliche, aber vor allem private Forschungseinrichtungen vergibt, beispielsweise an das Tübinger Start-up *CureVac* in Millionenhöhe. Schon ein Jahr vor der Krise erhält CureVac von CEPI im Februar 2019 34 Millionen, weitere Millionen fließen nach dem Ausbruch des neuen Corona-Virus.

Zusätzlich zu der millionenstarken Finanzspritze, indirekt aus deutschen Steuergeldern, schießt der Wert des Unternehmens nach oben, während fast alle anderen ins Bodenlose fallen, ähnlich bei einigen anderen börsennotierten Biotechunternehmen mit Corona-Impfstoffen in der Pipeline. Da freuen sich die Aktionäre, allen voran: Bill Gates, einer der Hauptinvestoren der Biotech-Start-ups. Nicht nur seine Stiftung, sondern auch er persönlich.

Vor 20 Jahren gründeten zwei Tübinger Forscher das Biotechnologieunternehmen, das sich auf Therapien und Entwicklungen von Impfstoffen mit dem Botenstoff mRNA *(messenger Ribonucleic Acid)* spezialisiert hat, quasi eine einsträngige Blaupause eines Gens, der Übersetzer und Übermittler in unseren und allen anderen Zellen.

Diese neue Technologie zielt darauf ab, dass der Körper mithilfe dieser »Matrize« direkt Antikörper produzieren soll, die mRNA fungiert dabei als Bauplan für die Antikörper. Traditionelle Impfstoffe basieren auf einer natürlichen Abwehrreaktion des Körpers. Dafür werden in der Regel »entschärfte«, fast mit dem jeweiligen Krankheitserreger identische Viren injiziert, die sich jedoch weder vermehren noch Symptome auslösen können. Trotzdem bildet der Körper hoch spezialisierte Antikörper, die er bei einer echten Infektion sofort abrufen kann.

Die Tübinger CureVac ist aber nicht das einzige Unternehmen mit dieser neuen Impftechnologie, auch das Mainzer Start-up *Biontech* engagiert sich in der mRNA-Technologie, und auch in diese Firma hat Gates kräftig investiert. Ebenso in die amerikanischen Firmen *Moderna* und *Inovio,* die ebenfalls mit dieser neuen Technologie Impfstoffe entwickeln und nicht nur von Gates und seiner eigenen Stiftung unterstützt werden, sondern auch von CEPI. Bei CureVac ist Gates aber besonders engagiert, und es ist kein Zufall, dass der CEO des Unternehmens am 3. März 2020 am Tisch des US-Präsidenten saß, um mit noch einigen anderen Pharmaunternehmern über den Kampf gegen das neue Corona-Virus zu debattieren.

Keine zwei Wochen später, am 15. März 2020, sickert durch, dass der amerikanische Präsident versucht, das Exklusivrecht an dem Impfstoff der Tübinger Unternehmer für die USA zu erwerben. Der Protest aus Europa ist vorprogrammiert und heizt die Verhandlungen und den Wert des Unternehmens noch weiter an. Die Tübinger wollen sich angeblich nicht von der amerikanischen Regierung kaufen lassen, dabei haben sie sich allem Anschein nach längst verkauft.

Bill Gates und Corona

Nicht alle schätzen das enorme Engagement von Bill Gates in der Gesundheitsindustrie. Kaum hatte China den Ausbruch der Epidemie mit dem neuen Corona-Virus Anfang Januar 2020 mitgeteilt, schon machte eine Verschwörungstheorie die Runde, die Bill Gates beschuldigte, das Virus in die Welt gesetzt zu haben, um riesige Gewinne zu erzielen und die Weltherrschaft zu übernehmen.

Tatsächlich fördert die Gates Foundation vor allem Programme zur gentechnischen Manipulation unterschiedlichster Organismen und von Impfstoffen zur angeblichen Rettung der Welt, vor allem Mikroorganismen, Pflanzen und Insekten. An zahlreichen manipulierten Organismen halten die Stiftung oder Gates selbst Patente oder sind an Patenten beteiligt – auch an manipulierten Corona-Viren.

»Belegt« wurde die Verschwörungstheorie um Bill Gates und Corona nicht nur mit einem Corona-Patent am Pirbright-Institut, das ebenfalls überwiegend von der Gates-Stiftung finanziert wird, sondern auch durch eine vermeintlich prophetische Ansage im Oktober 2019 bei einer von Gates federführend initiierten Veranstaltung: dem Event 201. Er soll an dem Abend verkündet haben, dass 65 Millionen Menschen an einer Corona-Pandemie sterben könnten und dass innerhalb von 18 Monaten ein Impfstoff gefunden würde.

Auch diese Verschwörungstheorie ist nicht ganz aus der Luft gegriffen. Tatsächlich fand am 18. Oktober 2019 in dem Hotel Pierre das sogenannte Event 201 statt, ein Planspiel über die pandemische Ausbreitung eines Corona-Virus, initiiert unter anderem von der Gates-Stiftung, mit der Johns-Hopkins-Universität, dem Weltwirtschaftsforum und dem Center for Health Security. Auf der eigenen Website beschreibt die Johns-Hopkins-Universität das Experiment unter Leitung von Eric Toner als »pandemische Übung«. Das Virus wird in dem Versuch nCoV-2019 genannt. Seine Verbreitung und seine Folgen ähneln der wenige Wochen später beginnenden Pandemie auf erschreckende Weise.

Während andere Staaten sprunghafte Anstiege in Infektions- und Todeszahlen sehen, hat China die Krise Mitte März 2020 nach eigenen Angaben im Griff. Angeblich gibt es in China nur noch etwa zehn Neuinfektionen pro Tag, wenig später so gut wie keine mehr. Währenddessen erkranken in anderen Ländern täglich Zehntausende Menschen, und Hunderte sterben. Ein Ende der Pandemie ist nicht in Sicht, und die Büchse der Pandora ist spätestens Mitte Februar geöffnet, als das Virus sich auf einem Kreuzfahrtschiff wie in einem Brutkasten vermehrt und sich anschließend über die Welt verbreitet.

Eine Welt, die besser auf die Pandemie hätte vorbereitet sein müssen, egal, wo das neue Corona-Virus tatsächlich herkommt. Zumindest Bill Gates und seine Stiftung scheinen immer gut vorbereitet zu sein. Zahlreiche Firmen, an denen er zum großen Teil beteiligt ist, haben ein Rat-Race um Impfstoffe gegen das neue Corona-Virus begonnen – und die Aktien schießen nach oben, während die meisten anderen Kurse sich im freien Fall befinden.

Gegen SARS und MERS hätte längst ein Impfstoff auf dem Markt sein können, der jetzt als Grundlage im Kampf gegen die Pandemie geholfen hätte, aber das hat sich offensichtlich nicht gelohnt. Seit fast 20 Jahren arbeitet die Forschung angeblich an einem Impfstoff gegen Corona-Viren, und bei dem Ausbruch von SARS-CoV-2 war noch kein einziges Medikament auf dem Markt. Aber nur wenige Wochen später ist ein Impfstoff gegen das neue Corona-Virus angeblich schon zum Greifen nahe. Hersteller, WHO, Gates und seine Stiftungen pochen jetzt offensichtlich auf verkürzte Zulassungszeiten. Ein ethisch absolutes Tabu wird gebrochen: Mitte Mai 2020 starten in den USA Versuche, bei denen Menschen absichtlich mit dem neuen Corona-Virus infiziert werden, um Impfstoffe zu testen. Bislang war sich die Weltgemeinschaft einig, dass solche Menschenversuche absolut unethisch sind. Erfolg versprechende Heilmittel können an ohnehin Erkrankten getestet werden, für Tests mit Impfstoffen müssen zunächst gesunde Menschen mit den neuen Vakzinen infiziert werden, und anschließend müssen sie sich noch mit der Krankheit anstecken, damit überprüft werden kann, ob und wie das Mittel wirkt. Eine hochriskante Phase, bei der schon viele Menschen gestorben sind, daher waren sich bislang alle Experten einig, dass niemals ein Mensch absichtlich mit einer Krankheit infiziert werden darf. Der Druck der Krise macht's jetzt möglich.

Unter Druck

Planspiele

Das neue Jahrtausend beginnt mit Katastrophen. Erst 9/11 im Jahr 2001, im gleichen Jahr die Biowaffenanschläge mit Anthrax, ein Jahr später folgt eine tödliche Pandemie: SARS! Doch die Menschheit hat sich noch lange nicht von dem Schock des schrecklichen Terroranschlags in New York erholt. SARS kann die Menschheit jetzt nicht mehr erschüttern, zumal die westliche Welt wenig betroffen ist. Beängstigend und Stoff für Spekulationen ist vor allem die Tatsache, dass die Seuche und das Virus völlig unbekannt sind. Es ist die allererste Corona-Epidemie der Geschichte. Von Südchina ausgehend, verbreitet sich die Krankheit innerhalb weniger Wochen über die ganze Welt aus, hört dann aber urplötzlich auf, sich weiterzuverbreiten.

Insgesamt fordert das SARS-Virus 774 Menschenleben von weltweit gut 8000 Infizierten. In Deutschland gibt es lediglich neun Fälle und kein einziges Todesopfer. Die Seuche ist schnell wieder vergessen, zumindest in der Gesellschaft, aber nicht bei den Experten und Politikern der Welt. Sie wissen, dass Viren wie dieses das Potenzial haben, eine viel schlimmere Pandemie auszulösen, und die Wahrscheinlichkeit sehr groß ist.

Nicht erst seit 9/11 bereiten sich die Regierungen der Welt auf die unterschiedlichsten Katastrophen vor, vor allem auf Terroranschläge, aber auch auf Seuchen und Naturkatastrophen. Die Geheimdienste der Welt spähen Freund und Feind aus, keiner traut keinem, und China schon mal gar nicht. Schon Wochen vor dem Bekanntwerden des SARS-Ausbruchs im November 2002 informierte der BND die Bundesregierung darüber. Durch einen Lauschangriff auf das chinesische Kommunikationssystem hatte der Geheimdienst die Informationen noch vor dem chinesischen Volk.

Lange vor Merkels legendärem Spruch, den sie nach dem 2013 aufgeflogenen Lauschangriff auf ihr Handy machte: »Ausspähen unter Freunden, das geht gar nicht«, nahm es der deutsche Geheimdienst nicht immer so genau mit der Bespitzelung befreundeter Staaten, wie sich mitten in der Corona-Krise erneut herausstellt und kaum wahrgenommen wird: Operation Rubikon.

Der Name steht für einen großen Lauschangriff von CIA und BND, die jahrzehntelang gemeinsam die Welt ausspionierten. Eine unfassbare Affäre, bei der die beiden Geheimdienste über Jahrzehnte mindestens 120 Länder belauschten und damit auch noch Kasse machten. Deutschland zog sich bereits in den 90er-Jahren zurück, aber die Aktion lief laut ZDF noch mindestens bis 2018.

Die Geheimdienste kauften in den 1970er-Jahren die Crypto AG, den Schweizer Weltmarktführer für Chiffriermaschinen, und verkauften anschließend die vermeintlich abhörsicheren Geräte für teures Geld in die Welt und hörten überall mit. Auch wenn der BND aus dieser Operation ausgestiegen ist, hatte und hat er, wie alle anderen Länder, die »Lauscher« offen und wusste bei SARS früh Bescheid. Vielleicht wusste der BND auch noch viel mehr. Aus welchen Gründen auch immer hat dieses neue Corona-Virus die deutsche Regierung schon früh in allerhöchste Alarmbereitschaft versetzt, und der »Worst Case« wurde auch im Bundestag schon vor Jahren durchgespielt.

Die deutsche Bundesregierung hat im Jahr 2012 nahezu prophetische Vorhersagen zu einer von China ausgehenden Corona-Pandemie erstellt, allerdings noch mit halb so vielen Toten wie das Planspiel von Gates im Oktober 2019. In einem offiziellen Bericht des Bundestages zur Risikoanalyse wird ein solches Szenario als bedingt wahrscheinlich beschrieben.

Das zeigt: Die Wahrscheinlichkeit einer katastrophalen Corona-Pandemie war die ganzen Jahre groß, die Regierungen wussten es, trafen keine ausreichenden Vorkehrungen, und eine ausreichende Aufklärung der Bevölkerung blieb aus. Trotz all diesen Wissens gibt es während des Ausbruchs von SARS-CoV-2 noch nicht einmal in Deutschland ausreichend Schutzkleidung, Masken, Desinfektionsmittel, Quarantäneeinrichtungen und Virostatika. Stattdessen fließen Milliarden in die Impfindustrie, und nicht nur Deutschland steht mit leeren Händen da, als die Pandemie ausbricht. Das Gesundheitssystem in den USA ist völlig überfordert, ganz zu schweigen von anderen Ländern. In Italien sterben die Menschen zu Tausenden, das ganze Gesundheitswesen bricht zusammen.

China erscheint im Nachhinein fast vorbildlich – aber niemand traut den Informationen aus dem Land der Mitte. Selbst die Hilfslieferungen von Masken und Schutzkleidung aus China nach Europa werden als böswillige Strategie ausgelegt, als die Seuche im Land der Mitte fast besiegt ist und die europäischen Länder unter der Last der Schwerkranken ächzen. Indem China hilft, zeigt es Stärke, und die Nehmerländer entblößen ihre Schwäche, heißt es in verschiedenen Medien und Kommentaren, die nicht ganz von der Hand zu weisen sind. Russland folgt mit freundlichen Gesten, später die USA und auch Deutschland.

Ungleichgewicht

Während Europa Anfang März die Schotten dicht macht, öffnet China zumindest die internen Tore wieder. Nach einem dramatischen Anstieg der Fallzahlen bis Ende Februar gehen die offiziellen Infektionsraten und Todesfälle langsam, aber stetig zurück. Mehr als 80 000 Chinesen haben sich mit dem Virus infiziert, und mehr als 3000 sind daran gestorben, aber die Zahl der Neuinfektionen liegt nur noch bei etwa 20 Menschen täglich, und die Regierung in Peking hofft, die Krise überwunden zu haben.

Staatschef Xi Jinping erklärt am 10. März 2020, dass die Lage im Wesentlichen eingedämmt sei und sich das Blatt gewendet habe.

Die WHO hat Covid-19 immer noch nicht zur Pandemie erklärt. Es ist der Tag, an dem die 103-jährige Chinesin Zhang Guanfeng vom neuen Corona-Virus kuriert aus dem Krankenhaus spaziert. Sie ist bis dahin die älteste Patientin, die Covid-19 überlebt hat, Mitte April folgt eine 106-jährige genesene Britin.

Eine Woche später gibt es laut offiziellen Meldungen keine einzige Neuinfektion mehr in China, alle neuen Fälle gehen auf chinesische Heimkehrer aus dem Ausland zurück. Am 19. März sind in Italien fast 3500 Menschen an dem neuen Corona-Virus gestorben, und damit liegt die Zahl der Todesfälle erstmals höher als in China.

Nach den positiven Zahlen dreht China den Spieß um und macht die Grenzen für einreisende Ausländer dicht. Es geht jetzt nicht mehr darum, das Virus in China einzudämmen, vielmehr sollen keine möglicherweise infizierten Ausländer ins Land gelassen werden. Kaum hat sich die Lage verbessert, werden auch schon chinesische Stimmen laut, die eine Verschwörung der USA vermuten und behaupten, dass das Virus eingeschmuggelt sei, um Chinas Wirtschaft zu schwächen.

Eine neue bösartige Verschwörungstheorie macht die Runde: China habe das Virus entwickelt, um seine Alten loszuwerden, denn SARS-CoV-2 ist vor allem für die über 60-Jährigen tödlich. Das Virus wäre dann aber außer Kontrolle geraten und hätte »versehentlich« die Welt infiziert. Eine besonders schräge und widersprüchliche Spekulation.

Zwar leidet China an einer dramatischen Überalterung der Gesellschaft, ist das Problem aber längst pragmatisch angegangen und hat massiv in den Ausbau der Altenpflege und Kinderbetreuung investiert, sodass beide Eltern arbeiten können. Außerdem ist in China der Familienzusammenhalt traditionell viel größer als in Deutschland, und die Jungen kümmern sich stärker um die Alten. Auch sind die Großeltern keine um die Welt jettenden Berufsjugendlichen, sondern kümmern sich lieber um die Enkel. Japan und Korea haben diesen Prozess schon hinter sich und die Herausforderung wirtschaftlich gestärkt gemeistert.

Trotzdem hat auch diese Verschwörungstheorie ihre Schatten vorausgeworfen und eine bitterböse Wahrheit hervorgebracht. Das Virus spaltet die Gesellschaft. Während vor allem alte Menschen zu Tausenden qualvoll und einsam an dem Virus sterben, feiern Tausende junge Menschen in Amerika ausgelassen Springbreak, als gäbe es kein Morgen und schon gar kein Corona.

Die Millennials feiern bis zum Abwinken, Partys im Freien boomen, vor allem um die geschlossenen Universitäten herum und an den sonnigen Stränden Floridas, und die US-Behörden schauen zu. Gleichzeitig warnen zahlreiche Experten vor Hunderttausenden vermeidbaren Todesfällen durch das rücksichtslose Verhalten der Jugendlichen und jungen Erwachsenen.

Nicht nur in Amerika feiert die junge Generation ohne Rücksicht auf Verluste, auch in Deutschland werden nach dem weitgehenden Shutdown die Partys einfach nach draußen verlegt, und die Kids feiern ohne Abstand und Anstand, bis die Polizei kommt. In der Hauptstadt muss die Berliner Polizei nachts bis zu hundertmal ausrücken. In den USA ist am 20. März 2020 Schluss mit lustig. Springbreak, der alljährliche große Partyrausch der jungen Amerikaner, wird abgebrochen und verboten, in Deutschland werden die ersten Ausgehsperren verhängt und der totale Shutdown angedroht.

Aber damit nicht genug, die Jugend feiert regelrechte Corona-Partys, und ein grausames Hashtag wird geteilt: #Baby-Boomer-Remover. Mit »Baby-Boomer« sind die geburtenstarken Jahrgänge der Nachkriegsgeneration bis 1964 gemeint und mit »Remover« die Entfernung selbiger. Im Klartext: Die Jugend feiert, dass das Virus die ältere Generation umbringt.

Fantasy

Mindestens genauso gefährlich wie die Partywut der Kids ist die Negierung der Alten, die sich an die Botschaft eines selbst erklärten Experten klammern wie Ertrinkende an einen Strohhalm. Die Videobotschaft von Wolfgang Wodarg ging viral und wurde über eine Million Mal geteilt. Seine Botschaft: SARS-CoV-2 ist so harmlos wie eine Grippe, und die ganze Panik diene nur den Wissenschaftlern und der Pharmaindustrie, um sich die Taschen vollzustopfen. Im Klartext: Es gibt gar kein gefährliches Virus, alles harmlos, alles Show.

Mit dem braunen Cordjackett, der karierten Krawatte, den fast kinnlangen gelbgrauen Haaren und dem Ziegenbärtchen wirkt Wodarg aus der Zeit gefallen und entrückt. Dass er die Realität um sich herum scheinbar nicht richtig wahrnimmt, verwundert bei seinem Auftreten nicht. Wahrscheinlich glaubt er auch fest daran, was er sagt. Der 1947 geborene Wodarg gehört selbst zur Hochrisikogruppe und tritt als Virenexperte und Lungenarzt auf.

Der Mann ist auch in der Politik aktiv und seit Jahrzehnten Mitglied in der SPD. Mit seinem Engagement disqualifiziert er sich nicht zum ersten Mal. 2009 stimmt er mit zwei weiteren SPD-Politikern gegen das sogenannte Zugangserschwerungsgesetz, das Gesetz zur Erschwerung des Zugangs von kinderpornografischen Inhalten in Kommunikationsnetzwerken, und damit für die Verbreitung von Kinderpornografie im Internet. Wäre er damit durchgekommen, gäbe es heute wahrscheinlich noch deutlich mehr traumatisierte Kinder und Jugendliche.

Erschreckend, dass er sich für einen Teil der Bevölkerung trotzdem eine gewisse Glaubwürdigkeit bewahren konnte, zu dem auch die ehemalige Fernsehmoderatorin Eva Herman zählt, die schon mehrfach wegen rechter, verschwörerischer Inhalte aufgefallen war. Herman führt das Interview mit Wodarg für die Website *Wissensmanufaktur,* der klar rechte Tendenzen nachgesagt werden.

Auch Redakteure des ZDF gehen dem zweifelhaften »Experten« auf den Leim und bieten ihm in der *Frontal-21*-Sendung vom 10. März eine große Plattform und Raum für seine kruden Theorien. Kein Wunder, denn die offizielle Gangart der WHO heißt am 10. März noch immer: Keine Pandemie, und die Expertenkommission der Bundesrepublik hatte wenige Tage zuvor noch das Mantra »Händewaschen« als Allheilmittel verkündet und die Krankheit nicht schlimmer als eine Grippe eingestuft.

Als der Bericht ausgestrahlt wird, rollen allerdings bereits die Militärfahrzeuge mit Dutzenden von Corona-Leichen durch Italien, Ärzte und Helfer brechen in den Krankenhäusern zusammen, und die Intensivpatienten liegen wie Sardinen in der Büchse auf Pritschen in provisorischen Krankenlagern.

Doch diese bittere Realität nimmt den Verschwörungstheoretikern nicht den Wind aus den Segeln. Insgesamt kursieren in den sozialen Medien schon wenige Wochen nach Ausbruch der Seuche mehr als 2 Millionen Corona-Beiträge mit zahlreichen kruden Theorien. Darunter auch Posts von Verschwörern, die im ultraschnellen Internet den Übeltäter vermuten. In die Welt gesetzt hat diese »Theorie« der selbst ernannte »Geistheiler« Ali Erhan, ausgebildet als Maschinenbauer und nach aktuellem Wissensstand mit keinerlei wissenschaftlichen Qualifikationen ausgestattet.

Was seiner steilen These allerdings Zuhörer verschafft, ist die Tatsache, dass Wuhan eine der ersten Städte der Welt ist, die in den Genuss von ultraschnellem 5G-Internet gekommen sind. Außerdem gibt es auch einige seriöse Wissenschaftler und Mediziner, die negative Auswirkungen auf die Gesundheit durch stärkere elektromagnetische Felder fürchten. Das war's dann aber auch schon mit der Schnittmenge von Ali Erhans Eingebung und den Fakten.

Unter anderem Wilfried Kühling, Professor für Raum- und Umweltplanungen von der Universität Halle-Wittenberg, fordert mehr Forschung zu möglichen Auswirkungen auf Umwelt und Gesundheit durch das neue, schnellere 5G-Netz, unterstützt aber, wie ich vermute, nicht Erhans These.

Schon lange stehen Mobiltelefone im Verdacht, beispielsweise die Entstehung von Krebs zu fördern, auch eine WHO-Studie aus dem Jahr 2011 legt den Verdacht nahe, dass Mobilfunkstrahlung möglicherweise krebserregend ist. Und Strahlungen, die krebserregend sein können, sind auf jeden Fall auch mutationsfördernd.

Da schon bei langsamen Netzen ein berechtigter gesundheitsschädigender Verdacht besteht, ist die Forderung zu mehr Forschung über die Auswirkungen von 5G für Umwelt und Gesundheit mehr als berechtigt. Die Hypothese, dass 5G auch die Mutationsrate von Corona-Viren erhöht und dadurch eine gefährliche Variante entstand, ist zumindest nicht ganz so krude wie die sonstigen Weltverschwörungstheorien, aber auch durch nichts belegt.

Ob gefährlich oder nicht, 5G wird es auch bei uns bald geben, und die deutsche Regierung hat anscheinend keinerlei Risikoanalysen geplant und keinerlei Bedenken, ebenso wenig bei der Auftragsvergabe an die chinesische Firma Huawei. Wenn da mal nicht wieder die Vögel vom Himmel fallen.

Tote Stare regnen vom Himmel

So geschehen 2018 in Den Haag, angeblich in der Nähe einer 5G-Testanlage, und dann wieder, mitten in der Corona-Krise, am 28. Februar 2020. An diesem Tag fallen in der Schweiz 120 Stare vom Himmel und bluten aus den Lungen – angeblich in der Nähe einer 5G-Anlage.

Trotz aller Warnungen gab die Bundesregierung bereits im Herbst bekannt, dass sich der chinesische Netzanbieter Huawei an dem Ausbau des 5G-Ausbaus in Deutschland beteiligen darf. Befürchtungen gibt es nicht nur bezüglich der Strahlung, Kritiker fürchten auch die Überwachung durch den »großen, gelben Drachen«. Wie das mit dem Lauschen unter Freunden ist, hat sich ja inzwischen herausgestellt.

Russland käme eine fremde Leitung sicher nicht ins Haus beziehungsweise ins Land. Putin hat angeblich noch immer kein Mobiltelefon, um ganz sicher vor Lauschangriffen zu sein, und die Leitungen der Festnetztelefone werden selbstverständlich nur mit landeseigener Technik verschlüsselt, damit dringt nichts nach draußen, was nicht nach draußen dringen soll. Auch zur Corona-Krise ist erstaunlich wenig aus Russland zu hören. In dem Land, das sich eine mehr als 6000 Kilometer lange Grenze mit China teilt, gibt es auch nach dem weltweiten Shutdown kaum Corona-Fälle, denn Putin hatte nicht auf die WHO gehört und die Grenze lange vor der offiziellen Pandemiewarnung dichtgemacht. Aber mit infizierten Heimkehrern rechnet Putin offensichtlich nicht, Anfang Mai hat Russland mehr als doppelt so viele Fälle wie China. Shutup statt Shutdown ist jetzt nicht mehr möglich. Auch eine andere Geschichte, die sich kurz vor dem Corona-Ausbruch ereignete, konnte nicht geheim gehalten werden.

BIOLOGISCHE WAFFEN

Wettrüsten

Spiel mit dem Feuer

Am frühen Morgen des 16. September 2019 erschüttert eine gewaltige Detonation den sibirischen Ort Koltsowo. Ein Gastank im Hochsicherheitslabor Vector, dem State Research Center of Virology and Biotechnology, ist explodiert und erschüttert die ganze Region. Scheiben bersten und verletzen einen Mitarbeiter schwer. Inoffiziell gilt das Institut seit Jahrzehnten als Biowaffenlabor. Entsprechend groß sind die Angst und die Aufregung, als die Detonation die gesamte Region Nowosibirsk erschüttert.

Sofort rückt ein Großaufgebot der Feuerwehr an. Der verletzte Mitarbeiter wird mit Verbrennungen und Schnittwunden in ein Krankenhaus gebracht. Ansonsten Entwarnung, die Explosion und der Brand haben nicht den Hochsicherheitstrakt tangiert, in dem betroffenen Raum seien keine gefährlichen Stoffe gelagert gewesen, melden die Behörden.

Es ist nicht das erste Unglück in einer staatlichen russischen Einrichtung in diesem Jahr, wenige Wochen zuvor hatte ein Brand in einem Munitionslager in Sibirien mehrere Explosionen ausgelöst. In etwa zur gleichen Zeit starben fünf Forscher in der russischen Arktis bei einem Atomunglück auf einem Testgelände.

Kaum einer der Berichte, die zu lesen sind, erfasst das Ausmaß, an welcher Tragödie die Welt gerade knapp vorbeigeschrammt ist. Eine etwas größere Explosion im Hochsicherheitslabor Vector oder an einer anderen Stelle des Instituts könnte eine Pandemie auslösen, gegen die Corona eine Kinderkrankheit ist. In der Forschungseinrichtung wird mit den tödlichsten Viren und Bakterien geforscht, die unser Planet zu bieten hat: Pest, Pocken, Ebola, Milzbrand und noch viele weitere potenzielle Biowaffen lagern nicht nur in dem geheimen Labor, es wird auch intensiv daran geforscht. Obwohl Vector offiziell ein Forschungslabor für Impfstoffe ist, titeln zahlreiche Zeitungen nach dem Unfall: Explosion in russischem Biowaffenlabor.

Laut *Sunday Times* gab es bereits um die Jahrtausendwende weltweit 450 Laboratorien, die mit biowaffenfähigen Krankheitserregern herumexperimentierten und zum Teil auch handelten. Demnach sollen damals schon 50 Labore mit Anthrax/Milzbrand gehandelt haben, 34 mit Botulinum- und 18 mit Pesterregern. Keine Region der Erde ist sicher vor diesen Killerkeimen, und vor allem die Abwasseranlagen der geheimen Biowaffenlabore werden mit großer Wahrscheinlichkeit nicht ausreichend desinfiziert, und Unfälle in den Forschungseinrichtungen gibt es ohnehin dauernd. Genau aus diesem Grund schloss die amerikanische Seuchenbehörde CDC ebenfalls 2019 einen Teil des militärischen Hochsicherheitslabors Fort Detrick in Maryland, die Desinfektionsanlage für das Abwasser funktionierte nicht korrekt.

Zwei Monate nach der Explosion im Vector-Labor bricht das neue Corona-Virus in Wuhan aus. Und noch immer ist nicht geklärt, wer tatsächlich der erste Patient war, und vor allem, wo das Virus überhaupt herkommt. Ursprünglich sollen im Dezember die ersten Patienten mit der neuen Lungenkrankheit gemeldet worden sein, inzwischen heißt es, der weltweit erste Covid-19-Patient sei bereits am 17. November in Wuhan ins Krankenhaus eingeliefert worden, wenige Wochen nachdem sich Heere aus aller Welt zur Militärolympiade in Wuhan versammelt hatten.

Tatsache bleibt, dass sich das Virus seit Mitte Januar 2020 wie ein Lauffeuer zunächst epidemisch in der Region Wuhan und dann pandemisch über die Erde ausbreitet, aber nicht überall mit gleicher Geschwindigkeit und Todesrate. Es hängt viel von dem

Handlungswillen der Regierungen und dem jeweiligen Gesundheitssystem ab, der Ausstattung der Krankenhäuser und der Anzahl der Intensivbetten.

Ende März haben die USA bereits mehr als 20 000 Todesopfer durch Corona zu beklagen, während Russland nur 1200 überhaupt erkrankte Covid-19-Patienten meldet. Nach dem Ausbruch der Seuche hatte der russische Präsident sein Land sofort abgeschottet, zunächst zum chinesischen Nachbarn, die anderen Länder folgt sukzessive. Noch bis Mitte März gibt es in dem größten Land der Erde keinen einzigen offiziellen Corona-Todesfall. Doch aufhalten kann auch Putin das Virus nicht und den dramatischen Ausbruch nur verzögern.

In dem ebenfalls an China angrenzenden Nordkorea gibt es offiziell noch überhaupt keine Corona-Infizierten. Die 1400 Kilometer lange durchlässige Grenze zum chinesischen Nachbarn scheint eine magische Barrikade für das sonst alles durchdringende SARS-CoV-2-Virus zu sein, genau wie für das HIV-Virus vor einigen Jahren. Gleichzeitig bittet Pjöngjang beim großen Nachbarn offiziell um medizinische Hilfsgüter, und die Menschen hamstern Lebensmittel, als würde morgen die Welt untergehen. Tausende von Aidsfällen wurden in Nordkorea inzwischen bestätigt. Mit nur drei Laboren im Land, die Aidstests durchführen können, ist die Diktatur völlig überfordert.

Hinzu kommt die Lungenkrankheit Tuberkulose, die bis vor Kurzem noch als fast ausgerottet galt und sich im Kim-Land seit einigen Jahren ungehemmt verbreitet. Eine oft tödliche Kombination, und jetzt kommt noch Corona. Ein humanitärer Albtraum, in dessen Angesicht man Kim allzu gern einmal glauben würde.

Der Diktator hat der Welt schon 2015 ein Wundermittel gegen all die teuflischen Erreger unserer Zeit präsentiert: Kumdang-2. Eine sehr »effektive Substanz« aus Ginseng und seltenen Erden, die laut KCNA, der staatlichen Nachrichtenagentur, MERS, Ebola, HIV, Tuberkulose und Krebs heilen könne. Kumdang-2 soll sicher auch gegen SARS-CoV-2 helfen. Dieser Erfolg wäre Kim ausnahmsweise zu wünschen, ist aber im Zweifel nur Augenwischerei.

Unerwähnt bleibt in der Meldung, dass Pjöngjang zu diesem Zeitpunkt im Kampf gegen Tuberkulose schon jahrelang mit US-amerikanischen Ärzten und der Organisation NTI (Nuclear Threat Initiative) zusammenarbeitet. Laut eigenen Aussagen weiht die Hilfsorganisation gemeinsam mit dem nordkoreanischen Gesundheitsministerium bereits im Februar 2010 ein Tuberkulose-Forschungszentrum ein. Es soll aber noch ganz andere Labore in Nordkorea geben.

Die amerikanischen Geheimdienste haben schon lange Indizien dafür, dass Machthaber Kim Jong-un geheime Biowaffenlabore betreibt. Aber statt in der Krise zu kooperieren, feuert der Diktator lieber ein paar Kurzstreckenraketen ab, ein ganz offensichtliches Ablenkungsmanöver, und dann verschwindet er für drei Wochen komplett von der Bildfläche.

In Russland werden die Corona-Tests derweil von genau dem »Biowaffenlabor« durchgeführt, das wie alle anderen Institute, die mit Killerkeimen arbeiten, offiziell ein Hochsicherheitsforschungslabor ist, in dem es aber wenige Wochen zuvor die verheerende Explosion gab: Vector.

Auch in China gibt es offiziell kein Biowaffenlabor. Formell ist das Hochsicherheitslabor in Wuhan, das »Wuhan National Bio-Safety Level 4 Lab«, ebenfalls eine rein zivile Forschungseinrichtung, doch daran zweifeln die Experten. Es ist das einzige Labor in ganz Asien der höchsten Sicherheitsstufe P4 und wurde erst 2017 mit großem Tamtam von der Chinesischen Akademie der Wissenschaften offiziell in Dienst gestellt.

»Die Verhütung und Kontrolle der Viren kennt keine Landesgrenzen. China trägt nun aktiv die Verantwortung für die Garantie der globalen öffentlichen Gesundheitssicherheit«, verkündet Yuan Zhiming, der Direktor des Wuhaner P4-Labors, großspurig bei der Eröffnung 2017. Noch ahnt er nicht, dass er gut zwei Jahre später im Verdacht steht, genau diese Verantwortung nicht ausreichend erfüllt zu haben. Denn noch immer steht die Vermutung im Raum, dass das Virus vielleicht doch dort entschlüpft ist.

Verschwörungstheorien, die besagen, SARS-CoV-2 sei eine biologische Waffe, stammen zunächst überwiegend aus Russland und werden auch über sogenannte Trolle in den sozialen Medien verbreitet. Die ersten Meldungen dazu erscheinen fast zeitgleich mit der offiziellen Bekanntgabe der Epidemie in Wuhan, im Januar 2020. Die Privatinitiative Mimikama gegen Internetmissbrauch überprüft ein YouTube-Video von KlaTV (Klagemauer-TV), das diese Theorie »beweisen« soll.

Die Experten in dem Video sind von zweifelhaftem Ruf, wie Mimikama herausgefunden hat. Interessant ist aber dennoch, dass seit den 1960er-Jahren an Corona-Viren geforscht wird und es zahlreiche Corona-Patente gibt. Die kann es aber nur geben, wenn diese Viren gentechnisch manipuliert wurden. Für natürliche Viren und sonstige Naturstoffe können keine Patente angemeldet werden, was die Phytopharmazie auch so uninteressant für Big Pharma macht. Wer ein Patent auf ein Virus anmeldet, muss es selbst »gebaut« beziehungsweise verändert haben.

Bei den Forschungslaboren in Wuhan taucht wieder ein alter Bekannter als Investor auf: Bill Gates mit seiner Stiftung, diesmal zusammen mit dem Milliardär George Soros. Ziemlich genau ein Jahr vor dem Ausbruch der Pandemie startete Gates laut Berichten über seine Stiftung ein 85-Millionen-Joint-Venture mit der ebenfalls von ihm unterstützten Techfirma *Schrödinger* in den USA und der chinesischen *WuXi AppTec,* die sich auf Bioscience-Produkte spezialisiert hat.

Die Firma wurde von dem chinesischen Chemiker Dr. Ge Li im Jahr 2000 unter dem Firmennamen »WuXi PharmaTech« in Shanghai gegründet. Inzwischen ist die Biotechfirma an zahlreichen Standorten in China vertreten, einer davon ist Wuhan.

In einem Papier der US-Börsenaufsichtsbehörde von 2012 ist George Soros als alleiniger Inhaber der Biotechfirma verzeichnet, die hier unter dem Namen »WuXi Pharmatech Cayman Inc« aufgeführt ist. Die Stiftung »Open Society« des Multimilliardärs ist nach der Gates-Stiftung die weltweit zweitgrößte steuerbefreite Stiftung und engagiert sich vor allem für Demokratie und soziale Gerechtigkeit, aber auch für Gesundheitssysteme und die WHO. Bei diesem Engagement arbeitet Soros eng mit Bill Gates und seiner Stiftung zusammen.

Diese Zusammenhänge, die viele Weltverschwörer zitieren, stimmen, genau wie die Angaben zu dem Forschungslabor der WuXi-AppTec-Gruppe in Wuhan, darüber haben auch bereits einige seriöse Medien berichtet. Ganz und gar nicht seriös und völlig absurd ist allerdings, wie perfide diese Tatsachen für antisemitische Propaganda instrumentalisiert werden, vor allem von der rechten Szene, aber auch von arabischen Gruppen. Soros, der einer jüdischen Familie entstammt, dürften solche das Judentum diffamierende Weltverschwörungstheorien leider nicht fremd sein.

So absurd sie sind, verschleiern sie effektiv die reale Gefahr von tödlichen Keimen aus dem Labor und gezielt geschärften biologischen Waffen. Trotz der UN-Konvention zum Verbot von Biowaffen haben die USA ihr Biowaffenprogramm laut verschiedenen Berichten nach 9/11 noch massiv ausgebaut und boykottieren eine Kontrolle, wie auch andere Großmächte. Das heißt: Faktisch wird die Konvention ausgehebelt und Mikroben weltweit als Waffen geschärft.

Die USA führen einen guten Grund dafür an: den Anthrax-Anschlag 2001. Daraufhin soll George W. Bush, der von 2001 bis 2009 amtierende Präsident der Vereinigten Staaten, ein neues Biowaffenforschungsprogramm (offiziell Biowaffenabwehrprogramm) in Höhe von 100 Milliarden Dollar aufgelegt haben. Über das, was tatsächlich hinter dem Terrorattentat mit der tödlichen Biowaffe

steckt, wird immer noch spekuliert, obwohl der Fall als offiziell
aufgeklärt gilt.

Terror

Eine Woche nach dem schrecklichen Terroranschlag am 11. September 2001 in New York gibt es einen weiteren Anschlag, der im
Schatten der großen Katastrophe fast in Vergessenheit gerät. Am
18. September 2001 beginnt eine Reihe von Anschlägen mit der
Biowaffe Anthrax, dem Milzbranderreger, die auf verschiedene
Medien und US-Senatoren im Laufe von wenigen Wochen ausgeübt werden. Bei den Attentaten sterben insgesamt fünf Menschen.
Zunächst verschicken der oder die Attentäter fünf Briefe, die ein
braunes, granuläres Material enthalten – es ist verseucht mit Anthrax, adressiert an drei Nachrichtensender und zwei Zeitungen.

Drei Wochen später folgen weitere Briefe mit einer tödlicheren
Milzbrand-Varianten-Mischung, die an demokratische Senatoren
gerichtet sind. Alle Briefe werden von einem Briefzentrum in
Trenton/New Jersey verschickt. Während das Granulat an die Medien nur Hautausschläge verursacht, gelangt das feine Pulver in
dem Brief an die Senatoren in die Atemwege einiger Adressaten,
Mitarbeiter und Postboten. Insgesamt erkranken 22 Menschen,
fünf davon können nicht mehr gerettet werden.

Die daraufhin eingeleiteten aufwendigen Ermittlungen ergeben, dass trotz unterschiedlicher Qualität des Erregers bei beiden
Anschlagswellen die toxischen Sporen auf denselben Bakterienstamm zurückzuführen sind. Es handelt sich dabei um den sogenannten Ames-Stamm aus dem Biowaffenlager der US-Army
(USAMRIID) in Maryland, Fort Detrick. Von dort gelangt die
Biowaffe zu mindestens 15 weiteren Sicherheitslaboren.

Bei weiteren Nachforschungen konnte außerdem bewiesen
werden, dass das in den Anschlägen verwendete Material angeblich auf eine gentechnisch manipulierte Variante namens R-1029

zurückgeht. Milzbrand ist eine oft tödlich verlaufende bakterielle Infektion, übertragen von Tieren und in Laboren perfektioniert als biologische Waffe – aber im Gegensatz zu Corona breiten sich die manipulierten Milzbranderreger nicht epidemisch und schon gar nicht pandemisch aus. Verbreitung von Mensch zu Mensch konnte bei Anthrax bislang noch nicht nachgewiesen werden.

Die Briefe waren alle auf den 11. September datiert und suggerierten mit einem islamistischen Bekennerschreiben einen entsprechenden Terroranschlag, wurden nach langjährigen Recherchen aber auf einen ehemaligen Wissenschaftler der US-Army zurückgeführt. Der vermeintlich alleinige Attentäter beging 2008 kurz vor der Anklage Selbstmord. Viele Fakten sprachen gegen einen Alleingang. Der Fall wurde nie ganz geklärt, alarmierte aber Regierungen und Geheimdienste weltweit.

Das Robert Koch-Institut warnte schon 2001, direkt nach dem Anthrax-Anschlag, die Bundesregierung und stellte Forderungen für die Sicherheit der Bevölkerung. Bei der Auflistung potenzieller Erreger, vor denen es die Bevölkerung zu schützen gilt, orientierten sich die Mitarbeiter des Instituts an dem Katalog, der von den CDC, den amerikanischen Centers for Disease Control and Prevention, erstellt wurde. Dazu gehören laut Robert Koch-Institut und Medizinlehrbüchern:

Kategorie A: höchstes Gefährdungspotenzial (leichte Ausbringung des Erregers oder leichte Übertragung von Mensch zu Mensch, hohe Morbidität und Mortalität); beispielsweise:
- Bacillus anthracis (Milzbrand/Anthrax)
- Variolavirus (Pocken)
- Yersinia pestis (Pest)
- Francisella tularensis (Tularämie)
- Botulinum-Toxin (Botulismus)
- Erreger von viralen hämorrhagischen Fiebern (Ebola, Marburg, Lassa)

Kategorie B: geringeres Gefährdungspotenzial (relativ einfache Ausbringung, mittelschwere Erkrankungen und niedrigere Letalität); beispielsweise:

- Coxiella burnetii (Q-Fieber)
- Brucella (Brucellose)
- Burkholderia mallei
- Alphaviren (VEE; EEE; WEE)
- Ricin-Toxin
- Epsilon-Toxin von Clostridium perfringens
- Staphylococcus Enterotoxin B

Kategorie C: niedrigste Kategorie (Erreger, die leicht zu produzieren und auszubringen sind, durch genetische Manipulation als Biowaffe potenziell hohe Morbidität und Mortalität aufweisen); beispielsweise:

- Nipahvirus
- Hantavirus
- durch Zecken übertragene hämorrhagische Fieber (Viren)
- durch Zecken übertragene Enzephalitis-Viren
- Gelbfieber
- multiresistente Tuberkulose
- Corona-Viren

Obwohl es insgesamt etwa 200 potenzielle Erreger gibt, die als biowaffentauglich eingestuft werden, legen die US-amerikanische Bundesbehörde und das Robert Koch-Institut hier nur auf zwölf Keime einen Fokus als besonders gefährliche Kampfstoffe. Im Fachjargon gelten sie als das »dreckige Dutzend« und zeichnen sich durch entweder besonders leichte Verbreitung, besonders einfache Übertragung oder besonders hohe Letalität aus. Die US-Behörde gehört zum amerikanischen Gesundheitsministerium und sitzt passenderweise auf dem Druidenhügel in Georgia.

Die erste Corona-Pandemie

Die Welt ist alarmiert, und die Geheimdienste konzentrieren sich auf die oben genannten Erreger und vor allem auf die Gefahr durch Anthrax, andere biologische Bedrohungen geraten aus dem Fokus. Und von einer ist überhaupt keine Rede: Corona.

Die Virenfamilie mit dem namensgebenden Krönchen, die in den 1960er-Jahren erstmals beschrieben wurde, scheint zu harmlos für ein solches Terror- und Kriegswerkzeug. Zwar wird auf der Liste des RKI eine Kategorie B erwähnt – »relativ einfache Ausbringung, mittelschwere Erkrankungen und niedrigere Letalität« –, aber keine Corona-Viren. Das ändert sich schnell.

Ein Jahr später bricht die weltweit erste Corona-Pandemie aus: SARS. Von Südchina ausgehend, verbreitet sich das Virus über die Welt, weltweit kommt es zu über 8000 Fällen und knapp 800 Toten. Die erste Pandemie des Jahrtausends, die von Medien rund um den Globus begleitet wird, ist aber kein Vergleich zu der verheerenden SARS-CoV-2-Pandemie, die die Menschheit knapp 20 Jahre später in Atem und Schockstarre hält.

Doch untätig bleiben die Weltmächte auch damals nicht. Die Corona-Viren rücken auf die Gefahrenliste vor. Im US-Biowaffenlabor in Fort Detrick wird bereits seit 2002, dem Jahr der ersten SARS-Pandemie, mit Corona-Viren geforscht, aber auch alle anderen Großmächte schärfen die Waffen in den Biolaboren unter dem Deckmantel eines hehren Ziels und vermeintlich üblicher wissenschaftlicher Geheimhaltung. Außer den Beteiligten weiß niemand genau, was in diesen Forschungseinrichtungen wirklich vor sich geht.

Nach und nach traten insgesamt 182 Staaten als Vertragsparteien der Biowaffenkonvention bei und verpflichteten sich damit für den Verzicht auf diese Kampfstoffe, zuletzt die Zentralafrikanische Republik im Jahr 2018. Obwohl der Einsatz von biologischen und chemischen Waffen bereits 1925 durch das Genfer Protokoll geregelt wurde, verstießen einige Staaten im Zweiten Weltkrieg dagegen, und die nach diesem Krieg gegründeten Vereinten Nationen forderten eine neue Konvention.

Mit ihrer Unterschrift haben sich die Staaten erneut verpflichtet, unter keinen Umständen Waffen auf der Basis von Mikroorganismen sowie anderen biologischen Substanzen oder Toxinen zu entwickeln, herzustellen oder zu lagern.

Die Einhaltung der Konvention wird allerdings nicht überprüft, und einige Staaten sind dem Abkommen nie beigetreten, darunter Ägypten, Syrien und Israel. Deutschland trat erst 1983 bei.

Vor allem die USA lehnen nach wie vor eine Kontrolle der Konvention strikt ab. Damit aber wird die Konvention, wie so viele, zum zahnlosen Tiger. Kaum jemand würde sich an Gesetze halten, die nie kontrolliert werden. Genauso wenig halten sich die beteiligten Staaten an die Biowaffenkonvention. Fort Detrick ist nach wie vor das Epizentrum der Biowaffenforschung in den USA, auch wenn sie Biowaffenabwehrforschung genannt wird. In einer Pressemitteilung von 2003 veröffentlicht das US-Verteidigungsministerium offiziell, dass in den Biolaboren von Fort Detrick an SARS-CoV geforscht wird und die Viren kultiviert werden. Seither gehören Corona-Viren zum Forschungsprogramm in dem US-Biowaffenlabor, pardon, Biowaffenabwehrlabor.

Abwehr

Einsatzbereit

Im Juli 2019 kündigt die US-Behörde CDC eine ungewöhnliche Maßnahme an: den teilweisen Shutdown der militärischen Forschungsstätte in Fort Detrick. Die komplette Forschungsabteilung, die mit den gefährlichsten und tödlichsten Erregern der höchsten Sicherheitsstufe 4 arbeitet, wurde geschlossen. Dazu gehören Pocken, Ebola und Milzbrand/Anthrax. Corona-Viren wurden 2003 in die Kategorie 3 oder C eingeordnet.

Zu dem drastischen Beschluss greift die amerikanische Gesundheitsbehörde, weil es auffällige Probleme mit der Dekontaminierung des Abwassers aus dem Biowaffenlabor gibt. Jahrzehntelang hatte das militärische Forschungsinstitut die keimbelasteten Abwässer dampfsterilisiert, also praktisch abgekocht.

Nachdem jedoch 2018 eine Sturmflut die Sterilisierungsanlage zerstört hatte, wechselte das Biowaffenlabor das System zu einer chemischen Dekontaminierung. Bei Probenentnahmen stellten die Kontrolleure jedoch fest, dass die Anlage nicht ausreichend funktionierte und nicht alle Keime abtötete. Welche Killerviren und Bakterien bei dem Sturm 2018 in die Umgebung gelangten oder durch die unzureichende Desinfektionsanlage in die Freiheit entwichen, ist nicht dokumentiert. Aber es war nicht das erste Mal, dass die Gesundheitsbehörde das Biowaffenlabor dichtmachte. 2009 musste die Einrichtung schon einmal schließen, weil neben den bekannten Killerkeimen auch noch einige weitere tödliche Viren in dem Labor entdeckt wurden, die nirgends registriert waren.

Mitte März 2020 erhebt China schließlich offiziell Anschuldigungen gegen die USA und behauptet, dass das neue Corona-Virus aus den USA nach China eingeschleppt wurde, und zwar von Soldaten aus Fort Detrick.

Der Streit beider Länder legt den Fokus auf die unheilvolle Historie von Fort Detrick. Aber auch in allen anderen Hochsicherheitslaboren der Welt werden Mikroben gentechnisch manipuliert und gezüchtet, angeblich im Dienst der Menschheit und deren Gesundheit. Oft werden solche wissenschaftlichen Arbeiten auch direkt aus den Etats der Verteidigungsministerien finanziert, offiziell zur potenziellen Abwehr eines Biowaffenangriffs oder gar zu vermeintlich humanitären Zwecken. Tatsächlich aber sind viele dieser Viren und Bakterien längst biowaffentauglich und bereit für den Einsatz.

Es wäre nicht das erste Mal. Vor allem die Japaner setzten im Zweiten Weltkrieg massiv biologische Waffen ein und kreierten dafür die Eliteeinheit 731. Offiziell handelte es sich dabei um eine Hauptabteilung der Epidemieprävention und Wasserversorgung der Kwantung-Armee, tatsächlich aber um eine geheime Einrichtung der Kaiserlich Japanischen Armee in der Mandschurei, die biologische und chemische Waffen erforschte, erprobte und einsetzte.

Die Einheit schreckte Berichten zufolge auch nicht vor Menschenversuchen zurück, Tausende Kriegsgefangene aus China, Korea, USA, England und der Sowjetunion sollen dabei getötet worden sein, weitere Zehntausende Menschen bei »Freilandversuchen« mit Milzbrand und Pest. Dafür sollen mit Pest infizierte Ratten auf Menschen losgelassen, mit Milzbranderregern gefüllte Bomben abgefeuert sowie der Feind mit durch Bakterien infizierten Flöhen bekämpft worden sein.

Insgesamt soll diese Eliteeinheit aus etwa 3000 Experten bestanden haben, vor allem Bakteriologen. Viren waren damals noch nicht im Fokus, da sie ja erst etwa zehn Jahre nach Kriegsende sichtbar gemacht werden konnten und auch die Wissenschaftler kaum etwas über diese winzigen Erreger wussten.

Inzwischen steht »Einheit 731« für das gesamte Programm der Kaiserlichen Armee Japans im Zweiten Weltkrieg, obwohl es auch noch einige andere japanische Spezialeinheiten gab, die mit Biowaffen experimentierten und auch angriffen. Nach dem Krieg gelangten wohl einige Geheimpapiere in russische Hände. Darauf basierend, soll die Sowjetunion in der Nachkriegszeit ein Biowaffenprogramm entwickelt haben, an dem auch einige deutsche Forscher und Ingenieure beteiligt waren, die in russische Gefangenschaft geraten waren.

Der japanischen Einheit 731 entspricht in Russland das Laboratorium Nr. 12, in dem unter größter Geheimhaltung chemische und biologische Waffen hergestellt wurden und angeblich werden. Mit den erbeuteten Unterlagen und den deutschen Forschern ließ Moskau auch noch ein neues Forschungszentrum errichten, in dem an zahlreichen biowaffentauglichen Mikroben geforscht wurde oder wird. 1973 startete schließlich das Programm Biopreparat, das mit Zehntausenden Mitarbeitern in zahlreichen sowjetischen Forschungszentren betrieben wurde.

Pockenpanik

Am 8. Mai 1980 erklärt die WHO die Pocken für besiegt und ausgerottet. Die Krankheit gilt weltweit als eine der gefährlichsten Infektionskrankheiten überhaupt und ist nicht nur extrem ansteckend, sondern auch extrem tödlich. Deshalb wurden bis auf zwei Stämme sämtliche Vorräte, auch Impfvorräte, vernichtet. Die einzigen beiden verbliebenen Proben blieben zur Sicherheitsverwahrung, falls das Virus aus ungeklärten Gründen noch einmal ausbricht und zur Ausgewogenheit der verfeindeten Supermächte, sowohl im US-Labor Fort Detrick als auch im russischen Vector-Labor. Trotz offiziellem Verbot forschten Wissenschaftler sowohl aus der Sowjetunion als auch den USA weiter an dem tödlichen Variola-Virus. Auch Impfseren gegen Pocken gibt es bis heute weltweit nur in diesen beiden Biowaffenlaboren.

Der Impfschutz der Bevölkerung ist längst nicht mehr vorhanden, ein Angriff mit einer Pocken-Biowaffe wäre eine tödliche Gefahr für die gesamte Menschheit, außer für die, die frisch geimpft wurden. Aber auch ein natürlicher Ausbruch könnte die gleichen Folgen haben. Die Krankheit ist zwar seither nicht mehr ausgebrochen, aber zum einen waren insgesamt drei verschiedene Virenstämme für die humanen Infektionen verantwortlich, und zum anderen gibt es noch eine ganze Reihe von Pockenviren, die Tiere befallen und so im Verborgenen leben. Die meisten Pockenviren haben den Sprung auf den Menschen noch nicht geschafft, Affenpocken- und Kuhpockenviren aber durchaus. Sie sind für ihre tierischen Wirte zwar harmlos, für Menschen aber keinesfalls. Vor allem die Affenpocken sind gefährlich für Menschen, die Kuhpocken weniger, sie schützen sogar vor den gefährlichen Pocken. Eine Tatsache, die Medizinern der Neuzeit half, erste Impfungen zu entwickeln. Vaccin kommt vom lateinischen *vacca* – die Kuh.

Die Kuhpockenkrankheit verläuft wesentlich milder als die »echten« Pocken, aber Viren mutieren ständig und können rasch ihre Eigenschaften verändern. SARS-CoV-2 ist auch ein völlig neues Virus aus der bekannten Corona-Virenfamilie. Die Wahrscheinlichkeit ist groß, dass es aus der Natur kommt, aber auch in zahlreichen Laboren wird seit Jahrzehnten an Corona-Viren geforscht und 2015 von Shi Zhengli und Ralph Baric gar ein biowaffentaugliches chimäres Corona-Virus geschaffen, das SARS-CoV-2 ähnlicher ist als alle anderen bisher gefundenen Corona-Viren.

Gegen Pocken gibt es bis heute kein bekanntes Heilmittel. Aber schon früh wurde ein Impfstoff entwickelt, lange bevor die Wissenschaft Bakterien und Viren überhaupt entdeckte und erforschte. Auch gegen Corona-Viren gibt es noch immer kein Heilmittel, obwohl schon seit den 1960er-Jahren über diese Virengruppe geforscht wird. Zwar wurden seit der ersten SARS-Pandemie die Forschungen sogar intensiviert, jedoch gibt es bislang weder einen zugelassenen Wirkstoff noch einen Impfstoff. Die Testverfahren sollen jetzt verkürzt werden, was erhebliche Gefahren mit sich bringt.

Schon in der Antike erkannten Mediziner, dass Menschen immun werden durch eine überwundene Infektion. Ärzte der Neuzeit experimentierten mit Kuhpocken und immunisierten Menschen mit diesem den gängigen Pocken verwandten Virus. Diese Lebendimpfung ist nicht ungefährlich, sie bedeutet, dass ein abgeschwächtes Virus injiziert wird und der Körper nicht nur gegen dieses, sondern auch gegen das richtige Pockenvirus Antikörper bildet und damit geschützt ist.

Doch nicht nur die Erreger selbst, auch die Impfstoffe und ihre Zusätze von Quecksilber bis Formaldehyd können zu ungewöhnlichen Reaktionen des Körpers führen, einige Empfänger von Impfungen haben lebenslange Schäden oder schwere Behinderungen davongetragen, und es gab auch Todesfälle. Doch der Nutzen der Impfungen ist für die Allgemeinheit weit größer und vor allem wichtiger als die Schäden Einzelner. In Preußen wurde eine Pocken-Impfpflicht bereits 1874 eingeführt, Jahrzehnte bevor Wissenschaftler das gefährliche Virus überhaupt zu Gesicht bekamen. Nach dem Zweiten Weltkrieg einigte sich die versöhnte Weltgemeinschaft darauf, die Pocken endgültig auszurotten, und die WHO führte eine bis heute einzigartige Aktion durch: Sie führte eine weltweite Impfpflicht gegen Pocken ein, der massenhafte Impfungen folgten – am 26. Oktober 1979 erklärte die WHO die Welt schließlich für pockenfrei. Es war eine Zeit, in der die WHO sich noch zu 80 Prozent aus Regierungsgeldern finanzierte. In Westdeutschland wurde die Pocken-Impfpflicht bereits 1976 aufgehoben.

Ein Jahr zuvor musste ich in der Turnhalle meiner Schule zur Zwangsimpfung antreten. In einer riesigen Schlange standen wir in der Halle ängstlich hintereinander und kamen nacheinander beim Impfarzt unters Messer. Die Eltern durften nicht dabei sein. Ich kam mir vor wie ein Stück Vieh, das zur Schlachtbank geführt wird oder zumindest zum Brandzeichen. Noch heute kann ich mich an die Schmerzen im Oberarm erinnern, als der Arzt die Impfpistole ansetzte und mir emotionslos das Serum injizierte. Die Narben sind noch heute zu sehen, der Impfschutz längst von dannen.

Die Impfung wurde nicht hinterfragt, der Staat hatte es angeordnet, und gruselige Bilder von an Pocken erkrankten Kindern hatten die letzten Zweifel an der Maßnahme zerstört. Pocken sind eine häufig tödliche Krankheit. Der ausgerottete Virenstamm wurde nur von Mensch zu Mensch übertragen, niemand kennt mehr seinen einst sicherlich tierischen Ursprung, Millionen Menschen sind daran unter übelsten Qualen gestorben. Kein Wunder, dass die Menschen früher dachten, die Pocken kämen direkt aus der Hölle.

Dagegen ist ein kleiner Piks nicht der Rede wert, auch wenn er bei der Pockenimpfung gar nicht so klein ist. Das dachte ich mir auch, als ich die Prozedur tapfer über mich ergehen ließ. Tatsächlich ist die Pockenimpfung alles andere als harmlos. Bei jedem tausendsten Patienten kommt es zu deutlichen Nebenwirkungen, allergischen Reaktionen, Fieber, Kopfschmerzen und anderen Symptomen. Manche so stark, dass sich die Geimpften davon nie wieder erholten und lebenslange Behinderungen davontrugen oder gar starben. Doch nur mit den Impfungen konnte diese Geißel der Menschheit besiegt werden.

Aber nach diesem einzigartigen Sieg, nach einem jahrtausendelangen Kampf gegen diese mörderische Krankheit, beschloss die WHO daher, ihre Empfehlung an die Länder zur Impfpflicht zurückzunehmen. Wenig später wurden fast alle Pockenvirenbestände in den Ländern der Welt vernichtet, bis auf zwei jeweils versiegelt konserviert gelagerte Chargen zur Befriedung der beiden Großmächte: eine in den USA, in den Centers for Disease Control and Prevention in Atlanta, und eine in dem russischen Vector-Labor. Doch wie es um die Sicherheit der Labore bestellt ist, wissen wir. Ein neuer Ausbruch der Krankheit könnte schnell zu einer weltweiten Katastrophe führen, fürchten viele Mediziner, da fast kein Mensch mehr über einen Impfschutz verfügt. Pockenviren zählen zu den gefürchtetsten Biowaffen überhaupt. Es gibt kein Heilmittel, und die Notfallpläne sehen nur Impfungen von gefährdeten Personen vor, da keine ausreichenden Impfstoffe vorhanden sind beziehungsweise schnell hergestellt werden könnten.

Angriff

Ethnische Kampfstoffe

Der Linken-Politiker Jan van Aken hält die »Pockenpanik« allerdings für völlig übertrieben und sieht die Biowaffengefahr an ganz anderer Stelle. Van Aken forschte früher an der Hamburger Universität für Rüstungskontrolle und war einer der führenden Köpfe bei der Gründung des gemeinnützigen Vereins Sunshine Project, der sich für eine Welt ohne Biowaffen einsetzte, aber mangels Unterstützung eingestellt werden musste.

Seine Befürchtungen galten nicht den Pocken, sondern einer sogenannten ethnischen Biowaffe, einem manipulierten Krankheitserreger, der nur bestimmte Volksgruppen befällt. Nicht nur van Aken ist sich sicher, dass Angriffe mit Biowaffen, die gezielt eine Bevölkerungsgruppe treffen, viel wahrscheinlicher sind, als viele bislang wahrhaben wollen. Mit seinem Sunshine-Projekt hat van Aken Genomanalysen durchgeführt, die diesen Verdacht bestätigten. Entgegen der landläufigen Meinung, so van Aken in einem Interview, seien ethnische Biowaffen durchaus zu realisieren. Gentechniker und Virologen müssten schleunigst ihre Vorbehalte aufgeben, damit wir alle nicht schon in wenigen Jahren dumm dastünden.

Tatsächlich hat sich van Akens Vorhersage in dem Punkt bestätigt, dass die Welt zehn Jahre später ziemlich dumm dasteht, weil nicht nur Genetiker und Virologen, sondern auch Politiker nicht umgedacht haben. Generell lag van Aken mit seiner Vorhersage allerdings falsch: Das neue Corona-Virus hat alle Länder der Erde kalt erwischt und macht keine ethnischen Unterschiede.

Für ethnische Biowaffen wurde angeblich an Pesterregern geforscht, die nur Palästinenser töten, an Milzbrandkeimen, die Weiße in Frieden und Schwarze in Frieden ruhen lassen, und an Mikroben, die bevorzugt Schwarze unfruchtbar machen.

Dem widersprach ein Virologe, der während der Corona-Krise zu einem der beliebtesten Talkshow-Gäste zählt und schon sehr früh den totalen Shutdown forderte, lange bevor die Regierung und deren Berater vom Robert Koch-Institut diese Maßnahme in Betracht zogen: der Virologe Alexander Kekulé von der Universität Halle-Wittenberg. Die Existenz ethnischer Kampfstoffe verneinte Kekulé vehement.

Van Aken berief sich allerdings auf eine durchaus interessante Studie aus Taiwan, in der Forscher untersuchten, welche Opfer das Corona-Virus bevorzugt, genauer das erste SARS-CoV-Virus.

Die Taiwaner Wissenschaftler kamen zu dem Schluss, dass eine bestimmte Genvariante Menschen anfälliger für die häufig tödliche Atemwegserkrankung SARS macht. Dieses Gen sei bei Bewohnern von Südchina offenbar weit verbreitet, während es bei Taiwanesen so selten ist wie bei Europäern. Damit erklärten die Forscher vom Mackay Memorial Hospital in Taipeh damals, dass SARS-CoV in Südostasien grassierte, aber mit Ausnahme von Toronto sonst nirgendwo auf der Welt.

Die Studie stützt sich auf sehr dünne Beine, und die Wissenschaftler und auch van Aken konnten nicht ahnen, dass genau zehn Jahre später SARS-CoV-2 die Welt erobern würde und dabei offensichtlich keine Ethnie bevorzugt. Warum die Todesrate der neuen Corona-Krankheit in verschiedenen Teilen der Erde unterschiedlich hoch ist, liegt vielleicht nicht nur an den unterschiedlichen Qualitäten der Gesundheitssysteme der Länder und wird noch untersucht werden müssen.

Punktuelle Abweichungen in der Erbsubstanz, sogenannte SNPs (Single Nucleotide Polymorphisms), gibt es bei jedem Menschen, und ein Teil davon ist kennzeichnend für eine Bevölkerungsgruppe. Eine Mutation mit der kryptischen Bezeichnung TSC0493622 soll beispielsweise bei Asiaten gar nicht vorkommen, dafür aber bei 94 Prozent aller Afrikaner.

Solche Besonderheiten werden neuerdings für die viel umworbene Ahnenforschung herangezogen. Für etwa 60 Euro kann jeder seine ethnischen Herkünfte grob analysieren lassen, die Kosten für genauere DNA-Screenings bewegen sich dann eher im vierstelligen Bereich. Das Testkit kommt frei Haus und ist ähnlich zu handhaben wie der Rachenabstrich für den Corona-Test. Das Teströhrchen muss dann einfach nur per Post zur Auswertung geschickt werden. Immer mehr Menschen nutzen die Angebote der kommerziellen Genanalyse-Firmen. Allein bei der Firma *Ancetry* mit Sitz in München haben laut eigenen Angaben weltweit bereits mehr als 15 Millionen Menschen ihr Erbgut untersuchen lassen. Und *MyHeritage* aus Israel zählt schon über 100 Millionen registrierte Nutzer weltweit, davon 4 Millionen in Deutschland. Tendenz steigend. Ganz freiwillig gibt die Menschheit ihr intimstes Inneres preis, den persönlichen Gencode.

Das Ergebnis könnte beispielsweise so aussehen:

- 34,8 % Engländer
- 32,3 % Nord-/Westeuropäer
- 19,6 % Skandinavier
- 10,6 % Osteuropäer
- 2,7 % Balkanbewohner

Oder aber so:
- 52,2 % Osteuropäer
- 45,1 % Nord-/Westeuropäer
- 1,9 % Nordafrikaner
- 0,8 % Nigerianer

Das erste Ergebnis ist frei erfunden, das zweite aber ist die genetisch ermittelte ethnische Herkunft des Entertainers Thomas Gottschalk, der seine Testergebnisse umgehend veröffentlichte und kommentierte: »52,2 Prozent Osteuropäer, deshalb habe ich als Kind so viel geklaut.« Er erntete zu Recht einen Shitstorm.

Schon mehrfach habe ich versucht, meine Vorfahren etwas weiter zurückzuverfolgen, um meinem urjüdischen Namen auf die Spur zu kommen. Knobloch kommt tatsächlich von Knoblauch, ins Hebräische übersetzt *SchuM* – das Akronym für die ältesten jüdisch-intellektuellen Kulturstätten in Deutschland: Speyer (Sch), Worms (u) und Mainz (M). Das Symbol der ältesten jüdischen Gemeinde in Deutschland: die Knoblauchknolle, lange eines der teuersten Gewürze und unverzichtbar in der Heilkunde – auch gegen Seuchen.

Den Ursprung meines Namens konnte ich entsprechend ergründen. Aber niemals würde ich mir freiwillig eine Probe für eine DNA-Analyse entnehmen, um sie in einem Labor auswerten zu lassen, das meinen Gencode auch noch an andere Labore weitergibt. Mein Erbgut geht niemanden etwas an.

Millionen Menschen, von denen die meisten wahrscheinlich entschieden gegen Überwachung eintreten, sehen das anders und bezahlen auch noch für die Entblößung ihres DNA-Codes. Datenschützer in aller Welt schlagen Alarm, doch der Ansturm auf die genetischen Ahnenforscher ist ungebrochen. Manche Nutzungsbedingungen der Anbieter enthalten gar Angaben zur Weitergabe an Forschungseinrichtungen. Trotzdem schrillen keine Alarmglocken. Zumindest van Aken kann wahrscheinlich nicht mehr ruhig schlafen.

Falls in Geheimlaboren weiter an ethnischen Biowaffen geforscht wird, sind diese Daten für die militärischen oder terroristischen Einrichtungen Gold wert. Mit den Daten lässt sich hervorragend eine genetische Landkarte erstellen, und Pandemien mit ethnischen Kampfstoffen können entsprechend simuliert werden.

Vieles deutet darauf hin, dass bestimmte Genabschnitte, SNPs, verschiedene Individuen tatsächlich unterschiedlich anfällig für Krankheiten machen und beispielsweise die US-Militärstrategie inzwischen auch auf genau diese ethnisch abhängige Verwundbarkeit hin ausgerichtet wird.

2017 wurde bekannt, dass das US-amerikanische Kommando für Ausbildung und Training der Luftwaffe (AETC, Air Education and Training Command) eine Ausschreibung und einen Vertrag zum Kauf von RNA-Mustern veröffentlichte. Die Probengeber sollten »russisch/europäischer Abstammung« sein, Muster aus der Ukraine waren ausgeschlossen.

Wohin die Proben final geschickt werden sollten, war der öffentlichen Ausschreibung nicht zu entnehmen, die Luftwaffe hat die Analysen sicher nicht selbst durchgeführt. Angeblich wurde aber etwa zur gleichen Zeit ein Netzwerk von militärischen Biolaboren in Georgien, der Ukraine und Kasachstan gegründet. Alles Länder, die direkt an Russland angrenzen.

Einigen Berichten zufolge soll die Schweinepest, die 2012 in Russland und vielen osteuropäischen Ländern grassierte, auch durch eine Biowaffe ausgelöst worden sein und nicht, wie offiziell angenommen wird, durch ein afrikanisches Wildschweinvirus. In einer geheimen Mission soll das amerikanische R. Lugar Center for Public Health in Tiflis das Virus entwickelt haben. Das Institut soll unter anderem mit dem amerikanischen Verteidigungsministerium verbunden sein, genauer der Defense Threat Reduction Agency (DTRA). Das russische Außenministerium äußerte Sorge über »biologische Aktivitäten des Pentagon nahe der russischen Grenze«.

Auch die bulgarische Investigativjournalistin Dilyana Gaytandzhieva hat das »Gesundheitszentrum« im Visier. In ihrem Blog behauptet sie, dass Mitarbeiter der US-Botschaft in der georgischen Hauptstadt Tiflis tödliche Viren und Blutseren als Diplomatenfracht getarnt in das Zentrum geschmuggelt hätten.

Das sei aber nur die Spitze des Eisbergs, schreibt sie weiter und verweist auf ein 2,1 Billionen US-Dollar schweres Forschungsprogramm, das vom Verteidigungsministerium finanziert und als »Cooperative Biological Engagement Program« (CBEP) durchgeführt würde. Insgesamt soll in 25 verschiedenen Laboren in

Ländern der ehemaligen Sowjetunion, außerhalb von Russland, sowie in Südostasien und Afrika mit den Killerviren geforscht werden.

Allein das Zentrum in Tiflis soll 160 Millionen US-Dollar gekostet haben, schreibt Gaytandzhieva, Interviewanfragen wurden nach Angaben der Journalistin abgelehnt. Wie streng das vermeintliche Gesundheitszentrum abgeschirmt ist, kann sie mit Fotos belegen. Anwohner erzählen von giftigen Wolken, die nach faulen Eiern und moderndem Heu stinken würden.

An einen ähnlichen Geruch erinnere ich mich sehr gut aus meiner aktiven Forschungszeit, in der ich mit Bakterien und Viren gearbeitet habe. Die Beschreibung entspricht ziemlich genau dem Odeur von noch warmen, mit Hitze sterilisierten Bakterienkulturen. Wie mit einem riesigen Dampfkochtopf haben wir ausgediente Erreger unter Druck totgekocht.

Das vermeintliche Gesundheitszentrum in Tiflis soll an das US-amerikanische Forschungsinstitut für Biowaffen in Fort Detrick angegliedert sein. Das US-Institut, aus dem auch die Anthraxkeime des Anschlags von 2001 ursprünglich stammten. In den Lagerhallen des Tifliser Gesundheitszentrums sollen außerdem Chemiewaffen aus früheren Sowjetbeständen gelagert worden sein. Giftgas, das, wenn die Vermutungen stimmen, 2013 im syrischen Bürgerkrieg eingesetzt und von tschetschenischen Rebellen im Auftrag der CIA nach Syrien transportiert worden wäre.

Der Bericht der Journalistin klingt plausibel, sie belegt ihre Recherchen außerdem noch mit Dokumenten, die sie zusätzlich im Netz veröffentlicht: Lieferscheine von Pathogenen und Diplomatenpapiere der US-Botschaft. Auch die Fotos von der Anlage sind sehr real.

Per Genschere zur Biowaffe

Neben verschiedenen Killerkeimen erwähnt Dilyana Gaytandzhieva in dem Blog noch beißende Insekten, mutmaßlich genmanipuliert. Das wirkt zwar weit hergeholt, vergleichbare Versuche
gab es aber bereits. Schon 2009 wurden die ersten genmanipulierten Moskitos auf den Kaiman-Inseln ausgesetzt, ohne dass die Bevölkerung darüber informiert wurde. Das renommierte deutsche
Max-Planck-Institut (MPI) für Evolutionsbiologie in Plön äußerte
öffentlich Zweifel an den rechtlichen Rahmenbedingungen für
den Versuch und stellt fest, dass die karibischen Kaiman-Inseln,
die ansonsten für Briefkastenfirmen und Paradise Papers bekannt
sind, keinerlei geltende Gesetze zum Transport und zur Freilassung genetisch modifizierter Lebewesen haben.

Hinter dem Projekt steckt angeblich die britische Biotechnolo-
giefirma *Oxitec,* nach eigenen Angaben der Weltmarktführer in
diesem Forschungs- und Produktionsbereich. Der Name steht für
»Oxford Insect Technologies«. Finanziert und forciert wurde der
Freilandversuch im Wesentlichen von der Gates-Stiftung. Seit
2015 gehört Oxitec der US-amerikanischen Firma *Intrexon Co-
operation* in Maryland. Auch in diese Firma soll die Gates-Stiftung im großen Stil investieren, um weitere Feldexperimente mit
transgenen Insekten zu unterstützen.

Dem ersten Versuch mit über 3 Millionen manipulierten Tiger-
mücken folgten zahlreiche weitere Freilandversuche in Brasilien,
Panama, Malaysia und Florida, teilweise über die brasilianische
Partnerfirma *Moscamed.*

2014 soll der US-Amerikaner S. Mill Calvert eine Drohne zur
Verbreitung von Biowaffen als Patent angemeldet haben. Das fern-
gesteuerte Fluggerät soll für die Freilassung von Moskito-Brutbe-
hältern ausgestattet sein. Calvert wird als Halter von zahlreichen
weiteren Patenten auf militärische Erfindungen gelistet.

Im gleichen Jahr, als der vermeintliche Calvert ein Patent auf eine

Drohne zur Verbreitung der Insektenbrut anmeldet, genehmigt Brasilien den ersten Freilandversuch mit genmanipulierten Moskitos, einer Tigermücke mit der Laborkennzeichnung OX513A. Ein Jahr später werden die genveränderten Mücken (GV-Mücken) im Bundesstaat São Paulo in zahlreichen Städten ausgesetzt.

Wenige Jahre später zieht auch Afrika nach und genehmigt die Versuche mit manipulierten Tieren in der Wildnis. Am 1. Juli 2019 werden in Burkina Faso sogenannte männlich-sterile GV-Anopheles-Mücken freigesetzt. Wie bei dem brasilianischen Versuch soll dadurch die Population der krankheitsübertragenden Mücken drastisch reduziert werden.

In Brasilien rechtfertigen die Forscher den Versuch mit dem Kampf gegen Dengue, in Afrika mit dem gegen Malaria. Die lokale Bevölkerung soll über den Feldversuch mit genmanipulierten Insekten kaum oder gar nicht informiert gewesen sein. Zahlreiche gemeinnützige Organisationen verurteilen die Versuche aufs Schärfste.

Ganz im Gegensatz zu der Bill-und-Melinda-Gates-Stiftung, die auch die Versuche in Burkina Faso massiv unterstützen und sich vor allem bei neuen Biotechnologien engagieren soll, die lukrative Patente erwarten lassen.

Laut Recherchen einer NGO pushte die Gates-Stiftung allein 2017 die Forschung und Produktion sogenannter Gene-Drives mit 75 Millionen US-Dollar. Dieses Werkzeug der Gentechnik erzeugt eine überproportionale Vererbung des eingeschleusten Gens und soll sich als patentierte Produktform in beispielsweise genmanipulierten Stechmücken irgendwann rentieren. Erst jetzt hat die Bundesregierung ein Gutachten zur potenziellen Gefahr von Gene-Drives ausgeschrieben, die Ergebnisse sollen im November 2020 vorliegen.

Aber nicht nur direkt unterstützt die Gates-Stiftung gentechnologische Projekte, sondern auch mit Marketingkampagnen. So engagierte die Stiftung eine PR-Agentur, angeblich um Kritiker und Regulierungsvorschläge zu schwächen und die Heilspropaganda über Genmücken und Gentechnik zu verbreiten.

Laut dem Max-Planck-Institut waren es amerikanische Behörden, die 2008 das erste Gutachten zur Umweltverträglichkeit von transgenen Insekten erstellt haben. Die Plöner Wissenschaftler bemängeln vor allem Qualität und positive Bewertung in der Expertise. Auf der Homepage des Instituts heißt es in einer Stellungnahme dazu:

»So beruht die positive Einschätzung auf lediglich zwei – von insgesamt 170 aufgeführten – wissenschaftlichen Studien. Diese berücksichtigten wiederum nur eine der vier im Gutachten aufgeführten Insektenarten.

Diese Mängel betreffen aber offenbar nicht nur die USA, sondern alle Länder, in denen bislang genetisch veränderte Insekten freigelassen wurden.

›Wir haben festgestellt, dass weltweit die Öffentlichkeit nur sehr begrenzt Zugang zu den wissenschaftlichen Informationen über diese Freisetzungsversuche hat, vor allem Informationen im Vorfeld eines Versuchs‹, sagt Guy Reeves vom Max-Planck-Institut für Evolutionsbiologie.«

Besonders beunruhigend ist allerdings, dass auch das Verteidigungsministerium in das gleiche Verfahren 100 Millionen Dollar investiert haben soll. Die Herstellung von Biowaffen und die vermeintlich Heil bringenden manipulierten Tiere und Pflanzen liegen oft gefährlich nahe beieinander. Diese unheilvolle Nähe fürchten inzwischen auch renommierte europäische Forschungseinrichtungen, darunter ebenfalls die Forscher des deutschen Max-Planck-Instituts.

Im Oktober 2018 veröffentlicht das Institut eine deutliche Warnung vor neuen Biowaffen, getarnt als Heilsprojekte gegen den Welthunger. Der Newsletter ist noch immer öffentlich zugänglich:

»Während die erschreckende Wirkung von Chemiewaffen durch die bewaffneten Konflikte der Gegenwart in der öffentlichen Wahrnehmung präsent ist, sind biologische Waffen und ihre Wirkung weitgehend aus dem Blickfeld der Öffentlichkeit verschwunden. Ein Forschungsprogramm der Forschungsbehörde des amerikanischen Verteidigungsministeriums weckt nun die Befürchtung, dass Forschung zur biologischen Kriegsführung missbraucht werden könnte. In dem Projekt namens Insect Allies (Alliierte/Verbündete Insekten) sollen Insekten als Transportmittel für Pflanzenviren dienen und diese auf landwirtschaftliche Nutzpflanzen übertragen. Die Viren können das Erbgut der betroffenen Pflanzen mittels sogenannter Genomeditierung verändern. Auf diese Weise ließen sich bereits auf den Feldern wachsende Pflanzen wie Mais oder Tomaten schnell und in großem Stil genetisch verändern. Wissenschaftler des Max-Planck-Instituts für Evolutionsbiologie in Plön sowie der Universitäten Freiburg und Montpellier weisen im Fachmagazin Science darauf hin, dass ein solches System relativ leicht manipuliert und als biologische Waffe eingesetzt werden kann.«

Ende 2016 hat die DARPA (Defense Advanced Research Projects Agency) – eine Behörde des US-Verteidigungsministeriums, die Forschungsprojekte für das Ministerium finanziert – ein auf vier Jahre angelegtes Forschungsprogramm öffentlich ausgeschrieben. Dabei handelt es sich um Projekte im Umfang von insgesamt 27 Millionen US-Dollar mit dem Ziel, genetisch veränderte Viren freizusetzen, die das Erbgut von Nutzpflanzen im Freiland verändern können. Mitte 2017 gab das erste von drei Konsortien mehrerer amerikanischer Forschungseinrichtungen seine Teilnahme an dem DARPA-Programm bekannt. Wie aus Pressemitteilungen der für das Programm ausgewählten Institutionen hervorgeht, erforschen die beteiligten Wissenschaftler dabei, ob sie die Viren mithilfe von Grashüpfern, Blattläusen und – den zu den Pflanzenläusen gehörenden – Weißen Fliegen auf Mais und Tomaten übertragen können. Bis zum Ende des Programms soll die Technik in großem Stil in Gewächshäusern einsetzbar sein.

Es überrascht kaum, dass die Gates-Stiftung auch diese Projekte großzügig unterstützen soll. Über 3 Milliarden Dollar investiert das Verteidigungsministerium zudem angeblich jährlich in diese Forschung. Die Idee des Internets, das GPS und auch Agent Orange sollen dem militärischen Forschungsinstitut ebenfalls entsprungen sein.

Die Bundesregierung hat die Kritik der europäischen Forscher zur Kenntnis genommen, die auch schon aus den Reihen der Opposition kam. Doch statt zu handeln, Verbote und Untersuchungen zu fordern, scheint es, als ließe sich die Regierung von Gates verführen. Sie steigert nicht nur die Beteiligungen an der von Gates gestarteten Impf-Initiative Gavi auf inzwischen mehr als 600 Millionen pro Jahr (und es soll nach der Geberkonferenz vom 4. Mai 2020 noch einmal deutlich mehr werden), sondern investiert darüber hinaus massiv in die 2017 von Gates in Davos gestartete Impfstoff-Initiative CEPI.

In die Stiftung fließen fast alle deutschen Corona-Forschungsgelder, zunächst 140 Millionen, sowie weitere Gelder, darunter der größte Etat des Entwicklungsministeriums. Organisationen wie medico international bezeichnen die Gates-Organisationen inzwischen als »Philanthrokapitalisten« und haben allergrößte Bedenken bei dieser Machtkonzentration. Die Heinrich-Böll-Stiftung recherchierte 2018, dass seit der Beteiligung der Gates-Organisationen die Preise für manche Impfstoffe sich fast verhundertfachten. Die ersten Schritte zur Realisierung der CEPI-Stiftung hat Gates bereits 2016 vorgenommen, im Zentrum dabei das kleine beschauliche Schweizer Örtchen Cologny. Vielleicht ist es doch kein Zufall, dass die Heimat des Weltwirtschaftsforums dieser kleine Ort am Genfer See ist, wo »Frankenstein« genau 200 Jahre zuvor »geboren« wurde. In der dortigen Villa Diodati trafen sich 1816 Mary Godwin, die spätere Mary Shelley, ihre Halbschwester Claire Clairmont, Lord Byron und der Arzt und Schriftsteller John Polidori zu einem kreativen literarischen Austausch.

Es war das Jahr, das als Jahr ohne Sommer in die Geschichte einging. Ein Vulkanausbruch hatte das Klima verändert und die Welt in Düsternis versetzt. Es war eine Zeit, in der Mediziner glaubten, sie könnten die Welt verändern und beherrschen, tote Materie wieder zum Leben erwecken. Während um die Villa herum die Stürme tobten und die Welt unterzugehen schien, tüftelten die Literatinnen und Literaten an ihren Werken, und Marys Werk war es schließlich, das die Welt erobern sollte: *Frankenstein*.

Exakt 200 Jahre später, im Mai 2016, tagen Experten auf Einladung des Weltwirtschaftsforums mit Sitz in ebenjenem Cologny und planen eine internationale Initiative zur Impfstoffentwicklung, die wenig später auch gegründet wird. Bei der nächsten Tagung des Forums in Davos, im Januar 2017, präsentiert Bill Gates die Initiative CEPI der Welt.

CRISPR

Die Frankensteins von heute erschaffen keine großen Monster, sondern unsichtbare, winzige, gefährliche Wesen, die massenweise Menschen, Tiere und Pflanzen befallen, manipulieren und töten können: biowaffentaugliche Mikroben. Dank Gene-Drives und Insect Allies verschmelzen Nutzpflanzen-, Impf- und Pharmaforschung mit der Herstellung von Biowaffen zu einer einzigen, gefährlichen, zähen Masse, deren einzelne Bereiche sich kaum mehr voneinander trennen lassen. Insekten mit genmanipulierten Viren »scharf« zu stellen ist Krieg gegen die Menschheit und gehört umgehend verboten.

Stattdessen wurde vor einigen Jahren die Büchse der »Gen-Pandora« endgültig geöffnet. Die Genschere CRISPR/Cas hat es ermöglicht. Das hoch bejubelte biotechnologische Hilfsmittel ermöglicht nicht nur viel gezieltere Genmanipulationen, sondern auch einen rechtsfreien Raum.

Die Technologie haben sich kluge Wissenschaftler mitnichten

ausgedacht, sondern das System von der Natur kopiert und modifiziert, wie alles in der Biotechnologie und auch in der Pharmazie. Entdeckt wurde dieses »Werkzeug der Natur« in Bakterienzellen, die sich mithilfe dieses Systems gegen virale Angriffe wehren. Nun wird in zahlreichen Laboren der Welt damit herumexperimentiert wie mit einem Baukastensystem aus dem Kaufhaus. Spielend leicht lassen sich damit Organismen manipulieren, Viren als Biowaffen scharf stellen und über Insekten als Vehikel in die Welt verbreiten.

Bis ein dringend notwendiger neuer rechtlicher Rahmen für diese Technologie geschaffen wird, stehen den Zauberlehrlingen der Gentechnik Tür und Tor offen, um mithilfe dieser Genschere Erbsubstanzen, Viren, Bakterien, Tiere und Pflanzen fast unreglementiert zu manipulieren. Vielleicht sind die Geister, die die modernen Alchemisten riefen, längst außer Kontrolle geraten und überfluten, »walle, walle«, den Planeten.

Obwohl die CRISPR/Cas-Methode die Genmanipulation dramatisch vereinfacht, werden die so geschaffenen Organismen nicht als genmanipuliert eingeordnet. In einer Veröffentlichung des Bundesamts für Verbraucherschutz aus dem Jahr 2017 heißt es:

»[…] Organismen, die durch ODM- und CRISPR-Cas9-Techniken hervorgerufene Punktmutationen aufweisen, sind keine gentechnisch veränderten Organismen (GVO) im Sinne der Richtlinie. Denn der Begriff des GVO setzt voraus, dass dessen genetisches Material eine Veränderung erfahren hat, die auf natürliche Weise nicht vorkommt, und dass diese Veränderung nicht durch Kreuzen und/oder natürliche Rekombination möglich ist. Insofern bezieht sich Art. 2 Nr. 2 sowohl auf den Prozess, mit dem die genetische Veränderung hervorgerufen wird, als auch auf die genetische Veränderung, die dadurch am Organismus entsteht […]«

Zwar hat der Europäische Gerichtshof ein Jahr später nachgebessert und entschied, dass Lebensmittelpflanzen, die mithilfe von CRISPR/Cas hergestellt wurden, innerhalb der EU eben doch der Kennzeichnungspflicht unterliegen. Aber kontrolliert werden kann das neue Gesetz ohnehin nicht. Trotzdem laufen einige Wissenschaftler dagegen Sturm und wollen weiter völlig unkontrolliert »Dr. Frankenstein« spielen.

Besonders pikant: Genmanipulationen mit CRISPR/Cas sind nicht nachweisbar und können von konventioneller Zucht nicht unterschieden werden. Das ist ein enormes Problem, das beispielsweise hiesige Lebensmittelhersteller vor essenzielle Herausforderungen stellt, weil Länder wie China oder die USA, so die Befürchtung, die bei uns inzwischen deklarierungspflichtige Methode ohne Kennzeichnung anwenden und ihre genmanipulierten Erzeugnisse hier gar als Bioware anbieten könnten.

Der US-amerikanische Einfluss reicht jedoch noch weiter als bis zu den Märkten. Selbst die Wissenschaft scheint davor nicht gefeit. So mischt das Pentagon bereits an deutschen Universitäten mit, wie der *Spiegel* 2019 berichtete. Das US-Verteidigungsministerium finanziert deutsche Forschung, die dem US-Militär nützlich ist. Darunter auch ein Forschungsprojekt mit Grippeviren. Insgesamt sollen seit 2008 über 21 Millionen Dollar vom Pentagon an deutsche Unis geflossen sein.

In welche Forschungsvorhaben das deutsche Verteidigungsministerium investiert, bleibt hingegen unter Verschluss. Auch an welche Einrichtungen und für welche Projekte wie viel Geld fließt, bleibt streng geheim. So geheim wie fast alle militärischen Forschungen und Operationen der Geheimdienste und Verteidigungsministerien der Welt.

CRISPR/Cas zeigt, wie leicht es inzwischen ist, biowaffentaugliche Mikroben in allen Sicherheitslaboren der Welt zu entwickeln, ohne dass sie jemals als solche identifiziert werden können. Ob es sich bei SARS-CoV-2 auch um ein Laborvirus handelt, ob es vielleicht sogar gezielt ausgebracht wurde oder versehentlich »entfleuchte«, das ist noch immer nicht geklärt und wird sich aller Voraussicht nach auch nicht klären lassen. Natürliche Mutationen lassen sich von gezielten CRISPR/Cas-Manipulationen nicht mehr unterscheiden, und inzwischen ist SARS-CoV-2 in Biolaboren in aller Welt verteilt. Denn zur Entwicklung von Testverfahren und Impfstoffen haben inzwischen bereits zahlreiche Labore der Welt das neue Corona-Virus in Kultur.

Inferno

Wenn ich über das letzte halbe Jahr nachdenke, habe ich das Gefühl, in meinem eigenen Thriller gefangen zu sein. Vieles scheint wahnsinnig schnell abgelaufen zu sein: mein Besuch der chinesischen Wildtiermärkte, mein Trip in den Dschungel von Costa Rica, das Knochenbrecherfieber, das ich mit zurück nach Deutschland brachte, in einer Zeit, in der das neue Corona-Virus schon heimlich die Welt zu erobern begann.

Ständig habe ich dabei Dan Browns 2013 erschienenen Thriller *Inferno* im Kopf. Darin wandelt Browns altbewährter Held Robert Langdon auf Dantes Spuren und kommt schließlich einem vermeintlichen Killervirus auf die Spur, das der Wissenschaftler Dr. Bertrand Zobrist erschaffen hat und in die Welt entlassen will. Nach der üblichen spannenden Schnitzeljagd durch Italien, das europäische Epizentrum des Corona-Virus, kommt Langdon der Biowaffe auf die Spur. Auch die WHO spielt eine zentrale Rolle und ein superreicher Geschäftsmann. Zu spät findet Langdon das Virus, es hat sich bereits über die halbe Weltbevölkerung verbreitet, ist aber kein Killervirus, sondern begrenzt nur die Vermehrung der Menschheit.

Dass ich so häufig an den Roman denken muss, hängt wohl auch damit zusammen, dass mir ein viraler Tweet nicht aus dem Kopf will, in dem Bill Gates mit ebenjenem Dr. Zobrist verglichen wird. Wer Dan Browns *Inferno* aufmerksam gelesen hat, wird dem Tweet, wie ich, allerdings entschieden widersprechen. Zobrist wird darin als ein besessener Forscher geschildert, ein Mikrobiologe, der das Virus erschaffen und für seine Freilassung gesorgt hat. Im Finale bringt er sich um, denn er hat eigenmächtig und ohne Wissen seines mächtigen Auftraggebers gehandelt. Und der erinnert schon eher an Gates. Niemand sollte sich zum Prometheus aufschwingen, ist die finale Botschaft des Thrillers.

Und ob sich im Falle des neuen Corona-Virus jemand zum Prometheus aufgeschwungen hat und das Projekt vielleicht aus dem Ruder lief, bleibt weiterhin offen. Fast jeder Geheimdienst, jedes Sicherheitslabor, jeder Staat, jede Terrororganisation wäre dazu fähig.

Falls SARS-CoV-2 tatsächlich als Biowaffe auf die Welt losgelassen wurde, will ich das gar nicht so genau wissen, und erst recht möchte ich nicht, dass die Öffentlichkeit davon erfährt. Die Welt wurde schon aus geringeren Anlässen in dramatische Kriege gestürzt. Stattdessen sollten die vorhandenen Tatsachen dafür ausreichen, die Regularien für Biowaffen und den Umgang mit Killerviren drastisch zu verschärfen und endlich internationale Kontrollen einzuführen.

Einige männliche, weiße Staatsoberhäupter haben mit drastischen Worten dem neuen Corona-Virus den Krieg erklärt. Eine hochmütige Strategie bei 800 Millionen Viren pro Quadratmeter und zahlreichen ständig mutierenden Corona-Viren in fast jeder Spezies. Tatsächlich führen die meisten Staaten der Welt schon lange Krieg gegen die Natur, und vielleicht schlägt diese auch gerade zurück.

SPILLOVER – SEUCHENÜBERTRÄGER

Ursprung

Epidemienboom

Ende Januar 2020 sind Tausende Menschen in Wuhan an dem neuen Corona-Virus erkrankt, und die Medien überschlagen sich mit Meldungen über die Herkunft des Virus. Neben Fledermäusen stehen zunächst Schlangen und dann Schuppentiere, auch Pangoline genannt, in Verdacht, der ursprüngliche Wirt des neuen Virus zu sein.

Nach zahlreichen Spekulationen einigt sich die Fachwelt auf die Fledermaus als primäre Quelle für SARS-CoV-2. Die genetische Übereinstimmung mit den untersuchten Fledermaus-Corona-Viren beträgt zwar immer noch nicht mehr als 85 bis 88 Prozent, und das Schuppentier als Zwischenwirt trägt immer noch einen Corona-Virus, der zu 90 Prozent identisch ist. Wenig überzeugend als Erklärung, viel weiter kommt die moderne Wissenschaft nach monatelanger Forschung trotzdem nicht.

Ganz so einfach haben es sich die Forscher jedoch nicht gemacht und es nicht einfach bei diesen Zahlen belassen. Wissenschaftler verschiedener Universitäten in China haben das Virus und seine wilden Verwandten noch einmal ganz genau unter die Lupe gekommen und sind bei Versuchen, SARS-CoV-2 in Laborverhältnissen nachzubilden, mit einer Chimäre aus dem Fledermaus- und dem Pangolin-Virus, einer zusammengesetzten Virus-RNA aus den beiden Strängen, zu einer 99-prozentigen Übereinstimmung gekommen. Das klingt zwar wieder sehr nach

»Frankenstein-Virus« aus dem Labor, kommt der Realität aber nah: Das Virus kann ohne Weiteres sowohl durch natürliche Mutation als auch durch künstliche Rekombination entstanden sein.

Diese Spekulationen zeigen vor allem, wie hilflos die ach so moderne Biotechnologie ist, wenn es um Analysen und Zusammenhänge geht. Wenn Viren so erheblich und schnell mutieren, dass eine natürliche Chimäre aus Pangolin- und Fledermaus-Corona-Virus denkbar wäre, ist es umso gefährlicher, genmanipulierte Mikroben und sonstige transgene Wesen in die Wildnis zu entlassen, wie es inzwischen überall auf der Welt getan wird. Eine Horrorvorstellung, was für Killerviren-Kombinationen da sonst noch entstehen.

Dass solche tödlichen Keime durch Rekombination entstehen, haben die Befürworter von transgenen Organismen aber stets geleugnet und die Gentechnik damit für angeblich sicher erklärt. Die eingeschleusten Gene könnten gar nicht von einer auf die andere Art überspringen und sich mit dem Erbgut natürlicher Mikroben, Tiere oder Pflanzen kombinieren. Wenn dem aber so wäre und die Befürworter des Gen-Editings recht behielten, dann hätte SARS-CoV-2 nicht auf natürliche Weise entstehen können, und das neue Corona-Virus würde auf jeden Fall aus einem Labor stammen. So oder so, Tatsache ist, dass die genmanipulierten unsichtbaren »Frankensteins« längst in aller Welt verteilte tickende Zeitbomben sind.

Alle Viren und Bakterien, die Menschen befallen oder besiedeln, stammen ursprünglich von Tieren, und viele von diesen Mikroben sind seit Jahrtausenden ganz spezifisch an den Menschen angepasst, andere kommen neu hinzu, und einige davon sind sehr gefährlich. Die direkte Übertragung von tierischen Viren auf Menschen kann wie im Fall von Tollwut absolut tödlich sein.

Für die gesamte Menschheit gefährlich wird es aber erst dann, wenn sich die Erreger auch von Mensch zu Mensch übertragen, und genau das ist bei den Corona-Viren passiert, sowohl bei SARS-CoV als auch bei MERS und jetzt bei SARS-CoV-2. Bei dem neuen Corona-Virus ist die zwischenmenschliche Übertragung viel virulenter als ursprünglich angenommen. Das Virus ist auch viel tödlicher als zunächst befürchtet.

Das neue Jahrtausend begann ja schon mit der SARS-Pandemie. Kein Zufall, denn tödliche Seuchen werden weltweit immer häufiger. Der Mensch drängt die Natur in die Enge, verseucht die Erde, bastelt Killerviren und wundert sich über neue Seuchen.

Dabei ist über die Evolution der Viren noch relativ wenig bekannt. Grundlagenforschung wird immer weniger gefördert und ist für die Industrie ohnehin uninteressant. Milliarden werden für die Konstruktion gentechnisch manipulierter Mikroben ausgegeben, aber wie das virale und bakterielle Miteinander vor allem in höheren Organismen tatsächlich funktioniert und sich fortentwickelt, ist noch ein großer weißer Fleck in der Forschungslandschaft.

Auffällig ist aber, dass mit der zunehmenden Zerstörung der Natur und Umwelt Seuchen nicht nur bei Menschen, sondern auch im Tierreich dramatisch zunehmen, ganz besonders virale Epidemien, auf dem Land und auch in den Flüssen und Meeren.

Massensterben im Tierreich

Das Jahr 2011 beginnt apokalyptischer als ein Thriller: In der Kleinstadt Beebe im US-Staat Arkansas in der Silvesternacht 2010/11 fallen mehr als 5000 Staren verwandte Vögel tot vom Himmel. Straßen, Vorgärten, Dächer, Autos und Parks sind bedeckt mit den Kadavern. Fast gleichzeitig werden 40 000 tote Krabben an die Küste von Großbritannien gespült, Hunderte Pinguinleichen an die Strände von Neuseeland, in Italien regnet es tote Tauben, etwa 8000 sollen es gewesen sein, etwa 2 Millionen tote Fische werden an die Ostküste der USA geschwemmt, und auch in Südamerika landen Tausende tote Meeresbewohner an den Stränden.

Wenige Wochen später, genauer am 11. März 2011, löst ein Erdbeben den Atom-GAU in Fukushima aus und hält die Welt in Atem. Und die Menschheit vergisst den Regen toter Tiere. Ein paar Jahre später geht das Massensterben wieder los, zuerst im Meer.

Millionen toter Seesterne werden an fast alle Küsten der Erde gespült. Das große Seesternsterben beginnt 2013 an der Westküste der USA. Es beginnt mit weißen Flecken auf den Tieren, meist fällt dann ein Arm ab, der zunächst noch ein Stück weiterkriecht bevor er sich in Wohlgefallen auflöst, wie der übrige Körper auch. Zunächst sind Sonnenblumenseesterne die Opfer, inzwischen ist die Art fast ausgestorben, und fast alle anderen Seesternarten rund um den Globus sind betroffen.

Auch die deutschen Nord- und Ostseeküsten dienen seit Jahren als offene Leichenhallen für Hunderttausende toter Seesterne. Das Massensterben löst in Kalifornien eine fatale Kettenreaktion aus. Normalerweise fressen Seesterne Seeigel, die sich wiederum von Kelpwäldern ernähren, den Regenwäldern der Meere. Nun nicht mehr: Nach dem Massensterben der Seesterne explodiert die Seeigelpopulation, und diese Tiere wiederum fressen die riesigen Algenwälder in nie da gewesenem Ausmaß. Dieser Kahlschlag im Meer bedeutet weniger Sauerstoff, Nahrung und Schatten für andere Tiere, und durch die Klimaerwärmung wird das große Sterben in den Meeren noch einmal beschleunigt.

Im Juni 2015 färben Hunderttausende toter Krabben die Strände von Kalifornien blutrot. Auch in Chile werden Massen von verendeten Krebstieren angespült. 2017 und 2018 rätselt die Menschheit über ein mysteriöses Massensterben von Walen, die zu Hunderten an die Strände gespült werden. Auch in anderen Ländern häufen sich die Nachrichten von toten Meeressäugern an den Stränden. Zuletzt das Massensterben der Schwarzdelfine im März 2020 an der Küste von Namibia.

Diese apokalyptischen Horrorszenarien sind kein Auszug aus dem eschatologischen Ökothriller *Der Schwarm* von Frank Schätzing, sondern die erschütternden Fakten eines unheilvollen Jahrzehnts, das in der viralen SARS-CoV-2-Pandemie gipfelt. Eine Pandemie, ausgelöst von einem Virus.

In Schätzings Roman, der bereits 2004 erschien, sind es schwarmintelligente Einzeller aus der Tiefsee, die Menschen und Tiere befallen, manipulieren und töten, sogenannte Yrrs. In der realen Welt aber sind es Viren, die für das Massensterben der Seesterne sowie das der Wale, Delfine, Fische und Krabben verantwortlich sind und schließlich auch den Menschen befallen. Ihre ökologische Rolle in der Tiefsee wird gerade erst erforscht. Dass diese Mikroben bedeutend für die Ozeane der Welt und damit auch für die Menschheit sind, wissen die Forscher allerdings längst. Wann Viren tödlich für die höheren Organismen dieses Planeten werden, ist noch weitgehend unbekannt, aber die Forschungen deuten auf Klimaerwärmung und Zerstörung von Lebensräumen als Auslöser. Kurz gesagt: Wenn das Ökosystem aus dem Gleichgewicht gerät und bedrängt wird, dann schlägt die Virenpolizei zu.

Einen Einblick in die schreckliche Realität einer der verheerenden Epidemien im Tierreich gibt die Seesternforscherin Allison Gong dem Journalisten Nathaniel Rich in einem Interview mit der Zeitschrift *Vice* und erzählt von einem Horrorszenario im Aquarium. Wie in einem Zombiefilm hätten die Tiere sich förmlich selbst zerstückelt, es muss ein grauenvoller Anblick gewesen sein. Gong weiß natürlich genau, dass Seesterne weder Gehirn noch ein zentrales Nervensystem haben. Trotzdem hat die Wissenschaftlerin eine emotionale Bindung zu ihren Schützlingen aufgebaut, begrüßt sie jeden Morgen in den Labor-Aquarien der kalifornischen Universität und pflegt sie liebevoller als manch einer seine Haustiere.

Jahrelang füttert und hätschelt sie ihre marinen Studienobjekte, und nie stirbt ihr einfach so ein Tier weg, bis zum Sommer 2013, als das Densovirus durch »die Tür gekrochen« kam. Als Erstes sah Gong die Ockersterne. Normalerweise sind die Tiere festfleischig und haben eine raue Oberfläche. Aber als sie ihre Schützlinge betrachtet, macht Gong eine grausige Entdeckung. Die Tiere hätten irgendwie »matschig« ausgesehen, erzählt sie. Es sei so schlimm gewesen, dass sie sich kaum mehr traute, die Labortür zu öffnen. Schon am nächsten Tag hatte eines der Tierchen wieder einen Arm verloren, und so ging es immer weiter, bis es ausgesehen hätte wie auf einem Schlachtfeld.

Die Tiere waren übersät mit weißen Flecken, und wenig später traten ihre Eingeweide aus den Läsionen, berichtet die Forscherin. Weitere Arme fielen ab und sollen sich eigenständig durch das Aquarium gewunden haben.

Spillover

Mittlerweile sehen große Teile des pazifischen Meeresbodens zwischen Alaska und Kalifornien aus wie Gongs Labor-Aquarium. Sie und ihre Kollegen sprechen inzwischen von einer Zombie-Apokalypse unter Wasser und von dem weitreichendsten marinen Massensterben, das es je gegeben hat, ausgelöst von einem zunächst unbekannten »Täter«, der eine grausame tödliche Krankheit ausgelöst und verbreitet hat. Im Verdacht stand ein Virus.

Bei 10 Millionen Viren in einem Tropfen Meerwasser gestaltete sich die »Tätersuche« allerdings schwierig. Nach einer wochenlangen akribischen Suche fand das Team um den Mikrobiologen Ian Hewson von der Cornell University schließlich doch noch den Übeltäter, ein sogenanntes Densovirus.

Das Virus gleicht aber keinem der bislang bekannten Densoviren, die vor allem Insekten und Krustentiere befallen. Daher tauften die Forscher den Erreger SSaDV (Sea Star-associated Densovirus). Offensichtlich hat ein mutiertes Densovirus die Artenschranke überwunden, einen Seestern befallen und sich sofort epidemisch ausgebreitet.

Densoviren leben mit ihren Wirten normalerweise in einer friedlichen Koexistenz, genau wie Corona-Viren. Immer mehr Viren aber fühlen sich in ihren Wirten nicht mehr wohl, mutieren und springen auf eine andere Art über. Experten sprechen von einem Infection Spillover, pathogenem Spillover oder *spillover event*, von einem Übertragungseffekt.

Forscher gehen davon aus, dass alle Seuchen, die die Menschheit jemals befallen haben, ursprünglich von Tieren stammen, und sprechen von zoonotischen Übertragungen. Das gab es schon immer, aber in den letzten 50 Jahren haben sich die Ereignisse dieses Übertragungswegs dramatisch verstärkt, und die Menschheit ist dafür verantwortlich.

Intensive Landwirtschaft mit Pestiziden, Antibiotika und Überdüngung, die rasant zunehmende Zerstörung der Regenwälder und sonstiger Urwälder, die Zerstörung der Meere und das ungebremste Bevölkerungswachstum haben die Welt, wie sie einmal war, aus den Angeln gehoben und die Viren quasi entfesselt.

Fast könnte man meinen, das neue Corona-Virus ist noch gnädig mit der Menschheit. Nicht auszudenken, was passieren würde, wenn etwa das Seestern-Densovirus auf Menschen überspringen und sich vermehren würde. Würden auch wir uns, wie diese armen Tiere, erst vor Schmerzen fast selbst zerfleischen und dann in eine breiige Masse auflösen?

In der Biotechnologie spielen Densoviren schon seit Jahrzehnten eine wichtige Rolle. Viele Viren werden als sogenannte Vektoren eingesetzt, als Instrument, um Gene in andere Organismen zu schleusen. Aber auch Insekten, die Krankheiten übertragen, werden Vektoren genannt. Der Wortstamm *vector* kommt aus dem Lateinischen und bedeutet »Reisender, Träger«, in der Biologie und der Medizin werden alle Krankheitsüberträger als Vektoren bezeichnet, von der Mikrobe bis zum Menschen.

Zur sogenannten Vektorkontrolle – *vector control* – haben Bio-
technologen großflächig Moskitos mit Densoviren infiziert. Die
Erreger werden noch mit Gene-Drives als Multiplikatoren ausgestattet und sozusagen als Mikro-Biobomben gegen Mücken und
ihre Larven in die Wildnis geschickt. Die Insekten verbreiten dabei die gegen sie gerichteten Biowaffen selbst. Dabei geht es nicht
nur um einen Versuch, sondern um zahlreiche konkrete Projekte
mit transgenen Densoviren und anderen manipulierten Vektoren,
die auf die Reise geschickt werden.

Falls eines der Projekte aus dem Ruder läuft, wäre es nicht das
erste Mal, dass mit genmanipulierten Moskitos etwas gründlich
schiefgeht. Die ersten Versuche mit transgenen Mücken haben
zwar zunächst große Erfolge gezeigt, aber schon nach wenigen
Generationen waren die Populationen, auf die es die Forscher abgesehen hatten, so groß wie nie zuvor und zum Teil sogar resisten-
ter gegen Pestizide und aggressiver.

Trotzdem wurden im Juli 2019 bei dem im Wesentlichen von
der Bill-Gates-Stiftung finanzierten Projekt »Target Malaria« in
Burkina Faso erneut manipulierte Moskitos in die Wildnis entlassen und mit Viren und Gene-Drives nach der Heil versprechenden neuen CRISPR/Cas-Methode scharf gestellt.

Zwar glaubten die Forscher lange, dass sich Densoviren auf Insekten und Krustentiere beschränken, aber 2016 entdeckten Forscher dann doch ein Densovirus in menschlicher Hirnflüssigkeit
bei einem Patienten mit einer Enzephalitis, einer Hirnhautent-
zündung. Woher das Virus kam, ist unbekannt, und noch scheint
es nicht ansteckend zu sein, aber auch das kann sich noch ändern.
Der plötzliche Sprung auf den Menschen kommt immer häufiger
vor, aber auch von einer Tierart auf die andere.

Die Wahrscheinlichkeit ist groß, dass das Massensterben im
Tierreich, das im Januar 2011 begann, auf eine großflächige virale
Eskalation zurückzuführen ist, nicht allein auf Densoviren. Gut
möglich, dass ausgebüxte Laborviren mit wilden Varianten einen

Teufelspakt geschlossen haben. Vielleicht haben aber auch viral bewaffnete Insektenarmeen den Mikrobenhaushalt der Natur gründlich durcheinandergeworfen. Oder aber die Verstrahlung, Verseuchung und Zerstörung der Umwelt hat inzwischen ein kritisches Maß überschritten und die Virenevolution so beschleunigt, dass die pathogenen Viren immer angriffslustiger werden. Was immer davon zutrifft, die »Frankensteins« unserer Zeit haben längst gezeigt, dass sie im Handumdrehen ein harmloses Virus in ein Killervirus verwandeln können.

Virale Baupläne

Kurz bevor es Anfang 2011 erstmals massenweise tote Vögel vom Himmel regnete, forschte der niederländische Wissenschaftler Ron Fouchier von der Erasmus-Universität in Rotterdam an einem Supervirus, das auch als Biowaffe taugt. Fouchier experimentiert mit dem Vogelgrippevirus H5N1, das normalerweise weder auf Säugetiere noch auf Menschen übertragen werden kann.

Mit nur wenigen gentechnischen Schritten aber schafft der Wissenschaftler es, aus dem harmlosen Vogelgrippevirus ein Killervirus zu konstruieren, das auch Säugetiere infiziert und als Tröpfcheninfektion über die Luft übertragen werden kann. Nicht nur das renommierte Fachmagazin *Science* weist eine Veröffentlichung zunächst zurück, weil die Lektoren die Versuchsbeschreibungen für zu gefährlich halten, auch die niederländische Regierung und ein US-Gremium schalten sich ein.

Fouchier wird beschuldigt, illegal Waffen zu exportieren: Die Regierung wertet die Einsendung des wissenschaftlichen Artikels an das US-amerikanische Fachmagazin *Science* als illegalen Waffenexport und bezieht sich auf eine EU-Verordnung aus dem Jahr 2009, die die Herstellung und Verbreitung atomarer, chemischer und biologischer Waffen verbietet. Auch das US-amerikanische

Gremium für Biosicherheit NSABB (National Science Advisory Board for Biosecurity) erhebt Einsprüche.

Während der Streit in den Niederlanden vor Gericht geht, veröffentlicht Yoshihiro Kawaoka, der sowohl für eine japanische als auch eine US-amerikanische Universität forscht, eine ähnliche Studie bei der Fachzeitschrift *Nature,* aber auch Kawaoka wird von der NSABB zensiert und muss wesentliche Teile der Versuchsbeschreibung streichen.

Den Rechtsstreit gegen seine eigene Regierung verliert Fouchier. Er muss den Artikel zunächst vom Staat genehmigen lassen und darf dann auch nur einen verkürzten Artikel seiner Forschungen veröffentlichen. Zu leicht wäre es für Terroristen, das Virus nachzubauen und mit einem absolut tödlichen und superansteckenden Grippevirus eine weltweite Pandemie auszulösen.

Gleichzeitig experimentiert ein chinesisches Forscherteam mit dem ähnlichen Virus H7N9 und erschafft ebenfalls einen hochgefährlichen Erreger. Es folgte eine weltweite Debatte, an der sich Dutzende Wissenschaftler beteiligten, Medien in aller Welt berichteten über die Killerviren aus den Labors und sowohl Fouchier als auch Kawaoka legen ihre Arbeit für 60 Tage nieder. Die ganze Welt ist nach den brisanten Veröffentlichungen in Aufregung und sollte es eigentlich noch immer sein. Denn um Impfstoffe zu entwickeln, werden im Labor Killerviren gezüchtet, die oft schlimmer sind als die Krankheit, vor der sie schützen sollen. Fouchier wurde als moderner »Frankenstein« berühmt, der in bester Absicht experimentierte, aber eine weltweite Katastrophe hätte auslösen können. Trotzdem scheint der Forscher der Ansicht, dass das, was die Natur tagtäglich mit den Viren anstellt, viel gefährlicher wäre als seine Laborarbeit. Er habe angeblich nur zeigen wollen, wie schnell dieses Grippevirus zu einem Killervirus mutieren könne.

Tatsache bleibt aber, dass das Ergebnis seiner Arbeit ein Erreger war, der als Killervirus eingestuft wurde. Sicher stimmt es, dass in der Natur ständig neue Mutationen entstehen, die mitunter auch sehr gefährlich sein können. Das ist Teil der Evolution, doch wie in *Frankenstein* oder *Jurassic Park* beschrieben, scheint es genug ehrgeizige Forscher zu geben, die vor nichts zurückschrecken und die Büchse der Pandora immer wieder noch neugierig öffnen.

Ein paar Jahre später gerät der Vorfall in der Öffentlichkeit allerdings völlig in Vergessenheit, ebenso wie die angesichts dieser besorgniserregenden Entwicklungen immer wichtiger werdenden Pandemie-Katastrophenpläne der Bundesregierung, die 2012 detailliert ausgearbeitet worden waren, allerdings nicht für eine Pandemie mit einem Grippevirus, sondern mit einem Corona-Virus, ausgehend von China. Spätestens mit der Flüchtlingskrise 2015 gerät die Debatte über nötige Sicherheitsvorschriften für Biowaffen aus Forschungslaboren völlig aus dem Fokus. Offensichtlich ebenso die Vorbereitungspläne für eine Corona-Pandemie, denn so gut wie nichts davon wurde umgesetzt. Papier ist geduldig.

Ungeklärt bleibt weiterhin, ob und welches Virus die Vögel vom Himmel geholt und das Massensterben bei den verschiedenen Tierarten ausgelöst hat, eine virale Eskalation oder ein Designervirus. Längst hätten auch beide zu einer toxischen Mischung fusionieren können, sodass man sich wundern muss, dass die kleinen Zombies nicht schon alles Leben vernichtet haben. Aber nach allen wissenschaftlichen Erkenntnissen entspricht die totale Zerstörung des Wirts ganz und gar nicht dem biologischen Zweck der Viren. Denn dieser ist allem anderen voran die Vermehrung.

Und vermehren können sich Viren nur mit und in ihrem Wirt. Tödliche Killerviren, so die Theorie, verschwinden entweder wieder sehr schnell, oder der Wirt passt sich an und schützt sich mit dem Killervirus gegen Feinde und Konkurrenten. Die Anpassungsphase an den neuen Wirt könnte für einen Teil der Population allerdings auch tödlich enden, so gibt es auch eine Theorie, die Viren für das Aussterben der Dinosaurier verantwortlich macht. Trotzdem war es die Hoffnung bei dem großen Tiersterben, das 2011 einsetzte, dass die Viren wieder verschwinden oder die Wirte sich anpassen würden. Doch dem war nicht so, das Seesternsterben hat sich pandemisch über die Meere der Welt verbreitet, und auch die Vögel bleiben nicht verschont.

Das Schweigen der Vögel

Im Herbst 2018 beginnt erneut das große Vogelsterben. Hunderte Stare fallen in den Niederlanden tot zu Boden, in Australien regnet es tote Fledermäuse, und Dutzende Kakadus fallen blutend vom Himmel. Im Februar 2019 sterben mehr als 20 000 Seevögel auf mysteriöse Weise und werden an die holländischen Küsten gespült. Die Nordseestrände sind daraufhin übersät mit toten und dahinsiechenden Trottellummen, es ist ein Bild des Grauens. Im darauffolgenden Dezember regnet es im englischen Nordwales wieder tote Stare, im Januar 2020 fallen in Australien erneut Tausende tote Fledermäuse vom Himmel, später auch in Israel, im Februar 2020 hagelt es in Florida Leguane vom Firmament, es sind so viele, dass sogar in der Wettervorhersage vor dem »Leguanregen« gewarnt wird. Im März stürzen ebenfalls in den USA erneut mehr als tausend tote Vögel vom Himmel, wenige Tage später mehr als hundert Stare in der Schweiz. Die Lungen der Tiere sind voller Blut.

Experten ringen um vernünftige wissenschaftliche Erklärungen und wollen apokalyptischen Spekulationen zuvorkommen, doch sie liefern keine Ergebnisse. Von Wetterphänomenen über 5G bis Gift stehen alle möglichen Gefahren in Verdacht, die Vögel vom Himmel geholt zu haben. Übereinstimmende wissenschaftliche Analysen gibt es nicht. Nach einem Corona-Virus in den Vögeln sucht offensichtlich niemand. Dabei wird das *Avian Coronavirus* seit Jahrzehnten von Geflügelzüchtern gefürchtet und nicht nur von Veterinärmedizinern erforscht.

Zahlreiche Genlabore experimentieren mit dem Virus und manipulieren die Erbsubstanz von Vögeln. Dieses Corona-Virus ist eine ernsthafte Bedrohung für die Geflügelfarmer, und es gibt noch kein probates Mittel dagegen. Die Symptome bei Vögeln sind ähnlich wie bei Covid-19 bei Menschen. Doch wo der Mensch noch eine Chance hat, endet diese infektiöse Bronchitis meist tödlich für die Vögel. Überlebende Tiere sind kaum mehr reproduktionsfähig.

Als der Schweizer Hobbygeflügelzüchter Reto Buur an einem schönen Morgen im Frühjahr 2013 zum Füttern in den Stall kommt, liegen zwei seiner Hennen röchelnd am Boden und sterben wenig später. Kurz nach dem ersten apokalyptischen Massensterben der Vögel, Fische und anderer Tiere beginnt auch hier im Hühnerstall das große Sterben.

Zunächst hatte Buur einen Schnupfen bei einer seiner Hennen beobachtet, genau wie bei den beiden Tieren, die er im Sommer zuvor gekauft hatte. Bei den beiden neu erworbenen Hennen hatte er schon Symptome festgestellt, wenige Tage nachdem er sie in den Stall zu den anderen Tieren gesetzt hatte. Wenige Wochen später waren die Tiere tot, und das Sterben verbreitete sich im Hühnerstall wie ein Lauffeuer. Jetzt gibt es kaum noch Hoffnung. Manche Tiere überleben, legen aber deformierte Eier mit weichen Schalen, wenige scheinen immun, der Großteil stirbt.

Buur weiß sich nicht mehr zu helfen und bringt ein totes Tier zum Veterinär zur Obduktion und postet seinen Fall in einem Forum für Hühnerzüchter. Der Hobbyzüchter hat sich in der Literatur schon schlaugemacht und tippt auf IB, Infektiöse Bronchitis, verursacht durch das Avian Coronavirus. Seine Follower bestätigen, dass die Symptome eindeutig auf diese ansteckende Krankheit hinweisen.

Wochen später bekommt er das Testergebnis und ist auch nicht schlauer als vorher. Der Corona-Test bringt kein eindeutiges Ergebnis, der Tierarzt hält es trotzdem für wahrscheinlich, dass die

Tiere an der Infektiösen Bronchitis gestorben sind, und empfiehlt, auch die anderen überlebenden Hühner zu töten. Buur hält sich nicht daran und erfreut sich heute noch seiner Hühner, achtete aber darauf, dass sie keinen Kontakt zu anderen Tieren hatten – Hühnerquarantäne sozusagen.

Im Forum wird heiß über die Krankheit diskutiert, das Halbwissen ist groß, und fast alle Hühnerhalter empfehlen die Impfung, die im Gegensatz zur Geflügelpest-Impfung, der ND-Impfung gegen die Newcastle Disease, keine gesetzliche Pflicht ist. Nicht zu verwechseln mit der klassischen Geflügelpest, die durch das Vogelgrippevirus ausgelöst wird. Gegen diese Aviäre Influenza H5N8 darf gar nicht prophylaktisch geimpft werden, weil die Impfung einen selektiven Druck ausüben könnte. Will heißen, dass die Impfung das Virus gefährlicher für den Menschen machen könnte. Bei der aviären Corona-Virus-Impfung gibt es diese Vorbehalte nicht, und der Impfstoff landet literweise in den Trögen der Geflügel-KZs. Das Serum muss zwar über den Tierarzt erworben werden und ist nur in Dosen von mindestens tausend Einheiten erhältlich, entsprechend für mindestens tausend Tiere, dafür aber spottbillig. Die Impfung verabreichen die Züchter selbst, egal, ob Hobbyzüchter oder gewerblicher Massentierhalter.

Das Serum gegen die Infektiöse Bronchitis wird, wie die meisten anderen Geflügelimpfungen, als Lebendimpfstoff einfach ins Trinkwasser gekippt. Wie viel von diesen Vakzinen in die Umwelt geraten, weiß keiner. Schon lange bekannt ist allerdings, dass unprofessionell verabreichte Impfungen oder unvollständiger Impfschutz die Viren aggressiver machen und Mutationen fördern. Das betrifft das Vogelgrippevirus genauso wie das Vogel-Corona-Virus. Beim Vogelgrippevirus ist die Botschaft auch angekommen, beim Vogel-Corona-Virus offensichtlich nicht.

Der holländische Forscher Fouchier hat 2011 bereits eindrücklich demonstriert, wie leicht aus dem Vogelgrippevirus H5N1 ein für den Menschen tödliches Killervirus gemacht werden kann.

Und wie gefährlich diese Virengruppe für den Menschen werden kann, hat sich schon einmal gezeigt. Auch das Virus der Spanischen Grippe H1N1, das fast die halbe Weltbevölkerung auslöschte, geht auf ein Vogelgrippevirus zurück, darin ist sich die Wissenschaft inzwischen einig. Ganz gelöst ist der Fall aber nicht. Trotz modernster gentechnologischer Methoden konnte weder die Infektionskette noch die Ursache für die tödliche Mutation final geklärt werden.

Mutation

Gift

An Giftgas als Auslöser für diese ungewöhnliche Mutation des Vogelgrippevirus, das Ende des Ersten Weltkriegs zum Killervirus wurde, hat offensichtlich noch keiner gedacht, obwohl einige der eingesetzten Kampfstoffe in der Mikrobiologie nicht nur als sogenannte Mutagene bekannt sind, sondern auch breit eingesetzt werden.

Lange bevor die »Frankensteins« unserer Zeit gezielt mit Genscheren operieren konnten, haben sie Mikroben, Pflanzen oder Insekten bestrahlt oder niedrig dosiertem Giftgas ausgesetzt, um Mutationen zu fördern und zu beschleunigen. Mehr als 12 000 Tonnen chemische Kampfstoffe werden im Ersten Weltkrieg eingesetzt, und mehr als eine Million Menschen sterben an den Folgen der chemischen Kampfstoffe. Was der massive Giftgasangriff in der Natur angerichtet hat, wurde nie erforscht.

Später wurde unter anderem Senfgas als Mutagen bei Mikroben in Forschungslaboren eingesetzt. Es ist wohl eher kein Zufall, dass Ende des ersten weltweiten Giftgaskrieges eine verheerende Pandemie durch ein mutiertes Vogelgrippevirus ausgelöst wurde.

Die Kriegszeiten sind Jahrzehnte vorbei, aber es wurde noch

nie in der Geschichte der Menschheit so viel Chemie in die Umwelt gekippt wie heute, ganz abgesehen von Unmengen Antibiotika. Jeder sollte inzwischen die Warnung eines Arztes kennen, dass Antibiotika auf keinen Fall bei einer viralen Infektion eingenommen werden dürfen, da diese Medikamente nur Bakterien killen und das Virenwachstum sogar fördern.

Auf die Felder der industriellen Landwirtschaft werden nach wie vor hochgefährliche mutagene Giftcocktails gesprüht, aber nicht nur das, auch die Gülle der Massentierhaltung. Mit Unmengen von Antibiotika, Impfstoffen, Hormonen und sonstigen Chemikalien werden die Tiere in den Zuchtanlagen traktiert. Die Viren brauchen gar kein Forschungslabor, um »scharf« gestellt zu werden, der Hühnerstall reicht wahrscheinlich als Turbogenerator für Mutationen schon aus.

Wie Senfgas den Organismus schädigt, wurde während des Zweiten Weltkriegs von zwei US-amerikanischen Pharmakologen untersucht. Für das Geheimprojekt setzten Alfred Gilmann und Louis Goodman Kaninchen dem gefürchteten Giftstoff in geringen Dosen aus und stellten fest, dass die Tiere bald einen abnormal niedrigen Pegel an weißen Blutkörperchen aufwiesen. Diese Erkenntnis brachte die Forscher auf eine ganz andere, sehr hilfreiche Idee: Senfgas in der Krebstherapie einzusetzen. Sie spekulierten ganz richtig, dass das Gift das Wachstum der entarteten Zellen hemmen könnte. Frei nach dem Motto: Erst die Dosis macht das Gift.

Nach dem Zufallsfund der beiden Pharmakologen wurde Senfgas als Arzneimittel getestet und ein etwas weniger giftiges Derivat als erstes Mittel für die Chemotherapie zugelassen. Das sogenannte Zytostatikum kam als Stickstoff-Lost auf den Markt und ist bis heute in den USA zugelassen.

Sowohl Lost als auch alle anderen Zytostatika, die seither auf den Markt gekommen sind, hemmen zwar das Tumorwachstum, sind aber selbst auch mutagen und kanzerogen, das heißt, sie fördern die Veränderung des Erbguts und können selbst auch Krebs auslösen. Der Verbrauch an diesen Medikamenten steigt stetig, und immer mehr Rückstände gelangen in die Umwelt. Bei einer Untersuchung fanden Wissenschaftler mehr als 150 verschiedene Spuren dieser Chemotherapeutika in Gewässerproben. Die Auswirkungen auf Stoffwechsel, Erbgut und Fortpflanzung aquatischer Lebewesen sind noch nicht bekannt, die auf Viren und Bakterien stehen überhaupt noch nicht im Fokus der Forschung.

Der Schweizer Hühnerhalter Reto Buur verzichtet lieber auf Medikamente, soweit es geht, und versucht, sich den Umweltgiften zu entziehen. Inzwischen scheinen seine Hühner wieder gesund zu sein, und der Hobbyhühnerzüchter hofft, dass seine Tiere die Infektiöse Bronchitis überstanden haben und nun resistent gegen das Corona-Virus sind.

Genauso wahrscheinlich, wie dass die Spanische Grippe aus einem US-amerikanischen Hühnerstall stammt, ist es, dass auch diese Geflügelkrankheit ihren Ursprung in den USA hat. 1931 beobachtet ein Farmer in North Dakota eine ungewöhnliche Atemnot bei seinen Hühnern, die sich explosionsartig in seinem Hühnerstall ausbreitet.

Die Krankheit greift um sich und verbreitet sich pandemisch über das Geflügel der Welt. Erst in den 1960er-Jahren kann ein Corona-Virus als Übeltäter für diese Infektiöse Bronchitis identifiziert werden, und seither wird intensiv an dem Virus geforscht, und es wurden Impfstoffe entwickelt, die in inflationären Mengen in den »Geflügel-KZs« verteilt werden.

Ein lukratives Geschäft für die Tierpharmaindustrie, die selten im Fokus steht und Milliarden Gewinne einstreicht, obwohl ihre Produkte nur ein Bruchteil der Medikamente und Impfstoffe für die Humanmedizin kosten, auch wenn häufig genau dieselben Wirkstoffe gehandelt werden. Die 1000er-Dosis gegen das Hühner-Corona-Virus kostet gerade einmal fünf Euro.

Trotzdem geht es auch in dieser Branche vor allem um Profite und Patente, und hier kommt wieder Bill Gates ins Spiel. Verschwörungstheoretiker haben gleich nach Ausbruch der neuen Corona-Seuche behauptet, Gates halte ein Patent auf das neue Corona-Virus. Darüber mag man denken, was man will, Patente auf Corona-Viren gibt es aber tatsächlich, und Gates hat über seine Stiftung auch in ein Institut investiert, das ein solches Patent hält.

Das Corona-Patent

Die Verschwörer haben die Fakten allerdings falsch interpretiert. Das von Gates geförderte Institut hält kein Patent an SARS-CoV-2, sondern eines für ein Vogel-Corona-Virus. Nach der Richtigstellung wurde Bill Gates von vielen Medien in Schutz genommen. Für das patentierte Corona-Virus selbst interessiert sich seitdem keiner mehr. Dabei geht es aller Wahrscheinlichkeit nach um die Entwicklung eines neuen Impfstoffs gegen die Infektiöse Geflügelbronchitis. Das Patent hält das britische Pirbright-Institut, in das nicht nur die Gates-Stiftung investiert hat, sondern auch die WHO und die Europäische Union.

Dieses Triumvirat scheint jedweder Aktivität einen Heiligenschein zu verleihen. Dabei ist die WHO schon lange ein zahnloser Tiger, der sich von Big Pharma, Gates sowie weiteren Stiftungen scheinbar vor sich hertreiben lässt. Von Geldgebern, die offensichtlich ihre eigenen Interessen verfolgen und erfolgreich durchsetzen, ihre Beiträge sind stets zweckgebunden.

Direkt haben das Institut und das patentierte Virus sicher nichts mit dem neuen Corona-Virus zu tun. Vielleicht haben aber Überimpfungen in der Massentierhaltung bei Hühnern zu einem Mutationsschub der Geflügel-Corona-Viren geführt und anschließend zu dem gefürchteten Übersprung, dem Spillover, auf den Menschen. Es ist extrem verwunderlich, dass in dieser Richtung überhaupt keine Spurensuche nach dem Ursprung von SARS-CoV-2 stattfindet.

Überhaupt: Die Auswirkungen der Chemie-, Impf- und Antibiotikaflut auf humane Mikroorganismen wurde bisher kaum erforscht. Die Folgen dieser Giftangriffe auf das menschliche und tierische Mikrobiom standen noch nie im Fokus wissenschaftlicher Untersuchungen. Aber alle Indizien weisen darauf hin, dass diese chemischen Attacken die virale Mutation befeuern wie Benzin einen Flächenbrand.

Für Grundlagenforschung steht ohnehin so gut wie kein Geld mehr zur Verfügung. Aber auch bei jeglichem Desinteresse an Zusammenhängen und rein wirtschaftlichem Eifer sollte spätestens jetzt allen Regierungen der Welt klar werden, dass mangelndes Grundlagenwissen auch zu einem finanziellen Totalschaden führen kann.

Doch es gibt auch viele ehrbare Wissenschaftler, die sich nicht den Vorwurf gefallen lassen müssen, dass sie nicht gewarnt hätten. Dazu gehören die polnischen Wissenschaftlerinnen Justyna Milek und Katarzyna Blicharz. Schon lange beschäftigen sich die Biologinnen mit den verschiedensten Corona-Viren und vor allem der Infektiösen Bronchitis bei Vögeln.

In einer wissenschaftlichen Studie warnen sie bereits im Dezember 2018 eindringlich davor, dass die Geflügel-Corona-Viren äußerst mutationsfreudig sind, von Wildtieren auf Haustiere überspringen können und vielleicht sogar auf Säugetiere und den Menschen.

Vögel sind genau wie Fledermäuse ein hervorragendes natürliches Reservoir für Corona-Viren und zahlreiche andere Viren. Wahrscheinlich sind die hohe Stoffwechsel- oder Schwarmaktivität der fliegenden Tiere für die hohe virale Toleranz verantwortlich. Und doch mussten so viele von ihnen sterben. Vielleicht hat »Corona« die Vögel vom Himmel geholt. Das lässt sich jetzt nicht mehr herausfinden, aber Mileks und Blicharz' Hinweis und Warnung nachzugehen, dafür ist es nicht zu spät. Ihr Paper im *Journal of Veterinary Research* endet mit den eindringlichen Worten:

»Wenn Wildvögel verschiedene Corona-Viren aufnehmen können, könnten sie diesen eine exzellente Umgebung für Neuzusammensetzungen bieten, die zu neuen gefährlichen Seuchen für Menschen führen könnten, wie beispielsweise SARS oder MERS-Corona-Viren. Daher sollten Wildvögel dringend weiter und permanent auf das Vorkommen unterschiedlicher Corona-Viren hin untersucht werden.« (Übersetzung IK)

Alles ist möglich im viralen Kosmos, und das wissen die Experten schon seit Jahrzehnten. Die Corona-Viren-Familie bleibt nicht auf Vögel, Fledermäuse und Pangoline beschränkt. SARS wurde wahrscheinlich über die Schleichkatze als Zwischenwirt auf den Menschen übertragen, MERS über Kamele, ganz sicher ist dies jedoch auch nicht bewiesen. Mögliche Übertragungswege gibt es viele. Lebendimpfstoffe werden in die Futtertröge der weltweiten Massentierhaltung geschüttet wie Leckerlis und landen in den Gewässern der Welt. Haus- und Nutztiere sind voller Krankheitserreger, die nur darauf warten, auf den Menschen überzuspringen.

Oft reichen ein, zwei winzige Mutationen, um den tödlichen Kreislauf der Seuche in Gang zu setzen. Das gilt auch für Corona-Viren, die sich ebenfalls in Schweinen und Rindern tummeln und ständig verändern. Mit den Fäkalien der Tiere gelangen die Erreger auf die Felder der Welt. Die von den Bauern umkämpfte Gülle verseucht Flüsse und Meere nicht nur mit Nitrat, sondern auch mit Krankheitserregern und Rückständen von Impfstoffen, Antibiotika, Hormonen und sonstigen Medikamenten.

Was sich lohnt

Inzwischen haben sich auch jede Menge Corona-Viren in Meerestieren eingenistet. Corona wird sozusagen zur realen »Meerjungfrau«, die zwischen den terrestrischen und aquatischen Welten wandelt, einmal vermählt, aber nicht wieder zurückkann, denn im neuen Organismus passt sich Corona als mutierte Variante an.

Im Jahr 2008 entdeckten Forscher erstmals Corona-Viren in Belugawalen, fanden aber keine Krankheitssymptome, was auf eine friedliche Koexistenz schließen lässt. Von wo nach wo das Corona-Meerwesen wandelt, wurde noch nicht erforscht, und entsprechend unbekannt ist die Herkunft dieses Virus. Ein Verwandter hat sich auch bei Delfinen bislang friedlich eingenistet.

Aber nicht nur über die Gülle auf den Feldern landen die Keime in den Gewässern. Darüber, wie viele Corona-Viren und sonstige Pathogene mit den explosionsartig zunehmenden Tiertransporten rund um den Globus in die Weltmeere gelangen, sollte man vielleicht besser gar nicht erst nachdenken. Exkremente von Tausenden Rindern und anderen Schlachttieren, die wie Sardinen in der Büchse in Frachter gequetscht und über die Ozeane geschippert werden, landen tonnenweise in den Meeren. Aber auch die Fäkalien Tausender Menschen, die sich auf Kreuzfahrtschiffen tummeln, belasten die Ozeane – je nach Seegebiet landet das Schwarzwasser auch direkt im Ozean. Gleiches gilt für Essensreste, der Bioabfall darf, fernab den Küsten, geschreddert entsorgt werden. Über die Keime, die ins Meer gelangen, macht sich keiner Sorgen, Hauptsache, der Rubel rollt. Corona hat den Reedereien das Geschäft allerdings ziemlich verhagelt, und die Meere können kurz aufatmen.

Wie sich die Billionen von Viren, die wir der Meeresfauna zumuten, auf die Ozeane auswirkt, bleibt offen. Fakt ist, dass das viral bedingte massenhafte Seesternsterben weitergeht. Bisher gab es noch kein Interesse, diesen Zusammenhang zu erforschen.

Generell sind Viren, die sich in Wildtiere einnisten, ein ziemlich großer blinder Fleck auf der erdumspannenden Landkarte der Wissenschaft. Kommerziell ist die Virenforschung nur im lukrativen human- und veterinärmedizinischen Bereich interessant, alles andere wurde in den letzten Jahrzehnten kaum mehr gefördert.

Diese Forschungspolitik rächt sich gerade bei der verheerenden Corona-Pandemie. Seit Jahren nehmen Zoonosen auffällig zu, also Seuchen, die von Tieren auf den Menschen übertragen werden. SARS, Ebola, MERS, Zika, jetzt SARS-CoV-2, alles neue Virenerkrankungen, Zoonosen, die im Zuge eines Spillover von Tieren auf Menschen überspringen. Alles bekannt, und trotzdem stehen Wissenschaft und Politik vor der Corona-Pandemie wie der Ochs vorm Berg, weil nur noch in kommerzialisierbare Hightechforschung investiert wird.

Virus-Wildtierforschung ist nach wie vor ziemliches Neuland, wird uns in Zukunft aber noch sehr beschäftigen. Die Viren warten nicht auf Forschungsergebnisse, sondern reagieren auf Umweltveränderungen, und zwar beängstigend schnell. Auch Seuchen, die als längst ausgerottet galten, können uns auf diesem Weg in Windeseile wieder befallen, was beispielsweise 2017 den sechsjährigen Ryker Roque aus Florida das Leben gekostet hat.

Der Erstklässler wollte ein Leben retten und starb dabei, wegen eines zunächst harmlos aussehenden Kratzers. Die Tollwut, erzählen die erschütterten Eltern, hätte ihr lebensfreudiges Kind brutal aus dem noch so jungen Leben gerissen. Ryker war anders als die meisten Kinder in seinem Alter, seine Eltern mussten ihn nicht vom Computer weg an die frische Luft holen, der Erstklässler liebte nichts mehr, als die Natur zu erkunden und Abenteuer in der Wildnis zu erleben. Wenn er konnte, rettete er verletzte Tiere und brachte sie mit nach Hause. Das wusste und unterstützte auch sein Vater Henry, der die Tierliebe mit ihm teilte.

So war es nichts Ungewöhnliches, als Henry Roque zur großen Freude seines Sohnes Ryker eine verletzte Fledermaus mit nach Hause brachte. Fachmännisch mit Lederhandschuhen geschützt, setzt Roque das verletzte Tier zunächst in einen Eimer. Dem Sender NBC erzählt der erschütterte Mann, dass er seinen Sohn eindringlich gewarnt hatte und verboten, in den Eimer zu greifen.

Begeistert beugt sich der kleine Junge über den Eimer und beobachtet das verletzte Tier. Henry Roque sieht nicht genau, was sein Sohn macht, aber Minuten später zeigt Ryker seinem Papa einen kleinen Kratzer an der Hand. Der Junge erzählt, dass er nur ganz kurz in den Eimer gegriffen habe. Der Kratzer ist auch nur klein und wäre nicht der Rede wert gewesen, wenn er nicht von einem wilden Tier, vor allem von einer Fledermaus gestammt hätte.

Henry Roque weiß, dass er sofort handeln muss, und schaut zuerst im Internet nach, was zu tun ist. Der besorgte Vater liest, dass er die Wunde fünf Minuten lang mit heißem Wasser und Seife auswaschen muss, was er sofort tut. Zu einem Arzt oder in ein Krankenhaus bringt er seinen Sohn jedoch nicht. Dem Jungen geht es schließlich gut, und die Wunde ist auch nicht entzündet. Aber eine Woche später werden Rykers Finger plötzlich taub, und ihm wird schwindelig.

Als der Junge schließlich ins Krankenhaus kommt, ist die Diagnose schnell gestellt: Tollwut. Für eine Impfung ist es zu spät, wirkungsvolle Medikamente gegen die Krankheit gibt es nicht. Als er in Behandlung kommt, gibt es nur noch eine winzige Überlebenschance für den Jungen. Die Ärzte sedieren den Jungen und behandeln ihn mit verschiedenen Virostatika. Dabei orientieren sie sich an einem Fall, der 2004 Schlagzeilen machte, als eine nicht geimpfte 15-Jährige in Milwaukee an Tollwut erkrankte, aber gerettet werden konnte. Noch nie zuvor war die Heilung eines ungeimpften Tollwutpatienten gelungen. Die Krankheit galt bis dahin als sicheres Todesurteil. Der behandelnde Kinderarzt aber, der selbst noch nie zuvor mit Tollwut zu tun gehabt hatte, kam auf die kreative Idee, die Patientin zu sedieren sowie verschiedene Virostatika miteinander zu kombinieren, und bewahrte das Mädchen so vor dem Tod. Die Methode ging als Milwaukee-Protokoll in die Geschichte ein, konnte Ryker aber nicht mehr retten.

Bis heute bleibt der Ansatz aus Milwaukee aber die einzige Erfolg versprechende Therapie im Kampf gegen die tödliche Seuche, weitere gibt es nicht. Dafür gibt es sehr effiziente Impfstoffe, die allerdings auch sehr kostspielig sind und für die meisten Menschen in Entwicklungsländern wahrscheinlich zu teuer, erst recht für ihre Haustiere. Laut WHO sterben weltweit jedes Jahr 55000 Menschen an Tollwut, und 99 Prozent der Opfer werden durch einen Hundebiss infiziert. Allein in Indien streunen 25 Millionen Straßenhunde durch die Gegend, infizieren und töten jährlich um die 20 000 Menschen mit Tollwut.

In Deutschland gilt die Seuche seit 2008 als ausgerottet. Streunende Hunde werden hierzulande konsequent eingesammelt und in Tierheimen abgegeben, Haustierhalter impfen ihre Schützlinge meist freiwillig. Tollwut ist keine Pflichtimpfung für Haustiere und gehört in Deutschland auch bei den humanen Impfungen nicht mehr zum Standardprogramm. Über die Krankheit informieren nur wenige Hausärzte, obwohl Tollwut in fast allen Urlaubsländern als tödliche Gefahr lauert.

Die Impfung ist nicht nur teuer, sondern auch aufwendig, sie muss mehrfach wiederholt werden und wird von keiner Kasse direkt übernommen. Laut WHO übersteigen die Kosten für präventive Tollwutimpfungen in Entwicklungsländern 1 Milliarde US-Dollar. In Deutschland wurde das letzte für Menschen gefährliche Tollwutvirus 2006 bei einem Fuchs nachgewiesen. Aber ganz von selbst ist das Virus aus deutschen Wäldern nicht verschwunden.

Verdächtige

Füchse waren in Deutschland lange die Hauptüberträger der Tollwut, bis sie mit einer einzigartigen Impfaktion über Jahrzehnte immunisiert wurden. Die Behörden rückten den Füchsen mit sogenannten Impfködern auf den Pelz. Dafür spritzten Veterinäre das Tollwutserum in Fleisch, mit dem die Füchse gefüttert wurden. Das großflächige Programm begann in den 1980er-Jahren, und die Köder wurden vor allem von Kleinflugzeugen in die Wälder geworfen.

Nach dem letzten Tollwutnachweis gab es in Deutschland keinen einzigen Fall mehr, bis auf ein paar illegal importierte, infizierte Hunde. In Sicherheit kann sich trotzdem niemand wiegen. Abgesehen davon, dass das Virus in irgendeinem Wirt trotzdem überlebt haben kann, hat es knapp ein Dutzend Verwandte, die mutieren und auf den Menschen überspringen könnten.

Genau wie für Corona-Viren sind auch für Tollwutviren Fledermäuse das natürliche Reservoir. Etwa ein Dutzend verschiedene Tollwutviren beherbergen die verschiedenen Fledertiere. Auch in Deutschland sind die Tollwutviren nach wie vor in Fledermäusen zu Hause. Zwar sind das nicht die Viren, die für Menschen gefährlich werden, aber das kann sich schnell ändern. Viel zu wenig ist bisher über Fledermäuse als Virenreservoir bekannt, inzwischen haben sich aber einige Forscher »auf die Fledermaus-Viren-Pirsch« begeben.

Ob Viren für den Fledermausregen in Australien und Israel verantwortlich sind, haben die Experten allerdings noch nicht untersucht. Seit einigen Jahren wiederholt sich das Trauerspiel fast jährlich im australischen Sommer. Philippa Schroor ist eine von vielen, die wegen des »Fledermausregens« ihr Haus verlassen musste. Allein auf ihr Grundstück fielen im Dezember 2018 mehr als 5000 tote Fledermäuse.

»Es war wie in einem Horrorfilm«, erzählt die Australierin der *Cairns Post*. Die Tiere seien voller Maden gewesen und der Gestank, der auch in jeden Winkel des Hauses drang, bei über 40 Grad Celsius bestialisch. Dracula lässt grüßen. Vielleicht rebellieren auch die Viren bei der Hitze in ihrem sonst so vertrauten Reservoir.

Anfang 2020, während sich die Augen der Welt auf Wuhan richten und die Fledermaus in Verdacht gerät, die neue Corona-Seuche ausgelöst zu haben, sterben die Flughunde in Australien schließlich in einem noch nie da gewesenen Ausmaß. Während der extremen Buschbrände, die im ganzen Land toben, verenden insgesamt mehr als eine Milliarde Wildtiere, und die Fledertiere fallen vom Firmament wie Hagel bei einem Gewitter, während es auf der anderen Seite der Erde ganz andere Tiere vom Himmel regnet: Leguane in Florida.

Im Januar 2020 ist es ungewöhnlich kalt in dem subtropischen US-Staat, und der Wetterdienst spricht eine ungewöhnliche Warnung aus: Vorsicht, es regnet Leguane vom Himmel. Tausende Tiere fallen stocksteif von den Bäumen auf die Erde und bleiben meist rücklings liegen. Und das nicht zum ersten Mal. Die Reptilien sind in Florida zu einer regelrechten Plage geworden. Eingeschleppt und ausgebüxt oder ausgesetzt, wie die meisten invasiven Arten.

Die Gärten und Parks im Sonnenstaat sind übersät mit diesen Reptilien, die meist auf dem Rücken liegen und alle viere von sich strecken. Doch im Gegensatz zu den Fledertieren, die in etwa zur gleichen Zeit Straßen, Anlagen und Gärten in Australien pflastern, sind die Leguane alles andere als tot. Sobald die Temperaturen wieder nach oben klettern, krabbeln die meisten Tiere davon. Viele Anwohner wollen die erstarrten Reptilien trotzdem so schnell wie möglich aus ihrem Vorgarten loswerden. Doch die Behörden warnen, auch diese Tiere sind voller Viren, die allerlei Krankheiten auslösen können. So genau weiß man das noch nicht.

Reptilienviren sind noch neueres Neuland als die sonstigen Tierviren, trotzdem stehen die Kriechtiere immer schnell im Tatverdacht, so auch bei SARS-CoV-2. Kaum dass China die neue Corona-Epidemie im Januar 2020 offiziell bestätigt hatte, stand kurz nach der Fledermaus auch schon eine Schlange als Zwischenwirt und Überträger im Verdacht, genauer die Chinesische Kobra.

Im 21. Jahrhundert sind Genanalysen schneller erledigt als so mancher Arztbesuch, so auch die RNA-Analyse von SARS-CoV-2. Kaum war die neue Krankheit bekannt, schon war der Gencode geknackt, und der Forscher Wie Ji von der Universität Peking hatte ihn auch flugs mit der Erbsubstanz verschiedener potenzieller Wirtstiere verglichen.

Bereits Ende Januar vermeldet der Wissenschaftler stolz, es würde alles darauf hindeuten, dass das neue Corona-Virus von Schlangen stammt, und nennt konkret zwei Arten der giftigen Chinesischen Kobra. Die würden auch auf dem Wildtiermarkt in Wuhan gehandelt.

Am 24. Januar erobern Jis Forschungsergebnisse die Nachrichtenmagazine der Welt: »Sind Schlangen schuld?« lautet die Schlagzeile. Aber schon wenig später wird es still um den chinesischen Forscher. Zahlreiche Wissenschaftler widersprechen Jis Schlangentheorie und argumentieren, Reptilien als Überträger wären unwahrscheinlich.

Sonderlich wissenschaftlich sind diese Argumente allerdings auch nicht. Zwar ist sehr wenig über Reptilienviren bekannt, aber schon lange fürchten Züchter zahlreiche virale Pathogene, die von Säugetieren auf Reptilien übertragen werden und umgekehrt. In einer Alligatorfarm in den USA starben 2003 mehr als hundert Tiere an der viralen West-Nil-Epidemie, übertragen durch Pferdefleisch, mit dem sie gefüttert wurden.

Es werden auch immer wieder neue Viren in Schlangen und anderen Reptilien entdeckt, es wäre kaum verwunderlich, wenn darunter auch Corona-Viren wären, die bereits in Säugetieren, Vögeln und auch Meeressäugern schon in großer Zahl nachgewiesen wurden. In der Praxis fürchten schon lange viele Ärzte vor allem in den Tropen die viralen Zoonosen, die durch Reptilien übertragen werden.

Jurassic Park

Sehr gut auf solche Ereignisse vorbereitet sind die Mediziner im costa-ricanischen Quepos, einem Ort in der Nähe des Nationalparks Manuel Antonio. Am dortigen Strand lässt der Schriftsteller

Michael Crichton seinen berühmten Bestseller *Jurassic Park* beginnen. Die archaisch aussehenden grünen Leguane, die in Florida von den Bäumen regneten, sind genau dort zu Hause und erinnern auch durchaus an Dinosaurier. Weshalb ich für einen Film über die Natur des Landes auch genau dort drehen wollte.

Anfang der 1990er-Jahre war der Ort noch ein paradiesischer Geheimtipp und in dem heute völlig überfüllten Nationalpark kaum ein Besucher. Der Park liegt direkt am Meer und schließt romantische, traumhafte Buchten ein, der Küstenwald ist voller wilder Tiere, vom Faultier bis zum Ozelot und eben auch voller Echsen und Leguane.

Mit meinem Kameramann versuchte ich den Küstenwald ein wenig so einzufangen, wie ihn Crichton beschrieben hatte, mit den Echsen am Strand und im Gebüsch. Ein großer Leguan tat uns den Gefallen und huschte aus dem Gebüsch an den Strand und starrte uns mit schief gelegtem Köpfchen an.

Die Kamera war längst aufgebaut, und der Leguan starrte und starrte, sehr fotogen, aber für ein Bewegtbild wenig geeignet. Als geduldiger Mensch und erfahrene Biologin wollte ich mich dem Tier keinesfalls nähern, vielleicht ein paar Schwenks und Zooms, bis das Tierchen in Bewegung kam.

Nicht so der Kameramann, ungeduldig und neugierig versuchte er das Tier mit einem Blatt zu locken, dazu zu bewegen, den Kopf zu drehen, was auch gelang.

Trotzdem versuchte ich ihn davon abzubringen – zu spät. Mit einem riesigen Satz sprang der Leguan auf und verbiss sich nicht nur in dem Blatt, sondern der ganzen Hand des Kameramanns.

Wahrscheinlich habe ich in meinem ganzen Leben noch nie so laut geschrien, obwohl mir gar nichts passiert war. Damit hatte ich vermutlich alle Tiere im weiten Umkreis verscheucht, aber keine Menschenseele konnte uns hören. Wir waren mutterseelenallein im Paradies, mit einem »Monster« an der Hand. Das riesige Reptil hing eine gefühlte Ewigkeit an dem Kameramann fest. Als es endlich losließ, schoss das Blut aus der Wunde, und mich rettete nur noch das Adrenalin vor der Ohnmacht, sodass ich wenigstens handeln konnte.

Mit einem Handtuch verband ich notdürftig die Hand, und irgendwie schleppten wir uns mit dem ganzen Kameraequipment langsam zurück zur Ranger-Station. Die Nationalparkwächter fuhren uns sofort ins Krankenhaus nach Quepos.

Die medizinische Versorgung in Costa Rica ist zum Glück hervorragend, und die Ärzte wussten genau, was sie zu tun hatten. Ich erinnere mich noch sehr gut daran, dass der Arzt nach dem Impfpass fragte, der natürlich nicht im Gepäck war, und eine ganze Reihe von Krankheiten aufsagte, die von Leguanen übertragen werden, vor allem virale Infektionen. Das ist jetzt fast 30 Jahre her, und es scheint, als wäre die Wissenschaft in dem Punkt nicht viel weitergekommen.

Die Behandlung war jedenfalls erfolgreich, die Wunde hatte sich weder infiziert, noch traten sonstige Beschwerden auf. Der Fall schien aber schon fast Routine gewesen zu sein. Als wir das Hotel erreichten und der Portier den verbundenen Arm sah, wollte er wissen, was passiert war. Wir erzählten ihm unsere Geschichte, aber noch bevor wir ans Ende gekommen waren, fing der Mann an herzhaft zu lachen.

Das würde öfters vorkommen, meinte er, und das wäre auch Michael Crichton schon aufgefallen. Der wäre öfters nach Manuel Antonio gekommen und hätte das Buch auch hier in seinem Hotel geschrieben. Der Portier erzählte uns, die angriffslustigen »Dinos« aus Manuel Antonio waren nur deshalb so angriffslustig, weil irgendwelche verantwortungslosen Touristen angefangen hatten, die Tiere zu füttern. Dadurch hätten die Leguane ihre Scheu vor Menschen verloren, und das Tier, das uns angegriffen hatte, habe vermutlich nur Fresschen gewollt.

Trotzdem ließen mich der Roman, die Attacke und die virale Gefahr, die von Reptilien ausgeht, nicht mehr los. Oft habe ich mich gefragt, ob Dinosaurier eigentlich auch virenverseucht waren und ihnen vielleicht überhaupt Viren den Garaus gemacht haben. Wer weiß, vielleicht sind die Urzeittiere ja gar nicht durch einen Kometen, sondern durch eine Virenseuche ausgestorben. Immerhin konnten Forscher mithilfe von Dinosaurierknochen inzwischen tatsächlich nachweisen, dass diese Urzeittiere an einer viralen Krankheit litten. Die Zusammenarbeit von Paläontologen und Archäologen mit Virologen ist noch ziemlich neu, kann aber für Pandemiestrategien der Zukunft noch von großer Bedeutung sein.

IMPFUNG

Wettlauf

Alarmstufe Rot

Am 27. Januar 2020 wird der erste Patient in Deutschland gemeldet, der mit dem neuen Corona-Virus erkrankt ist. Vier Tage später, am Samstag, dem 1. Februar, landet eine Maschine aus Wuhan am Frankfurter Flughafen, die von einem großen Empfangskomitee erwartet wird, Vertretern des Frankfurter Gesundheitsamts und der Virologie. Es ist der erste Evakuierungsflug aus dem Krisengebiet in China, im Ausland hat sich die neue Seuche noch wenig verbreitet. Unter den Passagieren sind zehn Heimkehrer, die Symptome der neuen Corona-Epidemie zeigen.

Prof. Sandra Ciesek, die Leiterin der Frankfurter Virologie, zögert keine Sekunde und fährt persönlich zum Frankfurter Flughafen, um selbst die Abstriche für den noch ziemlich neuen Corona-Test durchzuführen. Offiziell sollen nur die zehn Passagiere mit grippeähnlichen Symptomen getestet und isoliert werden.

Ciesek entscheidet, offensichtlich eigenmächtig, anders und will alle Passagiere testen und vorsichtshalber in Quarantäne schicken. Als die Virologin am Flughafen ankommt, stehen schon drei Busse bereit, die die Heimkehrer ins pfälzische Germersheim zur Quarantäneeinrichtung in einer ehemaligen Kaserne bringen sollen.

Unter den Passagieren sind 100 deutsche Staatsbürger, 22 Chinesen, 1 US-Bürger und 1 Rumäne, und alle sind ziemlich erschöpft. Als die Maschine am Samstagnachmittag ziemlich verspätet in Frankfurt eintrifft, haben Crew und Reisende schon eine wahre Odyssee hinter sich. Der Evakuierungsflug hätte in Russland zum Tanken landen sollen, doch Moskau verweigerte den Zwischenstopp, und die Piloten müssen den Flieger nach Helsinki zum Auftanken navigieren.

Ciesek hat keinerlei Befugnis, alle Passagiere zu testen, lediglich die zehn Symptomträger, schafft es aber irgendwie mit profunder Fachkompetenz und charmanter Autorität, alle Wuhan-Rückkehrer bis auf einen von der Notwendigkeit eines Abstrichs zu überzeugen.

Die Virologin hat Erfahrung mit solchen Tests, sie war bereits am 15. März 2003 dabei, als ein vermutlich an SARS erkrankter Arzt aus Singapur in Frankfurt landete und von einem großen Aufgebot an Sicherheitskräften empfangen wurde. Einen SARS-Test hatte ihr Kollege Christian Drosten bereits entwickelt.

Auch bei dem neuen Corona-Virus ist Drosten der Erste, der einen Test entwickelt. Wieder arbeitet er eng mit Ciesek zusamme, als sie fast 20 Jahre später erneut am Flughafen steht. Während wieder Drostens Abstrichstäbchen zum Einsatz kommen, hat die Virologin eine Idee, die alle weiteren Probeentnahmen enorm erleichtern wird.

Zu diesem Zeitpunkt heißt es noch, dass die Abstriche im sogenannten Sputum, also ganz tief im Schlund, durchgeführt werden müssen. Ciesek entscheidet sich jedoch, sowohl im Rachen als auch im Sputum Proben zu nehmen. Diese Proben sind für die Testpersonen viel unangenehmer als der einfache Rachenabstrich und für diejenigen, die die Proben nehmen, auch viel schwieriger. Ciesek hofft auch bei den Rachenabschnitten auf positive Ergebnisse, denn das würde das Testverfahren in Zukunft für alle enorm erleichtern.

Das Ergebnis aber ist erstaunlich. Unter den zehn Verdächtigen ist kein einziger mit dem neuen Corona-Virus infiziert, aber zwei weitere Passagiere, die keinerlei Symptome zeigen, sind es sehr wohl. Cieseks Methode des Rachenabstrichs erweist sich als genauso erfolgreich wie ihr Versuch, das Virus auf menschlichen Zellkulturen zu kultivieren. Eigentlich verdient sie allein dafür einen Nobelpreis, aber die Lorbeeren streichen, wie meistens, männliche Wissenschaftler ein. Die beiden positiv getesteten Patienten werden in der Frankfurter Uniklinik zur Überwachung und genaueren Anamnese eingeliefert und können das Krankenhaus wenige Tage später gesund verlassen.

Wären sofort alle weiteren Einreisenden aus Corona-Krisengebieten so konsequent getestet und isoliert worden, hätte Deutschland sicher kein Pandemieproblem bekommen. Und vielleicht hätte die versierte Virologin auch schon eine Lösung gefunden, wenn sie sofort ausreichend Forschungsgelder und Personal zur Verfügung gestellt bekommen hätte. Stattdessen ist sie auf Stiftungsgelder angewiesen, die bei Weitem nicht ausreichen, um umfangreiche Forschungen durchzuführen.

Die Wirksamkeit gängiger Medikamente gegen das Virus will sie sofort testen, bekommt aber keine ausreichenden Mittel. Nur dank einer Spende über 250 000 Euro von der Quandt-Stiftung kann sie mit dem neuen Virus überhaupt weiterforschen. Ein trauriges und teures Armutszeugnis in Anbetracht der Milliarden, die uns die Pandemie jetzt kostet und die auch von unseren Steuergeldern an die von Bill Gates initiierten Stiftungen Gavi und CEPI fließen.

Dabei haben deutsche Wissenschaftler nicht nur in Windeseile einen Schnelltest entwickelt, das komplette Genom sequenziert, Zellkulturen mit dem Virus angelegt, sie stellen die Ergebnisse auch allen Forschern der Welt zur Verfügung. Das war's dann aber auch schon mit dem Turbo-Erfolg der deutschen Wissenschaft. Denn ohne Forschungsgelder geht es nicht.

Nach diesem Anfangserfolg passiert in Deutschland nicht nur wenig Bahnbrechendes im Kampf gegen das Virus, die Experten empfehlen auch keine konsequente Isolierung, Quarantäne von Rückkehrern aus dem Seuchengebiet. Einreisen kann nach dem

1. Februar jeder aus den damals verschiedenen betroffenen Krisenregionen.

Um es ganz klar zu sagen: Die Ankunft der ersten Evakuierungsmaschine wäre der späteste Zeitpunkt gewesen, die Ausbreitung der Seuche zu stoppen oder zumindest dramatisch zu verlangsamen und einen Shutdown zu verhindern. Ebenso war es der späteste Moment für die Beschaffung von Schutzkleidung in ausreichenden Mengen. Das Versäumnis haben schon zahlreiche Menschen mit dem Leben bezahlt, viele andere haben durch den Shutdown ihre Existenz verloren, und den Steuerzahler wird es noch Milliarden kosten.

Aber es gibt auch einige deutliche Gewinner der Krise. Seit Ausbruch der Pandemie laborieren die Biotechforscher unserer Zeit ohne Unterlass. Eine Schlagzeile vom angeblich großen Durchbruch in der Corona-Impfstoff-Entwicklung jagt die nächste. Von einer Zulassung sind aber alle noch meilenweit entfernt. Nur die Aktien von Big Pharma und Biotechfirmen haben bereits mächtigen Erfolg und profitieren enorm von dem Rat-Race der Impfstoffhersteller. Nicht zum ersten Mal.

Es ist ein milliardenschwerer Wettbewerb, der direkt im Januar 2020 mit dem Ausbruch der Krankheit begonnen hat und bei dem es viele Großgewinner geben wird. Ob auch Patienten dazugehören, wird sich noch zeigen, bei Medikamenten und Impfstoffen geht es heutzutage schließlich vor allem ums Geld.

Wie sollte es auch schneller gehen? Die Entwicklung eines völlig neuen Impfstoffs dauert schließlich Jahre. Großspurige Ankündigungen, bald selbigen zur Verfügung zu haben, waren und sind großer Bluff und dienen einzig und allein dazu, Aktien in die Höhe zu treiben, Förderungen einzustecken oder den Firmenwert aufzublasen. Es sei denn, es werden ethische Tabus gebrochen wie bereits im Mai 2020: die absichtliche Infektion von Menschen mit der Corona-Seuche. Bis dahin noch undenkbar und in vielen Ländern, wie in Deutschland, eine Straftat, beginnt die Testreihe wenige Monate nach dem Ausbruch der Pandemie unter dem wohl-klingenden Namen »Human Challenge Trial« und ist nichts ande-res als eine Reihe gefährlicher Menschenversuche. Es gibt in fast allen Ländern der Erde mehr als genug Menschen, die bereits an Covid-19 erkrankt sind und die freiwillig an einem Erfolg ver-sprechenden Heilmitteltest teilnehmen.

Jedes Medikament wird vor der Zulassung auf diese Weise ge-testet, aber die absichtliche Infizierung mit einer Seuche ist etwas völlig anderes.

Zudem wird auch mit klugen, nicht patentierbaren Methoden oder Mitteln geforscht: In Madagaskar beispielsweise haben die Schulkinder nach dem Shutdown einen Cocktail mit der Heil-pflanze *Artemisia annua* bekommen, der wichtigsten Pflanze im Kampf gegen Malaria. Von der Potsdamer Max-Planck-Gesell-schaft wiederum wird unter Leitung von Prof. Seeberger die Wir-kung der Pflanzenextrakte auf SARS-CoV-2 untersucht, beson-ders die von Artemisinin. In den USA, Frankreich und Deutsch-land wird an der Erfolg versprechenden Kombination von Zink zusammen mit *Chloroquin* oder *Hydroxychloroquin* geforscht, und genau drei Monate nach dem Ausbruch der Krankheit wollen verschiedene Forscher rund um den Globus mit Blutseren von ge-nesenen Patienten gesunde Patienten immunisieren oder Kranke heilen.

Antikörperpoker

Anfang April 2020 herrscht in New York bereits ein absoluter Ausnahmezustand. Die Krankenhäuser wissen nicht mehr, wohin mit den Leichen, die Friedhöfe haben keine Kapazitäten mehr, Urnen sollen in Parks bestattet werden, Ärzte und Kranken-schwestern arbeiten am Limit, es fehlt an allem. Über eine Million Menschen sind inzwischen an dem neuen Corona-Virus erkrankt, mehr als 60 000 Tote sind zu beklagen, aber immerhin mehr als eine Viertelmillion Menschen sind genesen. Menschen, deren Blut Millionen von Antikörpern gegen das neue Corona-Virus enthält.

Es ist der Zeitpunkt, an dem Andrew Cuomo, der Gouverneur von New York, stolz verkündet, dass sie der erste Staat sein werden, der diese Methode im großen Stil einsetzt. Cuomo preist die Immunspende als das Nonplusultra an, als Erleuchtung in der Krise, als Innovation modernster Medizin.

Im Grunde handelt es sich dabei jedoch um eine Heilmethode, die schon seit Jahrtausenden praktiziert wird. Die Körpersäfte von geheilten Patienten immunisieren Gesunde und heilen Kranke. Dieses Prinzip entspricht der Variolation bei Pocken, bei der ebenfalls Gesunde oder bereits Infizierte mit dem Schorf von Pusteln bereits genesener Patienten schon im antiken Ägypten und im alten China inokuliert wurden.

Heute wird nicht mehr mit Schorf, sondern, wie im Fall von Corona, mit dem Blut der Geheilten immunisiert. Damit hätte allerdings Wochen früher begonnen und vielen Patienten viel Leid erspart werden können. Ärzte und Pfleger wären entlastet, Leben vielleicht gerettet und Kosten gespart worden. Aber der Impfpoker war offensichtlich wichtiger.

Blutseren von geheilten Corona-Patienten enthalten aktive Antikörper gegen das Virus, schützen aber nicht lebenslang vor der Infektion, sondern nur ein paar Wochen, solange eben diese immunisierenden Moleküle im Körper zirkulieren. Sogenannte aktive Impfstoffe werden direkt aus dem Virus gewonnen, entweder aus dem lebenden Erreger, der so verändert wird, dass er keine Symptome mehr hervorruft, oder aus abgetöteten Viren.

Sowohl Tot- als auch Lebendimpfstoffe animieren den gesunden Körper dazu, Antikörper gegen dieses spezielle Virus zu bilden, das Rezept dafür speichert der Organismus ab. Kommt es dann tatsächlich zu einer Infektion, erinnert sich der Körper schnell daran und kann sich entsprechend wehren.

Antikörper sind sozusagen »pathogenofizierte« Waffen gegen spezifische Feinde, die uns bedrängen. Die Impfung ist wie eine kleine Vorhut mit zahnlosen Feinden und unscharfen Waffen, die aber als Muster ausreichen, damit unser Verteidigungsheer passgenaue Waffen herstellen kann.

Nach sieben bis zehn Tagen ist die Maschinerie so weit aufgebaut, dass der Organismus die Antikörper in großen Mengen produziert. Nicht bei allen funktioniert die eingebaute »Waffenfabrik« einwandfrei, und die Immunantwort ist zu schwach, dann ist der Körper schutzlos den Angreifern ausgesetzt. Funktioniert das System jedoch einwandfrei, schwimmen bald die Antikörper in rauen Mengen im Blut.

Ohne Impfschutz vermehren sich fremde, unbekannte Krankheitserreger meist zu schnell für unsere Immunantwort, und der Körper reagiert mit Krankheitssymptomen. Dank der modernen Medizin können wir dem System rasch auf die Sprünge helfen.

Viren können heute sehr schnell und in großen Mengen in Zellkulturen oder Eidottern vermehrt werden. Auch SARS-CoV-2 wird seit Monaten auf diese Weise in Biolaboren vermehrt. Und eben mithilfe dieser in Forschungsinstituten gezüchteten Corona-Viren konnten Wissenschaftler irgendwann doch noch ruck, zuck Antikörper und Corona-Tests entwickeln.

Kaum hatte China Anfang Januar 2020 die Gensequenzen veröffentlicht, schon hatte Viruspapst Christian Drosten einen Test parat. Das konnte er aber nur, weil ihm Sandra Ciesek die benötigten Zellkulturen lieferte. Die beiden Professoren sind ein eingespieltes Team, bereits bei SARS-CoV haben sie 2002 auf diese Weise ein Nachweisverfahren entwickelt und forschen seither beide mit Corona-Viren.

Beide arbeiten für staatliche Institute und stellen ihre Ergebnisse der Allgemeinheit zur Verfügung. Doch auch mit diesen Tests lässt sich viel Geld machen, entsprechend viele Medizinhersteller sind auf den Zug aufgesprungen, entwickeln leicht modifizierte

Verfahren und preisen ihre Tests auf dem internationalen Markt inzwischen an wie auf einem Basar. Nicht nur in den USA sprießen schon bald Testkits von zweifelhaften Anbietern völlig unkontrolliert wie Pilze aus dem Boden und vermitteln trügerische Sicherheit. Alles ohne jegliche Kontrolle der völlig überlasteten Behörden.

Kein Wunder, denn WHO-Generalsekretär Ghebreyesus predigt bei dem neuen Corona-Ausbruch wochenlang »Testen, testen, testen« wie das Amen in der Kirche. Das wäre das beste Mittel gegen SARS-CoV-2, verkündet der Generalsekretär geradezu prophetisch. Als würde damit ein einziger Patient geheilt. Ein Nachweistest ist aber alles andere als ein Heilmittel und hilft allenfalls, andere vor Ansteckung zu bewahren.

Der Punkt, bei dem Testen hilft, Kranke gezielt zu isolieren und weitere Infektionen zu verhindern, ist im April 2020 allerdings in fast allen Ländern der Welt längst überschritten. Es sind bereits so viele an Covid-19 erkrankt, dass nur eine Quarantäne aller hilft, was auch fast auf der ganzen Welt mehr oder weniger, nach und nach, praktiziert wird: Shutdown! Die Testergebnisse helfen jetzt vor allem der Statistik, um zu sehen, wie wirkungsvoll diese radikale Maßnahme ist, und um besonders gefährdete Gruppen zu schützen.

Je weiter die Pandemie fortschreitet, desto mehr Testverfahren entwickeln die Institute. Es muss ein sehr lukratives Geschäft sein in Zeiten harter Rezession. Genau wie überall auf der Welt wurden auch in Deutschland während dieser langen kollektiven Quarantäne keinerlei bewährte Medikamente umfangreich auf Covid-19 getestet, und weitere wertvolle Zeit verstreicht mit einem Wettlauf der Testentwickler. Jeder kocht sein Süppchen mit möglichst viel Profit.

In etwa zur gleichen Zeit, als New York die »bahnbrechenden« Maßnahmen der Blutspende zur Serumherstellung ankündigt, beschließt auch Deutschland endlich diesen Schritt. Eine uralte

Methode, mit der spätestens Anfang Februar hätte begonnen werden können.

Gleiches gilt für Medikamente. US-Präsident Donald Trumps täglicher Beitrag zur Lage der Nation während der Krise mutet an wie eine Märchenstunde mit täglich wechselndem Ausgang. Ende Februar erzählt der Präsident noch, dass das Virus im April wie ein Wunder verschwinden würde. Wenige Tage später versammelt er Big Pharma und Biotechfirmen an seinem Tisch, darunter das deutsche CureVac aus Tübingen, und zockt meistbietend auf Impfstoffe.

Mehr als einen ganzen Monat danach, Anfang April, verkündet der Präsident großspurig, dass Hydroxychloroquin, ein Malariamedikament, das Mittel der Wahl wäre, und propagiert, dass es »sehr gute Ergebnisse bringt« und eine phänomenale Sache wäre. Das hätte dem US-Präsidenten mal früher einfallen können. Die klinischen Studien sind gerade angelaufen, als Trump das »Wunder« verkündet, hätten aber schon Monate zuvor beginnen können, das Medikament hat schließlich eine Zulassung, hilft allerdings vor allem in Kombination mit Zink gegen Corona-Viren, das haben Forscher schon 2010 herausgefunden und veröffentlicht.

Big Pharma hatte offensichtlich kein Interesse an den Studien. Keine Firma, die Virostatika herstellt und vertreibt, scheint nach dem Ausbruch der Seuche mit solchen Tests zu beginnen. Der Impf- und Medikamentenpoker ist wesentlich lukrativer, als eingestaubte Medikamente, deren Patente längst abgelaufen sind, aus der Mottenkiste zu holen und auf die Wirksamkeit gegen das neue Virus zu testen.

Wie die Regierungen reagieren, klingt ziemlich verzweifelt und oft ziemlich erschütternd. Vielen Pharmaherstellern geht es um milliardenschwere, patentierbare Medizinprodukte, und auf dem Weg dorthin scheinen sie WHO und Regierungen vor sich herzuscheuchen wie aufgeschreckte Hühner.

Auch bei der Entwicklung von Impfstoffen werden traditionelle Herstellungsverfahren verworfen und gentechnische bevorzugt, das ist nicht allein einem besseren Ergebnis geschuldet, sondern vor allem dem Profit. Gentechnisch hergestellte Seren können alle patentiert und somit monetarisiert werden. Ob sie deswegen wirksamer sind, bleibt fraglich.

Lernen von Ebola

Spätestens bei den großen Ebola-Ausbrüchen seit 2014 in West-afrika hätte klar sein müssen, dass die Resultate der milliardenschweren Impfprogramme nicht unbedingt tauglich sind. Nach zahlreichen Experimenten mit zum Teil fatalem Verlauf griffen die Ärzte schließlich ebenfalls auf Blutspenden genesener Patienten zurück. Zumindest daraus hätte man lernen können.

Die milliardenschweren Forschungsprogramme waren ursprünglich allerdings nicht aufgelegt worden, um den Menschen in Afrika zu helfen, sondern als Abwehrprogramm gegen Biowaffen unter der Bush-Regierung. Nach 9/11 und den Anthrax/Milzbrand-Anschlägen legt der Präsident ein 6-Milliarden-US-Dollar-Programm namens Bioshield auf. Genehmigt werden George W. Bush immerhin 5,6 Milliarden, und vor allem kleinere und mittlere Biotechunternehmen stürzen sich in die Arbeit im Kampf gegen potenzielle Biowaffen wie Pocken, Pest, Anthrax/Milzbrand oder Ebola.

Um Impfstoffe gegen diese Killerkeime zu entwickeln, entstanden seit 2002 zahlreiche neue Biolabore, und bestehende wurden erweitert, nicht nur in den USA, sondern auch in zahlreichen Entwicklungsländern. Einrichtungen, in denen Wissenschaftler mit tödlichen Keimen forschten, sie vermehrten und gentechnisch veränderten und an unzähligen Versuchstieren testeten. Vor allem mit Affen wurde ohne Rücksicht auf Verluste herumexperimentiert. Dabei starben zahlreiche Tiere qualvoll oder leiden bis heute. Isoliert und abgeschottet von der Außenwelt, leben noch heute auf einer Flussinsel vor der westafrikanischen Küste von Liberia Dutzende Versuchstiere, Menschenaffen, die von einem US-Forschungslabor unter anderem mit zahlreichen Viren und Seren für Impftests traktiert worden waren und längst ausgedient haben. Das Labor wurde von der amerikanischen Gesundheitsbehörde inzwischen ebenfalls geschlossen.

Als 2014 Ebola in Westafrika großflächig ausbricht, steht trotz dieser intensiven Forschungen und Versuche weder ein Medikament noch ein Impfstoff zur Verfügung. Scheinbar konnte keines der Institute eine Pharmafirma finden, die ein neues Ebola-Medikament oder Serum dann tatsächlich zur Marktreife bringen wollte. Einige große Firmen hatten zwar Patente erworben, aber keine einzige klinische Studie durchgeführt. Allein für Afrika hätte sich das finanziell für Big Pharma nicht gelohnt.

Das Interesse der Industrie ändert sich schlagartig, als Ende September 2014 der erste Fall in den USA auftritt. Die Aktien der Pharmakonzerne, die Patente erworben haben oder an den Mitteln noch forschen, schnellen in die Höhe. An den Börsen laufen die Wetten auf Hochtouren, welches Unternehmen das Rennen gewinnt, während Thomas Eric Duncan in Dallas um sein Leben ringt.

Am 19. September 2014 steht Duncan in der liberianischen Hauptstadt Monrovia am Flughafen und wird von Ärzten gründlich untersucht. Ein übliches Prozedere in Zeiten von Ebola. Zu diesem Zeitpunkt ist Duncan noch kerngesund. Dass er wenige Tage zuvor geholfen hat, eine an Ebola erkrankte Nachbarin in ein Krankenhaus zu bringen, und dabei hautengen Kontakt mit der Patientin hatte, verrät er nicht.

Duncan kann ohne Probleme ausreisen, und nach einem anstrengenden Flug über Brüssel in die Vereinigten Staaten kommt er schließlich am 20. September in Dallas an. Dort will er endlich, nach 20 gemeinsamen Jahren, seine Verlobte und Mutter seines Sohns heiraten. Doch dazu wird es nicht mehr kommen.

Ohne Probleme kann Duncan in die USA einreisen. Gesund und munter betritt er US-amerikanischen Boden und umarmt seine Lieben, verschweigt aber auch hier den Kontakt zu einer Ebola-Patientin. Kurz darauf zeigt er erste Symptome, und fünf Tage später geht es ihm so schlecht, dass er das Texas Health Presbyterian Hospital aufsucht. Nach einer kurzen Untersuchung schicken ihn die Ärzte wieder zurück nach Hause. Duncan verschweigt noch immer seine Ebola-Hilfsaktion.

Drei weitere Tage später geht es dem Mann so schlecht, dass er mit einem Krankenwagen zurück ins Krankenhaus gebracht werden muss. Am 29. September 2014 liegen die Ergebnisse von Duncans Bluttests vor und zeigen, dass er an Ebola erkrankt ist. Jetzt bekommt er jegliche Hilfe und wird konsequent isoliert. Doch für beides ist es zu spät.

Am 8. Oktober 2014 stirbt Thomas Eric Duncan an den Folgen seiner Ebola-Infektion und hat zuvor zahlreiche Kontaktpersonen angesteckt, die aber alle gerettet werden können, weil bei ihnen sofort nach den ersten Symptomen mit einer antiviralen Therapie begonnen werden konnte. Als Medikament gegen Ebola wurde das Virostatikum *Remdesivir* entwickelt, hat aber noch immer keine Zulassung und wird gerade drauf getestet, ob es auch bei Covid-19 hilft. Mit Hochdruck wurde daran erst nach Duncans Tod gearbeitet. Durch eine konsequente Isolierung der Kontaktpersonen von Duncan konnten damals weitere Infektionen verhindert werden. Aber es ist nicht der einzige Ebola-Fall, der Afrika verlässt.

Ein Mediziner aus Uganda hat mehr Glück als Duncan. Er wird ungefähr zur gleichen Zeit wie Duncan in Dallas in Frankfurt unter größten Sicherheitsvorkehrungen in die Uniklinik eingewiesen. Ein Team von etwa 30 Ärzten kämpft wochenlang rund um die Uhr um das Leben des Patienten und gewinnt den Kampf gegen das Virus nach sieben Wochen. Der Mann kann vollständig geheilt entlassen werden, genau wie zuvor schon ein Ebola-Patient in Hamburg, ein weiterer Infizierter in Leipzig kann nicht mehr gerettet werden.

Der US-amerikanische Arzt David Heymann, der als Mitarbeiter des Seuchenkontrollzentrums CDC bereits 1976 bei dem ersten bekannten Ebola-Ausbruch mitarbeitete, hat einen einfachen Therapievorschlag. Heymann empfiehlt, den Ebola-Überlebenden Blut abzuzapfen, darin wären reichlich Antikörper, und das Serum könnte als Medikament eingesetzt werden. Bereits in den 90er-Jahren wurden acht Ebola-Patienten im kongolesischen Kikwit mit dem Blutserum von Geheilten behandelt, und sieben der Infizierten überlebten.

Der Mediziner ist bei der WHO in einer führenden Position und war das auch bereits bei dem SARS-Ausbruch 2002. Der erfahrene Epidemiologe kennt sich nicht nur mit Ebola und Corona-Viren aus, sondern insgesamt mit Seuchen und Pandemien.

Ganz anders verhält er sich 2020: Als SARS-CoV-2 sich zu einer katastrophalen Epidemie ausweitet und Zehntausende Chinesen bereits erkrankt und Hunderte genesen sind, gibt Heymann offensichtlich keinerlei Anweisungen, Anregungen, Empfehlungen, aus dem Blut der geheilten Patienten Blutserum zu gewinnen. Ganz im Gegenteil, als alle Welt schon von einer Pandemie spricht, beschwichtigt Heymann scheinbar noch, angeblich um Panik zu vermeiden, weil es ja keinen Impfstoff gäbe, und spricht erst am 10. März die Empfehlung aus, Covid-19 als Pandemie einzustufen, die am nächsten Tag von der WHO offiziell verkündet wird. Gerade bei einem neuen Virus hätte die WHO sofort bewährte Maßnahmen ergreifen und umgehende Isolierung und Quarantäne empfehlen müssen.

Geschäft

Zufälle

Am 7. April 2020 verkündet Südkorea schließlich die freudige Nachricht, dass ein 71-jähriger Mann und eine 67-jährige Frau mit dem Blutplasma von geheilten Covid-19-Patienten kuriert werden konnten. Bei beiden hatten alle anderen Therapien versagt. Von Malaria- bis HIV-Medikamenten, die Ärzte hatten bereits einiges ausprobiert, aber erst das Blutserum führte zu einer deutlichen Besserung. Drei Monate Zeit mit fast 100 000 Corona-Toten und fast 400 000 Geheilten, die Blutplasma hätten spenden können, sind bis dahin verstrichen.

Wer die Nachrichten zu dieser Zeit aufmerksam verfolgt, stößt auf einen Zusammenhang, der zumindest aufhorchen lässt. Denn ebenfalls am 7. April verkündet die hessische Firma *Biotest AG,* die seit 2018 im Besitz der chinesischen *Creat Group* ist, dass sie ein Medikament aus Blutplasma entwickelt, das voraussichtlich im Herbst auf den Markt kommen wird. Chinesische Wissenschaftler hatten zwar schon seit dem 23. Januar diese naheliegende Lösung für Covid-19 genauer erforscht und bereits kurz nach dem dramatischen Anstieg der Epidemie in Wuhan mit dem Blut der ersten Genesenen erfolgreiche Studien durchgeführt. Doch bis kurz vor der Verkündung der Biotest AG hatten sie es nicht an die große Glocke gehängt und die Ergebnisse ihrer Forschung erst fast zeitgleich mit den Nachrichten aus Südkorea und Hessen in der renommierten Fachzeitschrift *PNAS* veröffentlicht. Dass Bill Gates ab jetzt behauptet, die Lage könne sich erst wieder normalisieren, wenn ein Impfstoff auf dem Markt wäre, überrascht kaum noch. Denn schon 2010 ruft der Milliardär das Jahrzehnt der Impfstoffe aus, investiert über seine Stiftung 10 Milliarden US-Dollar, hat aber für Heilmittel offensichtlich nichts übrig. Wie praktisch, dass zahlreiche Impfstoffe von Firmen, in die Gates über seine Stiftung investiert hat, schon in greifbarer Nähe zu sein scheinen. Wer schon mal gepokert hat, muss jedem Respekt zollen, der seine Hand so spielt. Darin, wie Monopolstellungen aufgebaut werden, wenn nötig, auch mit bedenklichen Methoden, hat Gates einschlägige Erfahrung. Über die zahlreichen Kartellstrafen der EU in Milliardenhöhe für Gates' Firma Microsoft spricht heute allerdings kaum noch jemand.

Mitten in der Corona-Krise zieht sich der Softwaremilliardär am 14. März 2020 vom Verwaltungsrat seiner Computerfirma zurück, um nach eigenen Angaben mehr Zeit für seine Stiftungen zu haben. Mit massiver Medienpräsenz fordert er jetzt eine weltweite Anstrengung bei der Entwicklung von Impfstoffen für das neue Corona-Virus und eine Verfügbarkeit von mindestens einer Milliarde Impfdosen.

Ganz konkret drängt Gates auch erfolgreich die deutsche Bundesregierung dazu, in die von ihm gegründeten und geförderten Unternehmen und Stiftungen zu investieren. In die von Gates gegründete Impf-Initiative Gavi sind bereits Milliarden deutscher Steuergelder geflossen. Mit seiner provokanten Vorlage bringt Gates die Regierungen in Bedrängnis, allen voran die US-Regierung, die das Gesundheitssystem kaputtgespart hat.

Eigentlich eine Steilvorlage für berechtigte Kritik. Dem Comedian Trevor Noah beispielsweise erzählt Bill Gates aber oft und gerne von seinen Plänen und beantwortet brav seine Fragen in Seelenruhe, vielleicht deshalb, weil er bei dem Moderator stets mit Samthandschuhen angefasst wird und mit keinerlei kritischen Fragen rechnen muss. Eine Beeinflussung muss man gar nicht unterstellen, doch Tatsache ist, dass Gates schon vor mehr als zehn Jahren bei dem Mutterkonzern des Comedy-Senders, der die Show produziert, einige Millionen für sogenannte Bildungsprogramme gesponsert hat.

Anfang April erzählt Gates nicht nur Noah, sondern auch zahlreichen anderen Reportern, dass er Milliarden US-Dollar in sie-

ben verschiedene neue Fabriken vorinvestieren will, die einen
Corona-Impfstoff herstellen sollen, weil Regierungen nur so langsam reagieren könnten, erwartet aber, dass die Staatsgelder anschließend fließen.

Die WHO scheint sowieso gerne ganz auf Gates' Kurs zu sein,
seit die Stiftung der größte private Finanzier ist. Der stramme
»Impfkurs« hat den deutschen Steuerzahler schon einmal Milliarden gekostet.

Bei dem sogenannten Schweinegrippeausbruch vor zehn Jahren war die WHO im Gegensatz zum Corona-Ausbruch sehr
schnell dabei, die Epidemie als Pandemie einzustufen. Vermutlich
von Hausschweinen in Mexiko ausgehend, verbreitete sich damals
das Virus H1N1 in die Welt. Am 12. Juni 2009 erklärt die WHO
den Ausbruch von H1N1 bereits zur Pandemie. Weltweit gibt es
zu diesem Zeitpunkt erst circa 30 000 Fälle in zehn Ländern. Ganz
anders bei dem neuen Corona-Virus. Hier wartet die WHO, bis es
Hunderttausende Fälle in fast allen Ländern der Erde gibt, bis sie
am 11. März 2020 die Seuche endlich zur Pandemie erklärt. Mehr
als 30 000 Fälle in zehn Ländern gab es bereits Anfang Februar
2020.

Auch insgesamt gibt es bei der sogenannten Schweinegrippe-Pandemie nicht mehr Krankheits- und Todesfälle als bei sonstigen Grippewellen, ganz im Gegenteil, die Welle verläuft sogar
deutlich milder als in anderen Jahren. Aber die Angst vor einer
Pandemie im Ausmaß der Spanischen und auch der Asiatischen
Grippe von 1957 sitzt den Experten im Nacken, zahlreiche Impfstoffe werden entwickelt, vorhandene auf diese Grippe getestet.

In ganz Europa starben damals nur 2900 Menschen während
der Schweinegrippesaison 2009/10, weniger als in sonstigen Win-
tern an Grippe. Trotzdem erklärte die WHO die Pandemie erst im
August 2010 für beendet. Deutschland hatte 350 Menschen zu
beklagen, die an dieser Grippe starben, ebenfalls deutlich weniger
als in sonstigen Jahren, was damit erklärt wurde, dass das

H1N1-Virus einen weitaus milderen Krankheitsverlauf auslöst als das verwandte H5N1-Virus, das das neue Virus verdrängte.

In diesem Fall war die Vertreibung des »heimischen Virus« nützlich, der Impfwahn dagegen ein volkswirtschaftliches Desaster. Die WHO hatte für die sogenannte Schweinegrippe die höchste Pandemiestufe ausgerufen, das Robert Koch-Institut empfahl daraufhin der Bundesregierung nicht nur die Impfung der Bevölkerung, sondern die vorsorgliche Beschaffung von Millionen Impfdosen. Ein Milliardengeschäft für die Pharmaindustrie auf Kosten der Steuerzahler.

Noch nicht einmal jeder zehnte Bundesbürger nutzte damals die kostenfreie Impfung, trotz aufwendiger Aufklärungs- und Werbekampagnen, Impfaktionen in Betrieben und Universitäten. Allein im Magdeburger Müllheizkraftwerk Rothensee sollen 196 Paletten mit 16 Millionen Impfdosen vernichtet worden sein. Die Bundesregierung hatte den Ländern empfohlen, für mindestens jeden zweiten Bürger Impfstoff vorrätig zu halten, und die Kosten dafür übernommen. Zwei Jahre später kamen noch die Entsorgungskosten hinzu, aber die waren im Vergleich zu den Milliarden hohen Anschaffungskosten vergleichsweise gering, keine 15 000 Euro sollen es gewesen sein.

Kritik hagelte es damals nicht nur wegen unnötiger Panikmache und verschwendeter Steuergelder, die Impfstoffe wurden ebenfalls vielfach kritisiert. Auch damals hatten sich die Pharmaunternehmen ein Wettrennen um den besten Stoff geliefert, und einige Hersteller hatten die Vakzine mit zusätzlichen Adjuvantien angereichert, die dem Serum zugesetzt werden, um die Wirkung zu verstärken. In die Kritik gerieten dabei vor allem Aluminiumsalze und Quecksilber. Es soll bei der vergleichsweise harmlosen Grippe zu unverhältnismäßigen Nebenwirkungen bei Impfungen gekommen sein.

Die WHO geriet darüber hinaus in die Kritik, weil die Leiterin der Impfstoffabteilung zuvor bei dem französischen Pharma-

unternehmen *Transgene S.A.* beschäftigt gewesen sein soll, der
gemeinsam mit dem Schweizer Konzern *Roche* diese Impfstoffe
herstellte. Sogar der Europarat soll dem Verdacht nachgegangen
sein, dass es ein zu enges Zusammenspiel zwischen WHO und
Pharmaindustrie gab. Die Impfallianz Gavi geriet gleich mehrfach
in die Kritik, im Jahr 2011 wurde von der BUKO (Bundeskoordi-
nation Internationalismus) Pharma-Kampagne angemahnt, dass
Gavi den Zugang zu Impfstoffen für Entwicklungsländer deutlich
verteuern würde, Gleiches hat die Böll-Stiftung recherchiert und
herausgefunden, dass 2014 eine umfassende Impfung für Kinder
68-mal so teuer war wie noch 2011. Eine Preissteigerung, ausgelöst durch Gavi als Zwischenhändler.

Tödliche Versuche

Die Korruptionsvorwürfe waren längst nicht die einzigen Klagen
gegen die WHO, und in Verbindung mit den Beschwerden taucht
auch immer wieder Gates im Visier der Ermittler auf. Unter anderem ließ die indische Regierung im Jahr 2015 die Folgen einer
Massenimpfung untersuchen, die von der Bill & Melinda Gates
Foundation initiiert und von der von Gates begünstigten Organisation PATH (Program for Appropriate Technology in Health)
durchgeführt wurde. Ebenfalls dabei: die Impf-Initiative Gavi
(Global Alliance for Vaccines and Immunization), in die auch
Deutschland inzwischen Milliarden investiert, sowie die WHO,
bei der die Gates-Stiftung und Gavi zu den Hauptgeldgebern gehören.

Vorgeworfen werden den Beschuldigten im Prinzip Menschenversuche mit Todesfolge. Konkret geht es um Impftests mit Mädchen, die in Indien seit 2009 durchgeführt wurden, mit Produkten
von *Merck* und *GlaxoSmithKline*. Die Todesursachen der zahlreichen verstorbenen Mädchen konnten nicht mehr ermittelt werden, die Eltern hatten erst Monate nach dem Tod ihrer Kinder

überhaupt erfahren, dass diese Versuche durchgeführt wurden. Nachgewiesen wurde jedoch, dass die Beklagten Versuche an Zehntausenden Kindern ohne Einwilligung der Erziehungsberechtigten und ohne Aufklärung über mögliche Nebenwirkungen durchgeführt haben. Die indische Regierung hat die Zusammenarbeit mit der Gates-Stiftung inzwischen aufgekündigt. Damals sollen die verklagten Organisationen 16 000 indische Mädchen im Alter zwischen 9 und 15 Jahren mit *Gardasil* von Merck geimpft haben, einem noch nicht zugelassenen Medikament gegen das Gebärmutterhalskrebs verursachende Human Papilloma Virus (HPV). Wenig später erkranken viele dieser Kinder, bekommen Fieber, Blutungen, Krämpfe, und einige sterben. In einer anderen indischen Region werden 14 000 Mädchen mit *Cervarix* von GlaxoSmithKline geimpft, ebenfalls ein Mittel gegen HPV. Das Ergebnis ist ähnlich verheerend, zwei von ihnen sterben. Die beschuldigten Organisationen weisen die Vorwürfe zurück.

Sarita ist eines der Opfer. Als die 14-Jährige in den Ferien nach Hause kommt, geht es ihr nicht gut. Ihre Familie lebt auf dem Land, das Mädchen kann ihre Eltern nur in den Schulferien sehen. Dass es das letzte Mal sein wird, dass ihre Tochter in den Ferien und überhaupt nach Hause kommt, ahnt Ventkatama nicht, als sich ihre Tochter mit Fieber ins Bett legt und bald darauf einschläft. Am nächsten Morgen ist Sarita tot.

Am Totenbett diagnostizieren die Ärzte Malaria, eigentlich nichts Ungewöhnliches in Indien. Die Eltern akzeptieren die Todesursache ohne weitere Rückfragen. Erst Wochen später erfährt die Mutter etwas von einer Impfung, die in der Schule durchgeführt wurde, sie und ihr Mann hatten keine Ahnung von dem Medikamententest. Einem solchen Impfversuch zugestimmt haben sie schon gar nicht. Die Kudumalas trauern und trauen niemandem mehr.

Für die Impfversuche gab es nach den Untersuchungen offenbar weder ordnungsgemäße Einverständniserklärungen noch angemessene Aufklärungen über die Tests. In manchen Schulen sollen sogar die Lehrer oder Schuldirektoren ohne Kenntnis der Eltern die Einwilligung unterzeichnet haben.

Es ist nicht der erste Medikamentenskandal in Indien, und es war auch nicht der letzte. Zahlreichen Berichten zufolge soll die Gates-Stiftung auch für Zehntausende Polioimpfungen verantwortlich sein, die schwerste Lähmungen ausgelöst haben. Die Schluckimpfung gegen Kinderlähmung war in den USA längst verboten, aber bei indischen Kindern wurde der Impfstoff trotzdem getestet. Die indische Regierung hat die Zusammenarbeit mit der Gates-Stiftung und PATH inzwischen aufgekündigt.

Aber auch in zahlreichen anderen Entwicklungsländern schlägt das »Impfimperium« zu. Unter anderem wurde 2018 ein Impfskandal auf den Philippinen öffentlich. Zahlreiche Kinder starben, nachdem sie mit einem Impfstoff, der sie vor Dengue schützen sollte, geimpft worden waren. Nach dem Bekanntwerden der tödlichen Nebenwirkungen stoppte die philippinische Regierung die Impftests sofort. Der Hersteller hatte zuvor die Entwicklung des Medikaments noch als großen Moment in der Geschichte der Medizin angepriesen und hoffte sicher, dass er sich zum Kassenschlager entwickeln würde.

Auch die deutsche Bundeskanzlerin steht voll und ganz hinter der von Bill Gates initiierten und teilfinanzierten Impfallianz Gavi. Im Jahr 2014 sucht Bill Gates die Kanzlerin persönlich auf, um sie von seiner Globalen Allianz für Impfstoffe und Immunisierung zu überzeugen. Im Grunde will Gates unsere Steuergelder und bekommt sie auch. Die Kanzlerin wird nicht nur Schirmherrin der nächsten »Geberkonferenz« von Gavi, sondern öffnet auch die staatliche Schatztruhe großzügig.

In einem öffentlichen Grußwort bekräftigt die Kanzlerin im Dezember 2015: »[…] Gemeinsam können wir die Impfallianz Gavi dabei unterstützen, in den Jahren 2016 bis 2020 300 Millionen Kinder zu impfen und damit zum Schutz von Leben beizutragen. Ge-

meinsam kann es uns gelingen, alle Kinder dieser Erde zu erreichen und ihnen die Chance zu einem gesunden Leben zu geben.«

Es ist nur ein kurzer Auszug aus der offiziellen Grußrede der
Kanzlerin anlässlich der sogenannten Gavi-Wiederauffüllungs-
konferenz. Eine Veranstaltung im Rahmen des G-7-Gipfels, bei
der die Bundesregierung die Präsidentschaft und die Kanzlerin
die Schirmherrschaft übernommen hatte.

Bis heute hält die finanzielle Unterstützung an. Am 23. Januar
2020, an dem Tag, als Peking den Shutdown der chinesischen
Stadt Wuhan bekannt gibt, verkündet die Bundeskanzlerin der
Öffentlichkeit, dass Deutschland weitere 600 Millionen Euro jährlich für die Impfallianz Gavi zur Verfügung stellen wird. Doch es
scheinen noch weitere Gelder da zu sein. Noch am selben Tag verkündet die Bundesregierung eine weitere großzügige Spende an
eine weitere Impf-Initiative von Bill Gates: 90 Millionen Euro für
die 2017 von Gates initiierte europäische Impfallianz CEPI.

Ein weiteres 140-Millionen-Euro-Geschenk für die Gates-Initi-
ative sagt schließlich Bundesforschungsministerin Karliczek am
11. März zu. Diese Forschungsgelder fließen daraufhin zum Teil
in Firmen wie CureVac, in die Gates zufällig gerade investiert hat.
Es sind Forschungsgelder, die unabhängige deutsche Institute
dringend gebraucht hätten. Weitere Zusagen für Gavi und CEPI
gibt es während der sogenannten Europäischen Geberkonferenz
am 4. Mai 2020, insgesamt 7,5 Milliarden Euro, wovon der größte
Etat an diese von Gates initiierten Stiftungen fließen soll, ebenfalls
Milliarden an Entwicklungshilfegeldern.

Versuchskaninchen wird sicher auch wieder die indische Bevölkerung sein. Aber der Widerstand in dem bald bevölkerungs-
reichsten Land der Erde wächst. Vor allem seit die indische Regierung 2005 ein Gesetz geändert hat, das internationalen Konzer-
nen erlaubt, klinische Studien mit Medikamenten durchzuführen,
die noch nie zuvor bei Menschen ausgetestet wurden. Aber der
Markt boomt seither in Indien.

Das Land hat sich mittlerweile zur Apotheke der Welt aufgeschwungen und dem US-Präsidenten Donald Trump während der
Corona-Krise provokativ die Tür vor der Nase zugeschlagen, um
sie dann wieder einen winzigen Spalt zu öffnen. Indiens Präsident
Modi hatte Anfang April die Lieferung wichtiger Medikamente in
die USA komplett gestoppt, darunter das Schmerzmittel *Paraceta-
mol* und das Malariamedikament Chloroquin, auf das der US-Präsident so viel Hoffnung für die Corona-Therapie setzte.

Am 8. April 2020 öffnet Modi »die Tür« seiner Apotheke wieder ein wenig, nachdem Trump auf den Lieferstopp mit Konsequenzen drohte. Modi hat damit vor allem auch der restlichen
Welt demonstriert, wie abhängig alle Länder von der indischen
Medikamentenproduktion sind.

Willkommen in der Zukunft

Doch nicht nur die Inder können sich auf gute Geschäfte zu Zeiten der Pandemie einstellen. Auch Bill Gates treibt mit seinen Ini-
tiativen eine Strategie voran, die in ID2020 gipfelt: eine Organisation, die plant, Impfungen mit der Implantation von Mikrochips
als Identitätsnachweis zu kombinieren, und so einen flächendeckenden Schutz verspricht. Sollte dies Wirklichkeit werden, verspricht es aber ebenso die Kontrolle der gesamten Weltbevölkerung und ermöglicht den Initiatoren nebenbei Milliardengewin-
ne. Beteiligt an dieser neuen Organisation sind unter anderem
Microsoft und Accenture, eines der weltweit größten Unterneh-
mens- und Strategieberatungsunternehmen, knapp 30 Prozent
des Unternehmens sollen Bill Gates gehören.

In Anbetracht von ID2020 lesen sich die Ereignisse im Herbst
2019 und Winter 2020 wie ein fulminanter Endspurt zum Start
dieses neuen Systems. Es beginnt am 19. September 2019 auf der
ID2020-Konferenz mit der pompösen Vorstellung der ersten Erfolge von ID2020, die in Texas mit einem Testlauf mit Tausenden

Obdachlosen beginnt, die gechipt und geimpft worden sein sollen. Darauf folgen weitere Schritte: Ein Abkommen mit Bangladesch, die dortige Regierung soll bereits ihre Bevölkerung für einen flächendeckenden »Freilandversuch« freigegeben haben. Unter den Partnern von ID2020 sind neben Microsoft und Accenture auch Gavi und die Rockefeller Foundation.

Schon kurz darauf folgt am 18. Oktober 2019 das Event 201, die Simulation einer Corona-Pandemie, bei der Gates verkündet, dass mit einer solchen innerhalb der nächsten 18 Monate zu rechnen sei und 65 Millionen Menschen daran sterben würden. Im Dezember 2019 bricht dann das neue Corona-Virus tatsächlich aus und passt perfekt in die Strategie von ID2020. Gates macht keinen Hehl aus seiner Vision und behauptet, damit die Ärmsten der Welt retten zu können.

Dabei scheint das im Grunde nichts anderes als die Ankündigung einer neuen Weltordnung zu sein. Eine Block-Chain-ID für alle in Form eines injizierten Mikrochips, in Kombination mit der Durchimpfung der Weltbevölkerung, auf Kosten der Steuerzahler der Industrienationen, zugunsten von Big Pharma und den Superreichen, die daran beteiligt sind.

Die Industriestaaten werden vehement und charmant dazu gedrängt, massiv in das System zu investieren, die Entwicklungsländer dazu, Versuchskaninchen zu spielen. Die WHO wird von Gates als deren größter Stifter gefördert, was ihm einiges an Einfluss verschaffen dürfte. Die Regierungen fast aller Nationen haben kaum noch eine Alternative dazu, diesem Netzwerk Folge zu leisten. Denn das Corona-Virus schürt ausreichend Angst in den Industrienationen. Die Regierungen stimmen diesen Menschenversuchen mit Weltüberwachungssystem offensichtlich nicht nur zu, sondern bitten den Steuerzahler auch noch kräftig zur Kasse. Die aktuellen Corona-Tracking-Apps wirken dabei wie ein Testlauf für das große Finale und das »Wettrüsten« der Impfindustrie wie der Trommelwirbel für die »Erlösung«: Weltimpfung.

Das ist keine Science-Fiction, das ist Realität, die längst begonnen hat. »Brave New World« ist Kinderkarneval dagegen. Vor dem Ausbruch von Corona hätte das niemand geglaubt, doch es ist nicht das erste Mal in der Geschichte, dass wir uns im Angesicht der Seuche irren.

QUARANTÄNE UND WIRTSCHAFT

Realitäts-Check

Quaranta giorni

Im Jahr 1374 versucht ein Schiff mal wieder vergeblich, in den Hafen von Venedig einzulaufen. Es ist das Zeitalter der Pest. Yersinia pestis, das Pestbakterium, hatte sich mit Flöhen »angefreundet«. Gemeinsam hatten sie es sich gemütlich im Pelz von Schiffsratten gemacht. Die Nager wiederum hatten sich heimlich auf das Schiff von heimkehrenden Kreuzfahrern nach Europa geschlichen.

Doch niemand ahnte, dass in ihrem Fell der Schwarze Tod lauerte. Die Krankheit fürchteten die Menschen damals so sehr wie der Teufel das Weihwasser. In den Jahren 1348/49 waren allein in Venedig Zehntausende Menschen der Pest zum Opfer gefallen. Die Seuche breitete sich wie ein Flächenbrand in atemberaubender Geschwindigkeit über ganz Europa aus.

Auch die Ärzte standen dem Schwarzen Tod fast völlig machtlos und verzweifelt gegenüber. Selbst wenn sie die Dahinsiechenden isolierten und die Leichen verbrannten, verbreitete sich die Seuche weiter. Von Yersinia im Gepäck von Flöhen, versteckt im Rattenfell, ahnten sie nichts. Aber nach einiger Zeit ahnten sie, dass vor allem in Handelsschiffen aus dem Orient der Schwarze Tod lauert.

Als das besagte Schiff 1374 um Einlass in den venezianischen Hafen bittet, ist die Pestwelle zwar bereits wieder am Abflauen, aber der Hafenmeister fürchtet die Pest mehr als alles andere und erteilt dem Kapitän die Anweisung »quaranta giorni« – 40 Tage Isolation.

Bald soll aus »quaranta giorni« der weltweite Begriff Quarantäne geworden sein, die seither immer dann verhängt wird, wenn Schiffe aus fernen Ländern mit gefährlichen Krankheiten kommen. Vor allem wenn auf einem Schiff schon Fälle einer ansteckenden Krankheit gemeldet wurden, wird Quarantäne verhängt. So ist es auch heute noch, auch wenn die Quarantäne keine 40 Tage mehr dauert. So war es auch bei dem Kreuzfahrtschiff Diamond Princess.

Als der Kapitän am 2. März 2020 als Letzter die Diamond Princess im Hafen von Yokohama verlässt, hat der erfahrene italienische Navigator eine wahre Odyssee und eine lange Quarantäne hinter sich, die nicht alle seiner Passagiere und Crewmitglieder überlebt haben.

Während der Kapitän endlich festen japanischen Boden unter den Füßen hat, besuche ich im fernen Deutschland eine Veranstaltung des Frankfurter House of Pharma über Covid-19 und den damals neuesten Stand der Forschung und Gesundheitspolitik.

SARS-CoV-2 hat zu diesem Zeitpunkt schon fast alle Länder der Erde erreicht, trotzdem laufen noch zahlreiche Kreuzfahrtschiffe aus, und Hunderte Deutsche gehen noch an Bord und begeben sich unbeschwert auf Reisen. Zwar sollte spätestens nach der Odyssee der Diamond Princess bekannt sein, dass Kreuzfahrtschiffe sich zu wahren Brutstätten für das neue Corona-Virus entwickeln können und die Häfen die Schiffe zu Recht in Quarantäne schicken, aber das scheint weder die Veranstalter noch die Touristen zu beeindrucken. Vielleicht liegt diese ungebrochene Reiselust auch daran, dass die WHO noch lange nicht von einer Pandemie spricht und entsprechend verharmlosende Empfehlungen an die Mitgliedsstaaten weitergibt.

An diesem 2. März haben sich Vertreter der Bundesregierung erneut mit Experten zusammengesetzt, um sich nach den neuen

Anweisungen der WHO strategisch zu beraten. Darunter auch Prof. René Gottschalk, der Leiter des Frankfurter Gesundheitsamts. Er hält den Corona-Vortrag noch am gleichen Abend, gemeinsam mit der Chefvirologin der Frankfurter Universität, Prof. Sandra Ciesek.

Um 19 Uhr, als der Vortrag beginnen soll, ist der Hörsaal proppenvoll, etwa 250 Teilnehmer aus Medizin und Wissenschaft sitzen dicht gedrängt nebeneinander. Von Mundschutz und Abstandhalten keine Spur.

Ganz im Gegenteil, im Foyer wird schon das Catering für das gesellige Beisammensein im Anschluss aufgebaut. Als die Wissenschaftlerin mit ihrem Vortrag beginnt, sitzt Gottschalk noch im voll besetzten Flieger, auch bei der Krisensitzung in Berlin hockten Experten und Politiker noch dicht beieinander.

Bis Gottschalk eintrifft, hält sich Ciesek vor allem an Fakten aus der Forschung und referiert über ihre Arbeiten mit SARS, MERS und die erfolgreichen Tests bei dem Evakuierungsflug aus Wuhan.

Bis jetzt sind in Deutschland 150 Menschen mit dem neuen Corona-Virus erkrankt, weltweit bereits 90 000 und 45 000 wieder genesen. Weltweit gibt es erst 3000 Todesfälle. Nur einen Monat später werden es über 1,5 Millionen Menschen sein, die an dem Virus erkrankt sind, und mehr als 100 000 Patienten an Covid-19 gestorben sein, doch das ahnen die Wissenschaftler damals nicht.

Eine gute halbe Stunde später erreicht auch René Gottschalk etwas abgehetzt den Hörsaal. Der Leiter des Frankfurter Gesundheitsamts kommt direkt vom Flughafen und mit den neusten Informationen aus Berlin. Es sind gute Nachrichten, die Gottschalk zu verbreiten hat:

Covid-19 sei eine ernst zu nehmende Erkrankung. Eine Pandemie. Gottschalk nimmt das Wort in den Mund, verweist aber gleich darauf, dass die WHO noch anderes behauptet. Die Krankheit habe schon alle Kontinente erreicht und werde die ganze Erde überziehen. Es hieße aber nicht unbedingt, dass sie schwer sein

werde. Zum größten Teil werde sie voraussichtlich sehr milde verlaufen. Bei einer neuen Grippepandemie, wie wir sie zuletzt 2009
erlebt hätten, sähe das ganz anders aus. Mit diesen Worten eröffnet Gottschalk seinen Vortrag.

Um das ernste Thema unterhaltsam zu gestalten, sitzt Herrn
Gottschalk der Schalk wohl im Nacken. Als erstes Bild seiner Prä-
sentation zeigt er einen Schokoriegel, auf dem nicht »Mars«, sondern »SARS« steht. Das Wort hat er sehr künstlerisch im gleichen
Schriftzug wie das Original, nur mit »S« statt mit »M«, gestaltet.
Optisch sehr gelungen, inhaltlich fehlt mir die Fantasie. Die
nächste Folie nimmt dem Abend endgültig die Schwere, die auf
dem Thema lastet.

Für einen kurzen Moment glaube ich, im falschen Film beziehungsweise Vortrag zu sitzen. Auf der Großleinwand schaut mich
der »Terminator« mit durchdringenden Augen an und richtet
sein riesiges Turbogeschoss drohend in meine Richtung. Doch es
sind nicht die Augen von Arnold Schwarzenegger, sondern die
von René Gottschalk, die auf mich hinabblicken. An dem Mediziner ist ein echter Komiker verloren gegangen, liegt vielleicht am
Namen.

So wie Schwarzenegger als Terminator stets als Sieger aus der
Schlacht hervorgeht, so bekommen er und die anderen medizinischen »Kämpfer« jede Pandemie in den Griff, auch ohne Medikamente und Impfstoffe, erklärt Gottschalk seine humoristische
Collage. Vielleicht hat er übersehen, dass *Terminator 6* ein ziemli-
cher Flop war.

Der Mediziner weiß jedenfalls, wie er sein Publikum, fast alles
erfahrene Ärzte und Wissenschaftler, mitreißen und zum Lachen
bringen und vor allem die Angst vor Covid-19 nehmen kann. Mit
seinen Worten will der Leiter des Gesundheitsamts die öffentliche
Aufregung um die Ausbreitung des neuen Corona-Virus SARS-
CoV-2 eindämmen, die nach seiner damaligen Meinung unge-
rechtfertigt ist.

Der öffentliche Gesundheitsdienst sei in der Lage, auch ohne medikamentöse Therapie und ohne einen Impfstoff jede Pandemie zum Stehen zu bekommen, verkündet Gottschalk feierlich und nicht ahnend, wie sehr er sich täuschen wird.

Überhaupt werde viel zu viel Aufregung um ein harmloses Virus gemacht, so Gottschalks Botschaft an diesem Tag. Das entspricht zum damaligen Zeitpunkt auch der Meinung der Bundesregierung, der Expertenkommission, des Krisenstabs und vor allem der WHO.

Wenige Stunden zuvor saß Gottschalk noch mit Gesundheitsminister Spahn und anderen Spitzenpolitikern zusammen sowie mit Koryphäen der Wissenschaft wie Christian Drosten. Ganz folgt Gottschalk der Ansage der WHO allerdings nicht und stuft Covid-19 völlig richtig und zweifelsfrei als Pandemie ein, während die WHO sich noch fast zehn weitere Tage Zeit lässt, in denen es zu Zehntausenden weiteren Corona-Opfern kommt.

Ansonsten hält sich Gottschalk an die Vorgaben der WHO, hält nichts von Mundschutz und erklärt, wie alle Experten und Politiker, Händewaschen zum einzigen Mittel der prophylaktischen Wahl und überhaupt zur einzig nötigen Vorkehrung.

Als Leiter des Gesundheitsamts könne er auch in Grundrechte eingreifen, erklärt er mahnend und gibt zur großen Erleichterung gleich darauf bekannt, dass es zu einem Shutdown nicht kommen wird, obwohl die Gemeinde Heinsberg bereits unter Quarantäne steht. Wir könnten, dürften und wollten nicht so rigide reagieren wie China, verkündet Gottschalk bestimmt, und eine vorsorgliche Schließung von Schulen hält er ebenso für völlig unangebracht und ausgeschlossen, weitere Ansteckungen für unwahrscheinlich.

In der Phase, in der wir uns jetzt befänden, läge die statistische Wahrscheinlichkeit, sich zu infizieren, noch bei nahezu null, fährt der Mediziner in seinem Vortrag mit Überzeugung fort und meint, dass es nur darauf ankäme, die Virusausbreitung etwas zu verzögern, um Zeit zu gewinnen.

Es geht ihm um die Kurve des Pandemieverlaufs, die es abzufla-
chen gilt, damit die Kapazitäten des Gesundheitssystems ausreichen, die Covid-19-Intensivpatienten behandeln zu können. In
dieser Zeit geistert die Kurve täglich durch alle Medien, ob privat
oder öffentlich-rechtlich, ob Print, TV oder in den sozialen Medien. Wie ein Mantra wird es in die Köpfe der Nation gepflanzt:
»Wir müssen die Kurve abflachen.«

Vier Wochen später steckt die ganze Welt in Quarantäne, die
Kurve ist in vielen Ländern längst abgeflacht, doch davon ist in-
zwischen auch keine Rede mehr. Jetzt geht es vor allem um zwei
Dinge: Überwachen und Impfen, mit Apps und Drohnen und
Milliarden Dollar und Euro an Steuergeldern.

Bei dem Vortrag am 2. März 2020 erklärt Gottschalk noch mit
Nachdruck, dass das Virus in erster Linie für ältere Menschen ge-
fährlich sei, aber das wäre die Grippe ja auch. Auf die Frage eines
Mediziners aus dem Publikum, was das neue Corona-Virus im
Vergleich zu einem Grippevirus gefährlich mache, antwortet die
Virologin Sandra Ciesek: »Eigentlich nichts.«

In Anbetracht der Tatsache, dass die Spanische Grippe auch
nur eine Grippe war, kann Cieseks Antwort unterschiedlich ausgelegt werden. René Gottschalks Ausführungen zu SARS-CoV-2
lassen dagegen keine Zweifel daran, dass er und der Krisenstab
der Regierung die ganze Panik um das Virus für völlig übertrieben halten. Die gefühlte Gefahr resultiere vor allem aus der Angst
vor dem Unbekannten und der Angewohnheit mancher Medien,
bevorzugt Experten zu interviewen, die möglichst reißerische
Antworten geben, meint der Leiter des Gesundheitsamts.

Dabei sind es vor allem seine Kollegen, die täglich die Medien
mit ihren Erkenntnissen berieseln und sich behakeln wie Ring-
kämpfer. Drosten steigt als vorläufiger Gewinner aus dem Ring
und wird sogar für den *Grimme Online Award* nominiert. Es spielt
keine Rolle, wie oft und wie sehr sich der »Virenpapst« wider-
spricht, Millionen hängen an seinen Lippen

Gottschalk verabscheut diese Eitelkeiten und folgt trotzdem dem Konsens des Krisenstabs. Anfang März heißt das noch: keine Panik auf der Titanic. Die Botschaft wird frohlockend verkündet, obwohl das Schiff den Eisberg schon längst gerammt hat. Vier Wochen später wollen weder die WHO noch der Krisenstab mehr etwas von dieser Verharmlosung hören, die viel zu lange betrieben wurde.

Panik auf der Diamond Princess

Auf der Diamond Princess ist dagegen die Panik am 2. März 2020 tatsächlich endlich zu Ende. Kapitän Gennaro Arma geht im japanischen Yokohama von Bord und verlässt als Letzter das »sinkende« Schiff.

Gesunken ist die Diamond Princess zwar nur symbolisch, zur tödlichen Falle ist sie für einige dennoch geworden. Nach einer wochenlangen Odyssee und anschließender Quarantäne starben insgesamt elf Passagiere und Mitarbeiter des Kreuzfahrtschiffs an SARS-CoV-2, über 700 erkrankten zum Teil schwer an dem Virus.

Als am 20. Januar in etwa 3700 Passagiere auf dem Kreuzfahrtriesen in dem japanischen Hafen einschiffen, ist die Stimmung noch bestens. Darunter sind auch einige deutsche Gäste, sie alle freuen sich auf eine 14-tägige Vergnügungsreise durch Südostasien. Die neue Corona-Krankheit wird in den Medien zwar schon intensiv diskutiert, ist in den Köpfen aber noch weit weg.

Das Virus hat noch immer keinen eigenen Namen, Thailand, Südkorea und Japan aber bereits erreicht. China meldet an diesem Tag mehr als 200 Krankheitsfälle. Doch davon wollen sich die Passagiere die Stimmung nicht verderben lassen. Es treten wohl alle ihre Reise an, die gebucht hatten. Es gibt auch keine Warnung für die Kreuzfahrer, weder von der WHO, dem Auswärtigen Amt, der japanischen Regierung noch von der Reederei.

Auf der ganzen Welt schiffen noch Hunderttausende Passagiere auf Kreuzfahrtschiffen ein und machen sich keinerlei Gedanken über das Virus. Auch sonst begeben sich an diesem 20. Januar noch Millionen Menschen auf allen Kontinenten der Erde unbeschwert auf Reisen, so wie auch in den darauffolgenden Tagen und Wochen.

Fünf Tage später hat das Virus Europa erreicht, und die Diamond Princess läuft vor Hongkong ein. Ein Passagier fühlt sich an diesem 25. Januar unwohl, er zeigt die typischen Symptome der neuen Corona-Krankheit, von Halsschmerzen, Husten bis Fieber, und macht einen Test. Wenige Tage später ist klar, dass der Mann an dem neuen Corona-Virus erkrankt ist.

Der 80-jährige Patient wird evakuiert und unter Quarantäne gestellt. Bei dieser einen Infektion wird es allerdings nicht bleiben. Noch sind Passagiere, Crew und Reederei optimistisch, aber das ändert sich schnell. Immer mehr Patienten bekommen Fieber und Husten.

Als die Diamond Princess am 5. Februar nach einer Irrfahrt und zahlreichen ablehnenden Häfen wieder in Yokohama anlegt, sind schon einige Dutzend Menschen erkrankt. Nun wird das komplette Schiff sofort unter Quarantäne gestellt.

Einige Infizierte dürfen unter hohen Sicherheitsauflagen und Seuchenschutzmaßnahmen aussteigen und ausfliegen. Die restlichen Passagiere und die gesamte Crew werden auf dem Schiff isoliert, keine 40 Tage, wie einst in Venedig, aber immerhin 14 Tage – zunächst.

Täglich gibt es neue Meldungen von Corona-Kranken. Kein Mitglied der Crew darf das Schiff verlassen, WHO, CDC und die japanische Gesundheitsbehörde geben Quarantäne- und Hygieneanweisungen.

Die Passagiere müssen in ihren Kabinen bleiben, dürfen nur täglich eine Stunde an Deck. Für Gäste mit Innenkabinen ein Albtraum. Über die sozialen Medien erreichen Menschen in aller Welt Horrorszenarien. Es kursieren Bilder von Passagieren mit

Schildern, die um Hilfe bitten. Andere posten verzweifelte Fotos von ihrem »Freigang«, wie bei einem Knastaufenthalt.

Viele sehen nur während dieser einen Stunde das Tageslicht und können sich kaum bewegen. Das Essen wird ihnen vor die Tür gestellt. Zimmerservice gibt es schon lange keinen mehr. Manche Passagiere mit komfortablen Suiten und Außenbalkon erbarmen sich und stellen anderen Gästen ihre Freigangstunde zur Verfügung.

Ansonsten herrscht auf dem Schiff ein Klima der Angst. Es ist eine Blaupause für das, was in der Welt noch passieren wird. Täglich erkranken mehr Menschen auf dem Schiff an Corona, obwohl die zuvor Erkrankten sofort isoliert wurden. Es hilft nichts, die Diamond Princess entwickelt sich immer mehr zu einem tödlichen Inkubator von SARS-CoV-2, wie das Virus seit Anfang Februar genannt wird.

Am 13. Februar sind es bereits über 200 Passagiere, die positiv auf das Virus getestet wurden, besonders angeschlagene Patienten werden von den japanischen Behörden jetzt aus dem Seuchenschiff gerettet. Am 18. Februar, als die Evakuierung offiziell beginnt, sind es weit mehr als 500 Menschen auf dem Schiff, die an Covid-19 erkrankt sind. Verzweifelte Fotos von Gästen kursieren im Netz, von Menschen, die auf Deck wie Häftlinge im Hof spazieren, mit einem Schutz vor dem Mund und der Angst im Nacken.

Zu Beginn der Evakuierung dürfen zunächst nur Gäste das Schiff verlassen, die noch völlig gesund und fieberfrei sind und keinerlei Symptome von irgendeiner Krankheit zeigen. Der Prozess zieht sich hin, und es erkranken immer mehr Menschen, nicht nur Passagiere, auch Crewmitglieder.

Einen Tag später dürfen auch erste erkrankte Gäste an Land gehen. Die Ambulanz wartet bereits im Hafen von Yokohama. Nach strengen Kriterien des Seuchenschutzes können die Passagiere nach und nach ausschiffen und werden zum Teil im Anschluss an Land in Quarantäne gebracht. Die Crew darf die Diamond Princess erst zum Schluss verlassen, auch unter ihnen sind einige erkrankt. Am 21. Februar dann werden die ersten deutschen Ex-Passagiere endlich nach Berlin ausgeflogen.

Die letzte große Party

Auch ich reise an diesem Tag nach Berlin, sitze aber im Zug, wie immer, wenn ich innerhalb von Deutschland reise, dieses Mal habe ich mir allerdings erste Klasse geleistet – wegen Corona. Was zu diesem Zeitpunkt noch viele für hysterisch halten.

Meinen reservierten Sitzplatz aus Leder desinfiziere ich sorgfältig. Desinfektionsmittel habe ich seit dem Corona-Ausbruch stets in der Tasche. Noch interessiert sich kaum jemand außer mir dafür, und die Regale in den Drogeriemärkten sind noch voll mit den desinfizierenden Mitteln unterschiedlicher Hersteller.

Das Abteil ist fast leer, entsprechenden Sicherheitsabstand zu Mitreisenden kann ich problemlos einhalten, zumindest bis zur Ankunft in Berlin. Dort ist Schluss mit Infektionsschutz, die Menschen drängen sich auf dem Bahnhof, schubsen, husten und lachen wie eh und je. Auf weiter Flur scheine ich die Einzige zu sein, die sich Sorgen wegen der neuen Epidemie macht.

Die 70. Berlinale wurde gerade eröffnet, und ich bin an ebendiesem 21. Februar auf dem Weg zu einigen Branchenveranstaltungen, Filmen und Pressekonferenzen. Von Corona ist hier höchstens in der Flasche die Rede, das Bier erfreut sich nach wie vor großer Beliebtheit, von dem angeblichen Börseneinbruch der amerikanischen Bierbrauerei durch die gleichnamige Pandemie ist in den Berliner Kneipen nichts zu spüren, von Corona-Panik schon gar nicht. Es wird gefeiert, bis der Arzt kommt.

Filmemacher, Schauspieler und Kinofans aus aller Welt haben sich in der Hauptstadt versammelt, zwei Wochen lang herrscht Ausnahmezustand in der ohnehin stets pulsierenden Metropole.

In der S-Bahn drängen sich die Menschen dicht an dicht, ich ziehe mir den Schal über Mund und Nase und eile zum Hotel.

Bei einer Filmparty am Abend sind meine Corona-Vorkehrungen chancenlos. Die Gäste stehen so eng beieinander, dass ich kaum die Redakteure finde, mit denen ich sprechen will. Zum Feiern ist mir nicht zumute.

Am nächsten Morgen geht es zu einem Arbeitsfrühstück mit einer italienischen Delegation. In Bella Italia gibt es inzwischen 17 bestätigte Corona-Fälle. Im Berliner Gropiusbau scheint das niemanden zu interessieren. Der Einlass wird zwar streng kontrolliert, allerdings überprüfen die Mitarbeiter nur, ob die Besucher ordentlich akkreditiert sind. Bussi, Bussi und Shakehands, das ist das Mindeste, was an Höflichkeiten ausgetauscht wird, dass dabei auch ein paar SARS-CoV-2-Viren neue Bekanntschaften machen, ist wahrscheinlich. Noch am selben Tag stirbt der erste Europäer an Covid-19, es ist ein Italiener.

Noch viel wilder als in Berlin geht es zur gleichen Zeit im Westen Deutschlands zu: Die Narren sind los. Die 70. Berlinale fällt 2020 genau in die Faschingszeit, und da spielt Corona höchstens als Kostüm oder »lustiger« Umzugswagen eine Rolle.

In den rheinischen Karnevalshochburgen wird gefeiert und geschunkelt, als gäbe es kein Morgen. Eine Gemeinde bekommt anschließend einen besonders heftigen »Kater«: Heinsberg. Ein Ort, von dem die meisten Deutschen noch nie zuvor gehört hatten, schreibt Geschichte, leider keine gute.

Die Karnevalshochburg Heinsberg wird zum Inbegriff für die Corona-Krise in Deutschland. Direkt nach Fasching tauchen die ersten Fälle in der Region auf, und es werden täglich mehr, nicht nur in Heinsberg. Viele Fans reisen in die unter Karnevalisten bekannte Faschingshochburg und kehren mit dickem Kopf zurück. Der kommt aber ausnahmsweise nicht vom karnevalistischen Kampftrinken, sondern von einem Virus, das sich einen neuen Wirt erkämpft.

Feuchtfröhliche Faschingspartys mit engem Körperkontakt sind ein Freudenfest für jedes Virus, für ein hochansteckendes, wie das neue Corona-Virus, aber ganz besonders.

Die Fastenzeit am Aschermittwoch beginnt mit einer ernüchternden Erkenntnis, die so nicht kommuniziert wird: Deutschland hat es versäumt, rechtzeitig und angemessen auf die Krise zu reagieren, Veranstaltungen abzusagen, Einreisende aus Infektionsgebieten konsequent in Quarantäne zu schicken.

Aber nicht nur Deutschland feiert mit Corona feuchtfröhliche Feste. Die Chinesen sagen im Januar das Neujahrsfest trotz Corona nicht ab, die US-amerikanische Jugend feiert noch ausgelassen und trotzig Springbreak und Corona-Partys.

Verlierer

Das Ende der Kreuzfahrten

In Europa reagieren die Italiener als Erstes mit drastischen Maßnahmen, brechen am 23. Februar den legendären Karneval in Venedig vorzeitig ab und erlassen als erstes europäisches Land drastische Quarantänemaßnahmen.

Deutschland ist zu diesem Zeitpunkt noch Wochen vom Shutdown entfernt, aber zumindest das nächste große Event, die Internationale Tourismusbörse ITB, wird am 28. Februar kurzfristig abgesagt. Die weltweit größte Tourismusmesse findet seit 1966 jedes Jahr Anfang März statt, Besucher aus mittlerweile 180 Ländern hatten sich zu diesem Großereignis angemeldet.

Die Absage ist ein Paukenschlag, der eine neue Ära einläutet und erahnen lässt, welche Folgen Corona für die Wirtschaft haben wird. Mailand steht mittlerweile unter Quarantäne, und immer mehr Reisende kehren aus Corona-Krisengebieten zurück in die Heimat. Trotzdem wird an deutschen Flughäfen weder Fieber kontrolliert, noch werden Passagiere auf Corona getestet oder unter Quarantäne gestellt, egal, aus welchem Krisengebiet sie kommen.

Noch kurz zuvor, am Faschingssamstag, dem 21. Februar 2020, als die deutschen Passagiere der Diamond Princess endlich nach Hause fliegen dürfen und ich zur Berlinale reise, haben RKI, Charité und der Krisenstab der Bundesregierung einstimmig verkündet, dass für Deutschland keinerlei Gefahr bestehe. Es sei verständlich, dass das Interesse der Menschen aufgrund der Krankheitsfälle in China groß sei, aber völlig übertrieben, heißt es. Es ist der gleiche Tenor wie bei dem Corona-Vortrag, dem ich knapp zwei Wochen später, am 2. März, an der Frankfurter Goethe-Universität lausche.

Gleichzeitig werden zahlreiche Heimkehrer der Diamond Princess, die angeblich virusfrei waren, unter anderem in Israel, Japan und Australien positiv auf das Virus getestet. Und noch immer schrillen keinerlei Alarmglocken beim deutschen Krisenstab.

Insgesamt sind es weit mehr als 700 ehemalige Passagiere, die positiv auf Covid-19 getestet werden. Die Diamond Princess bleibt nicht das einzige Kreuzfahrtschiff, das sich zur Todesfalle für Passagiere und zum Brutkasten für das Corona-Virus entwickelt.

Trotz der katastrophalen Seuchenentwicklung auf dem Schiff und unzähliger Bilder und Hilferufe verzweifelter Passagiere im Netz, der Absage der Internationalen Tourismusbörse und der Anfang März zunehmenden weltweiten Ausbreitung von Covid-19 laufen in allen Häfen der Welt nach wie vor Kreuzfahrtschiffe jeglicher Größe munter aus, und Passagiere aus aller Welt steigen ohne Vorbehalte munter ein.

WHO-Chef Ghebreyesus warnt immer noch nicht vor internationalen Reisen, spricht zu diesem Zeitpunkt noch beharrlich von einer Epidemie und betont weiterhin ausdrücklich, Covid-19 sei noch keine Pandemie.

Bis auf die damaligen Corona-Krisenherde China, Iran und Italien ermuntern die meisten Regierungen ihre Bürger auch noch zu »business as usual«, denn die reißerischen Medien würden das Bild verzerren.

Reiseveranstalter und Airlines bieten noch keinerlei kostenfreie Stornierungen an, und »Virenschleudern« zu Luft, zu Land und zur See begeben sich auf Reisen durch die Welt.

Von vollgestopften Bussen über dicht besetzte Flugzeuge bis zu Riesenkreuzern mit bis zu 10 000 Menschen an Bord, alles ist noch in Bewegung, vor allem das Virus.

Das Auswärtige Amt hat auch den gut 70 deutschen Passagieren noch grünes Licht gegeben, die am 6. März nach Buenos Aires fliegen und auf der MS Zaandam einschiffen. Die »Traumschiffreise« mit der Zaandam soll einen Monat dauern, um das berühmte Kap Hoorn führen, an der westlichen Küste Südamerikas entlang bis zum Panamakanal und weiter über die künstliche Wasserstraße zurück zum Atlantik nach Norden, bis nach Florida.

Doch daraus wird nichts. Schon kurz nach dem Auslaufen erfahren die Passagiere, dass die Reise verkürzt werden muss, SARS-CoV-2 hat Südamerika erreicht. Die Zaandam will die Reise aus Sicherheitsgründen in Chile beenden, mehr als zwei Wochen früher als geplant. Doch auch daraus wird nichts.

Kurz bevor das Schiff Ushuaia und damit den südlichsten Hafen der Welt erreicht, erfährt die Crew, dass Argentinien alle Häfen geschlossen hat. Im benachbarten Chile sind die Pforten noch offen – eine Chance. Doch schon am nächsten Morgen um 8 Uhr will auch Chile seine Pforten schließen. Der Kapitän der Zaandam beschließt spontan und in Rücksprache mit der Reederei, so schnell wie möglich Chile anzusteuern. Doch zwar erreicht das Schiff sein Ziel rechtzeitig, Chile aber zieht seinen Shutdown urplötzlich vor und lässt das Schiff nicht andocken.

Nach den ersten Corona-Fällen schließen immer mehr süd- und mittelamerikanische Länder ihre Grenzen und Häfen. Die

MS Zaandam wird zum Geisterschiff, das nirgends anlegen darf, weder in Chile noch in einem anderen südamerikanischen Land. Elf Häfen verweigern dem Kreuzfahrtschiff die Einfahrt.

Crew und Passagiere verzweifeln zunehmend, erste Gäste melden Symptome einer Grippe. Der Kapitän hat nur zwei Möglichkeiten: zurück ums Kap oder nach Norden zum Panamakanal. Er entscheidet sich für Letzteres.

Doch auch dieser Rettungsstrohhalm scheint zu knicken. Panama hat längst den Shutdown eingeläutet und will das Kreuzfahrtschiff nicht abfertigen. Mittlerweile gibt es mehrere Corona-Verdachtsfälle an Bord. Die panamaischen Behörden stellen die Zaandam unter Quarantäne.

Fast 1500 Passagiere, die eine Traumreise gebucht hatten, sitzen jetzt eingesperrt in ihren winzigen Kabinen fest und wollen einfach nur noch nach Hause.

Wie auf der Diamond Princess dürfen auch sie noch nicht einmal zum Essen ihr Verlies verlassen, an Deck können sie auch nicht mehr. Die Tage ziehen sich wie Kaugummi, und immer mehr Gäste fühlen sich schlecht. Immerhin hat die Reederei das Internet für alle kostenlos freigeschaltet und großzügig alkoholische Getränke verteilt, aber die Geste hilft nicht, das Trauma zu überwinden.

Während die Zaandam auf Reede vor dem Panamakanal liegt und auf eine Durchfahrtsgenehmigung wartet, nimmt die Seuche erst richtig Fahrt auf, inzwischen sind auch Crewmitglieder erkrankt. Trotz intensivster Verhandlungen bleiben die Behörden hart.

Denn ein Schiff kann nicht einfach durch den Kanal fahren, dafür müssen Lotsen an Bord und in engen Kontakt mit der Crew. Panama fürchtet die Ansteckungsgefahr, während viele Passagiere noch nicht einmal wissen, welche Seuche eigentlich grassiert.

Rückholung

Als am 27. März bereits vier Menschen auf dem Schiff an Co-
vid-19 gestorben sind, postet das Rentnerpaar Eva B. und Jürgen
W. einen anrührenden Hilferuf. Ihre Enkel haben von Deutschland aus bereits eine Hilfskampagne im Netz gestartet. Mit dem
Aufruf versuchen die verzweifelten Enkel, Aufmerksamkeit zu
erregen und vonseiten der Regierung mehr Unterstützung für di-
plomatische Verhandlungen zu bekommen.

Hilfe kommt schließlich vom Schwesterschiff, die MS Rotterdam kommt aus San Diego zu Hilfe. Auf der Rotterdam sind die
meisten Passagiere schon ausgeschifft, das medizinische Personal
wurde aufgestockt und geht jetzt bei der MS Zaandam an Bord.

Das Rentnerpaar wird untersucht und auf die Rotterdam gebracht, die noch seuchenfrei ist. Schon zwei Wochen zuvor hatte
sich das Paar auf die sogenannte Elefand-Liste des Auswärtigen
Amts setzen lassen. Nur wer als Deutscher auf dieser Liste steht,
dem wird auch von offizieller Seite geholfen. Außenminister Maas
hatte angekündigt, dass er alles daransetzen wird, jeden Staatsbürger nach Hause zu holen. Andere Länder haben ähnliche Hilfspakete geschnürt.

Als sie das Schiff wechseln, keimt bei Eva und Jürgen zum ersten Mal seit Wochen wieder ein wenig Hoffnung auf.

Für das Ehepaar A. sieht es dagegen nach wie vor düster aus.
Auch sie müssen sich der medizinischen Untersuchung unterzie-
hen und dann, wie alle anderen Passagiere, auch einen Fragebogen ausfüllen. Später werden sie erzählen, dass sie dabei wohl zu
ehrlich waren.

Nach wochenlanger Isolation, ohne frische Luft und Bewegung,
geht es den Rentnern nicht so gut. Die Beschwerden geben sie auf
dem Fragebogen gewissenhaft an. Fieber oder grippeähnliche
Symptome haben sie keine, trotzdem dürfen sie das verseuchte
Schiff nicht verlassen und müssen weiter in der Kabine ausharren.

Doch ihre Hilferufe haben die Welt erreicht und offensichtlich auch die Behörden von Panama.

Beide Kreuzfahrtschiffe dürfen endlich den berühmten Kanal passieren und begeben sich auf direktem Weg nach Florida. Doch dort sind die Schiffe allerdings ebenso wenig willkommen. Zwar wurde noch kurz zuvor an den Stränden des Sunshine State wild Springbreak gefeiert, aber den beiden Kreuzfahrtschiffen will der Bürgermeister von Fort Lauderdale auf keinen Fall die Hafenein-fahrt gewähren.

Schließlich interveniert der amerikanische Präsident und setzt sich dafür ein, dass die Schiffe einlaufen und die Passagiere evaku-iert werden dürfen.

»Ich werde das tun, was richtig ist, nicht nur für uns, sondern für die Menschlichkeit«, sind Donald Trumps anrührende Worte. Was vielleicht nicht nur der Empathie des Präsidenten geschul-det ist, sondern auch seiner Freundschaft zu Micky Arison, dem Chef von Carnival, der Muttergesellschaft der beiden Kreuzfahrt-schiffe.

Wenige Tage später beginnen die Evakuierungsflüge, und nicht nur das Ehepaar A., Eva B. und Jürgen W. dürfen nach Hause, sondern über 60 weitere deutsche Gäste. Ansonsten werden vor allem US-amerikanische Bürger, aber auch sehr viele Australier endlich nach Hause geholt. Doch das führt zu weiteren diploma-tischen Verwicklungen. Ausgerechnet Australier, deren Heimat-land gerade schwerste Vorwürfe gegen die Kreuzfahrtindustrie an sich und einige Schiffe im Speziellen erhoben hat.

Vor der australischen Küste stapeln sich inzwischen fast die Kreuzfahrtschiffe, genau wie in der Karibik. Die australische Re-gierung beschuldigt die ganze Branche, für die Corona-Krise auf dem Inselkontinent überhaupt verantwortlich zu sein. Die Zahlen sprechen dafür, insgesamt sollen 20 Prozent der Covid-19-Infek-tionen in Australien auf ein Kreuzfahrtschiff zurückzuführen sein.

Bei den Auseinandersetzungen steht auch ein deutsches Kreuzfahrtschiff im Fokus, das vielen Fernsehzuschauern aus der Nach-
mittagsserie *Verrückt nach Meer* bekannt ist: die MS Artania. Die
Passagiere sind inzwischen nicht mehr verrückt nach Meer, sondern eher verrückt auf dem Meer. Die Quarantäne in einer engen
Schiffskabine ohne Gewissheit, wie es weitergeht, kann so manchen in den Wahnsinn treiben.

Während die australischen Behörden sich dafür einsetzen, dass
im fernen Florida ihre Landsleute die MS Zaandam endlich verlassen dürfen, ankert vor der australischen Westküste die MS Artania, und die Australier lassen weder das Schiff in den Hafen
noch die überwiegend deutschen Gäste per Tender von Bord.

Auf dem Schiff sind mindestens sieben Menschen an dem neu-
en Corona-Virus erkrankt, und Mark McGowan, der Regierungs-
chef von Westaustralien, droht wenig diplomatisch, er würde not-
falls die Marine bemühen, falls die Artania die australischen Gewässer nicht verlassen würde.

Dazu kommt es nicht. Einige Verhandlungen später stehen die
Rückholflugzeuge bereit, und die Passagiere dürfen das Schiff verlassen. Allerdings dürfen nur die gesunden Gäste nach Hause fliegen. Dutzende Passagiere sind nämlich inzwischen an Covid-19
erkrankt und müssen in ein Krankenhaus in Perth auf eine Iso-
lierstation. Wenige Tage später stirbt einer der deutschen Passagiere in dem Krankenhaus an SARS-CoV-2.

Reise in den Rückgang

Der Himmel der kurz zuvor noch boomenden Branche verdunkelt
sich zusehends. In der Nähe des australischen Kontinents irren
noch zwei weitere Kreuzfahrtschiffe auf der Suche nach einem Hafen umher. Manche Kapitäne »malen« Herzchen oder ähnlich kreative Symbole bei ihrer ziellosen Route ins Meer. Australien ver-
weigert diesen Schiffen nach wie vor die Einfahrt in den Hafen.

Die Härte und der Groll der Australier ist vor allem der Ruby Princess geschuldet, die wie die Diamond Princess zur US-amerikanischen Reederei Princess Cruises gehört. Das Schiff musste vorzeitig von Neuseeland nach Sydney zurückkehren, weil mehrere Personen über Atembeschwerden klagten. Inzwischen ist ein Passagier verstorben, und mehr als 600 Menschen wurden positiv auf Corona getestet. Am 19. März hatten die fast 3000 Passagiere ohne Quarantäne und gründliche Untersuchung das Schiff verlassen und Corona auf dem australischen Kontinent verbreiten können.

Die Behörden sehen in dem Schiff inzwischen die Keimzelle der Corona-Seuche in Australien. Anfang April führt die australische Polizei eine Razzia auf dem Schiff durch und beschlagnahmt die Blackbox. Es wird geprüft, ob die Crew transparent über die Infektion und die Lage an Bord berichtet habe. Insgesamt sind 15 Passagiere und Crewmitglieder der Ruby Princess an SARS-CoV-2 gestorben.

War die Diamond Princess noch der Anfang vom Untergang der Kreuzfahrtindustrie, so hat die Ruby Princess selbigen besiegelt. Beide Schiffe gehören zu dem größten Kreuzfahrtunternehmen der Welt, der britisch-US-amerikanischen Carnival Corporation.

Zum gleichen Unternehmen gehören auch die MS Zaandam und die MS Rotterdam, ebenso die komplette AIDA-Flotte und zahlreiche andere Linien, darunter auch die australische P&O Cruises, die als Allerletztes die Kreuzfahrten einstellte, und nur auf Druck des Mutterkonzerns.

Die Muttergesellschaft kämpft allerdings noch mit ganz anderen Corona-Problemen. Der drohende Untergang der noch bis vor Kurzem blühenden Branche mit stetem Wachstumszuwachs wird von einem Kurseinbruch begleitet, der einem Erdrutsch gleicht. Zeitweilig verlor die Carnival-Aktie 80 Prozent ihres Werts vom Januar und hat sich bisher nur minimal erholt.

Die Buchungsanfragen halten sich nach zahlreichen Horrorgeschichten von Kreuzfahrtgästen auf Corona-Dampfern mehr als in Grenzen, obwohl die Reedereien ihre Virenschleudern schon wieder kräftig bewerben.

Zwar sagt das Unternehmen vorsorglich alle Reisen bis Ende Juni ab, manche sogar bis November. Ob das Geschäft dann wieder brummt, ist allerdings mehr als fraglich. Für das Meer und all seine Bewohner wäre es ein kurzes Aufatmen, wenn es sich erst einmal ausgebrummt hätte und die Dampfer im Hafen blieben.

Vielleicht schrumpfen dann sogar die Algenberge, die sich auf fast allen karibischen Traumstränden türmen. Experten sind sich darin einig, dass die Braunalgenschwemme durch einen unnatürlichen Nährstoffeintrag hervorgerufen wird. Vielleicht kommt der aber nicht nur von der intensiven Landwirtschaft und der Abholzung des Regenwalds, sondern auch von den schwimmenden Hochhäusern, den riesigen Spaßburgen auf dem Meer.

Bis zu zehntausend Menschen leben zeitweilig an Bord eines einzigen Kreuzfahrtschiffes, das nicht nur Unmengen von Schadstoffen und Schweröl in die Umwelt pustet, sondern auch jede Menge Abfall. Vor allem in der Karibik.

Täglich landen Tonnen von Abwässern und Müll in den Ozeanen der Welt, trotz internationaler Abkommen, die ohnehin oft nur mäßig eingehalten werden. Vor allem besagte Carnival Corporation stand schon mehrfach im Fokus internationaler Müllskandale und wurde 2016 zur Höchststrafe von 40 Millionen US-Dollar wegen illegaler Müllentsorgung im Meer verurteilt.

Die Behörden gehen davon aus, dass diese illegale Entsorgung der Carnival-Schiffe seit 2005 gewohnheitsmäßig gehandhabt wurde, und erlassen zu dem verhängten Bußgeld eine gerichtliche Überwachung durch Inspektoren.

Wegen wiederholter Verstöße gegen die Auflagen wird Carnival 2019 erneut zu 20 Millionen US-Dollar verurteilt. Zu weiteren Verstößen wird es wohl so schnell nicht kommen, bis auf ein paar

Schiffe, die noch auf den Weltmeeren herumirren, sind die Traum- oder Albtraumschiffe erst einmal angekettet.

Vorwiegend in der Karibik liegen die einstigen Traumschiffe jetzt auf Reede. Registriert ist die Corporation in Panama und zahlt entsprechend keine Steuern auf Geschäfte, die außerhalb des Landes getätigt werden, was wohl auf alle Buchungen zutrifft. Aber auch die vermeintlich deutschen Schiffe haben längst ausgeflaggt, gehören zu einer anderen Muttergesellschaft und sind kaum besser, was die Umweltzerstörung betrifft. »Schiffe ausgeflaggt und Gewinne eingesackt« scheint die Devise der Reedereien zu sein.

AIDA gehört ohnehin schon länger zur Carnival-Gruppe, aber auch die renommierte Hapag Lloyd Cruises ist schon lange nicht mehr selbstständig und gehört zu TUI Cruises. Die wiederum haben aber die Hälfte ihrer Flotte an den Carnival-Konkurrenten Royal Caribbean veräußert, und zwar zwei Tage nachdem die Diamond Princess in Japan unter Quarantäne gestellt wurde und das neue Corona-Virus sich schon auf den Weg gemacht hat, die Welt zu erobern.

Die Luxusliner der HL-Flotte gehören seither zur Hälfte einem Unternehmen mit Sitz in Monrovia, Liberia, an der afrikanischen Westküste, einer der größten und kriminellsten Steueroasen der Welt. Ausgeflaggt waren die Schiffe schon lange, der deutsche Fiskus wäre ziemlich leer ausgegangen und die Aktionäre glücklich, wenn Corona nicht gewesen wäre. Auch diese Aktie brach zeitweise um 80 Prozent ein und erholt sich kaum.

Die ganze Reisebranche gehört weltweit zu den größten Verlierern der Corona-Krise. Auch die TUI-Aktie legte nach Beginn der Krise einen Sturzflug hin und verlor innerhalb von wenigen Wochen zeitweise ebenfalls 80 Prozent an Wert. TUI ist die zweite Muttergesellschaft der Luxusliner, zu denen die teuersten Kreuzfahrtschiffe der Welt zählen, darunter die MS Europa und die Hanseatic Nature. Erst als der deutsche Fiskus das Säckel öffnet und ein Milliarden-Rettungspaket verspricht, erholt sich der Kurs ein ganz klein wenig.

Dabei ist TUI auch schon lange nicht mehr das, was es einmal war: ein deutscher Reisekonzern. Auf der einen Seite zieht Richard D. Fain, der US-amerikanische CEO von Royal Caribbean, die Fäden, auf der anderen Seite der russische Oligarch Alexei Alexandrowitsch Mordaschow, der gut 25 Prozent der gesamten TUI-Aktien hält. Zur Rettung des Konstrukts nach dem Corona-Kursrutsch zahlt der deutsche Steuerzahler ein 1,8 Milliarden schweres Rettungspaket an den Konzern.

Absturz

Das hätte sich die Kassiererin von Schlecker auch einst gewünscht, als die Drogeriekette pleiteging. Die Aussichten für TUI und die gesamte Reisebranche sind trotz der Finanzspritze, die TUI bekommen hat, nicht gut, und genauso düster sieht es für viele andere Reiseanbieter aus, vor allem kleine Firmen. Die geschnürten Hilfspakete für diese Unternehmen sind vergleichsweise mager und dafür mit großen Hürden verbunden.

Am Frankfurter Flughafen werden im April gar 97 Prozent weniger Gäste gezählt als im Jahr zuvor. Fast die gesamte Lufthansa-Flotte ist am Boden. Ferienflieger Condor war schon vor der Corona-Krisa in Schieflage geraten und hatte bereits einen 370-Millionen-Kredit von der KfW erhalten. Mit dem Verkauf an die polnische LOT sollten die Schulden zurückgezahlt werden, doch durch die Krise ist der Deal geplatzt.

Die einstige Lufthansa-Tochter steht vor dem Aus, wenn der Staat dem Ferienflieger nicht noch einmal unter die Arme greift, und das steht wohl außer Frage, nachdem die TUI mit dem Konkurrenten TUI fly schon so großzügig unterstützt wurde. Auch die einst so stolze Lufthansa wird ohne staatliche Hilfe nicht überleben. Bei einem Kredit wird es sicher nicht bleiben, und es wäre nicht das erste Mal, dass die renommierte Fluglinie mit Staatsbeteiligung die Luft erobert.

Nach der Reanimierung der Fluggesellschaft in der Nachkriegszeit und Gründung der Deutschen Lufthansa AG in den 1950er-Jahren war die Gesellschaft bis 1963 vollständig in Staatsbesitz. Seit Mitte der 2000er hat die Lufthansa zahlreiche weitere Fluggesellschaften übernommen, die jetzt mit in der Corona-Krise stecken, wie Swiss, Austrian oder Brussel Airlines, die weniger gut zu deutschem Staatsbesitz passen.

Die bitteren Früchte des Turbokapitalismus und des Expansionswahns mit immer mehr Zukäufen und Verschachtelungen werden während der Corona-Krise geerntet. Über zahlreiche Firmen muss der deutsche Steuerzahler jetzt einen Rettungsschirm ausbreiten, dessen weitverzweigte Anhängsel er sicher nicht retten will, schon gar keine russischen Oligarchen.

Es ist eine sehr harte Landung, zu der Corona die Welt gezwungen hat, wovor viele die Augen zunächst verschlossen und wie beim russischen Roulette immer weitergespielt haben, wohl wissend, aber ignorierend, dass der große Knall bald kommen wird.

Vor allem im sich immer schneller drehenden Tiroler Skizirkus hatte man den Knall erwartet oder hätte ihn zumindest erwarten müssen. Die Horrorbilder von Leichenbergen aus dem benachbarten Italien dürften auch den Österreichern nicht entgangen sein. Aber spätestens als die weltgrößte Tourismusmesse Ende Februar wegen der zunehmenden Ausbreitung des neuen Corona-Virus abgesagt wurde, hätten auch die Tiroler den Warnschuss hören müssen.

Doch dort galt allen Warnungen zum Trotz noch Anfang März: feiern, bis der Arzt kommt. Vor allem in einem Ort wurden sämtliche Warnungen in den Wind geschlagen: Ischgl.

Das Ski- und Partyparadies wird als Virenschleuder Europas in die Geschichte eingehen, und die Behörden werden sich noch lange fragen, ob sie nicht doch früher hätten reagieren sollen.

Lange war Ischgl ein Inbegriff für traumhafte Pisten, Après-Ski und Hüttengaudi. Anfang März sind die Hütten und Pisten noch gerammelt voll und die Stimmung bombig. Niemand denkt oder will an das benachbarte Italien mit seinen vielen Corona-Kranken und -Toten denken. In den Bars und Kneipen des Winterspaßorts wird ohne Einschränkungen und dicht an dicht getrunken, getanzt und gefeiert. Party bis zum Delirium. *Vanitas, memento mori* und *carpe diem.*

Als Franz, der Barkeeper einer bekannten Location in Ischgl, am Morgen des 7. März den Dorfarzt Andreas W. aufsucht, hat er nur ein leichtes Kratzen im Hals und fühlt sich nicht gut. Im benachbarten Italien gibt es inzwischen fast 6000 Corona-Infizierte und deutlich mehr als 200 Menschen, die an dem neuen Virus gestorben sind. Selbst einen Regierungssprecher hat es dort inzwischen erwischt.

Aber die Tiroler sind weiterhin lustig, und auch auf Kreuzfahrtschiffen in allen möglichen Häfen der Welt wird noch fleißig eingeschifft, Veranstalter und Behörden winken ab, wenn Gäste Bedenken wegen Corona haben.

Daher macht sich Franz auch nicht viele Gedanken, als er in der Praxis sitzt und einen Abstrich für einen Corona-Test machen lässt, am Abend wird weitergefeiert. Die Überraschung ist groß, als der Dorfarzt seinem Patienten mitteilt, dass der Test positiv ausgefallen ist.

Bei den Tiroler Behörden dürfte die Überraschung nicht so groß gewesen sein. Bereits am 5. März hatten sich isländische Kollegen gemeldet und von 15 Corona-Fällen berichtet, alles isländische Touristen, die aus Ischgl zurückgekehrt waren.

Die Mitteilung wurde zwar etwas beunruhigt zur Kenntnis genommen, aber ohne Folgen zu den Akten gelegt. Erst etwa eine Woche nachdem Franz positiv auf das Virus getestet wurde, wird für Ischgl Quarantäne verhängt, am 16. März stehen schließlich alle Lifte still.

Die Quarantäne gilt allerdings nicht für Touristen, die dürfen heimreisen und verstreuen sich über alle Herren Länder. Corona ist mit dabei, vor allem auf dem Weg nach Deutschland, denn von dort kommen die meisten Ischgl-Urlauber.

Insgesamt liegen österreichischen Verbraucherschützern inzwischen mehr als 4000 Meldungen von Corona-Infizierten vor, die behaupten, sich in Ischgl infiziert zu haben.

Daran wird das einstige Skiparadies noch lange zu knabbern haben. Selbst wenn alle Einschränkungen längst aufgehoben sind, Ischgl wird für lange Zeit die Virenschleuder Europas bleiben.

Die Tiroler rechnen mit einem Rückgang von etwa 15 Millionen Nächtigungen bis zum Herbst und Verlusten von mehr als 2 Milliarden Euro. Auch in Deutschland und allen anderen touristischen Gebieten sind die Prognosen entsprechend düster. Jetzt kommt es vor allem darauf an, wie die staatlichen Hilfen aussehen, und die werden mit darüber entscheiden, wer in dieser inzwischen auch sehr harten Branche überleben kann.

Die gesamte Tourismusbranche, inklusive des Gaststättengewerbes, gehört zu den ganz großen Verlierern der Krise. Die kompletten Verluste dieses Wirtschaftszweigs sind auf lange Zeit nicht absehbar. Das Reiseverhalten wird sich nach Schockerlebnissen wie auf den Kreuzfahrtschiffen nachhaltig verändern.

Der Sommerurlaub 2020 fällt weitgehend ins Wasser, bei den vorsichtigen Lockerungen des Shutdown gilt für die Reise- und Gastrobranche noch lange höchste Alarmstufe. Die großen, vor allem internationalen Unternehmen werden überleben und sich auch erfolgreich staatliche Hilfe holen, viele kleine Betriebe stehen dagegen schon im April 2020 vor dem Aus, kaum eine Woche nach dem Beginn des Shutdown.

Am 22. März beschließt die Bundesregierung nach intensiven Beratungen mit dem Krisenstab und Wissenschaftlern der Leopoldina, der Akademie der Wissenschaften, dass sich Deutschland abschottet, die Schulen schließt, Restaurants, Hotels und bis auf wenige Ausnahmen alle Läden außer Apotheken und Lebensmittelgeschäften. Betriebe werden auf Homeoffice umgestellt, Fabriken geschlossen, Fließbänder stehen still, ein Großteil der arbeitenden Bevölkerung wird in Kurzarbeit geschickt.

Nicht nur Deutschland steht still. Am 27. März ist bereits ein Drittel der Welt vom Shutdown betroffen, Dow Jones und Dax stürzen in apokalyptischer Geschwindigkeit in den Keller. Es gibt kein Land mehr, das von der Krise nicht gebeutelt wird.

Das »Rückgrat« der deutschen Wirtschaft hat es als Erstes getroffen: die Autobranche. Auf den Straßen ist es weltweit ruhig geworden, und Produktionsbänder stehen still. Schon als im Januar die chinesische Region Hubei den Shutdown verhängte, ruckelte es auf deutschen Förderbändern, denn kein Autobauer kommt heute noch ohne Zulieferungen aus China aus, und viele Werke stehen direkt in China, vor allem in der Region Hubei.

Der deutsche Staat will nicht geizen und nimmt 400 Milliarden Euro Soforthilfe in die Hand, um der deutschen Autobranche umgehend zu helfen. Die will aber gar nicht unbedingt bei Papa Staat an den Tropf, denn an die Förderung sind so einige Bedingungen geknüpft, wie beispielsweise die Kürzung der Managergehälter.

Experten mutmaßen, dass die Branche sich vor allem noch die Wunden von der Finanzkrise 2008/09 leckt und staatliche Hilfen seither als Manko, als zugegebene Schwäche gelten.

Daimler, BMW, Audi und VW haben jedenfalls schon mal abgewunken, Kurzarbeit ja, staatliche Hilfen nein. Alle vier Unternehmen beteuern, noch ausreichend Rücklagen zu haben. Staatshilfe könnte einen möglichen Interessenkonflikt in der Zukunft auslösen, und das wollen die hoch dotierten Automanager tunlichst vermeiden, werden es aber wahrscheinlich nicht können.

Doch der Shutdown kann auch als Chance aufgefasst werden. Denn die Corona-Krise kreuzt sich derweil mit einer anderen Krise, von der nur noch wenig zu hören ist: der Klimakrise. Von Geschwindigkeitsbegrenzung bis zum Umstieg auf Elektroantrieb, vieles, was in der Autobranche diskutiert wird, hat mit der Klimakrise zu tun. Corona könnte also einen längst überfälligen Umstieg einläuten, eine Umstellung auf klimafreundlichere Produktionen und Produkte, von der die Branche auch international profitieren würde.

Gewinner

Die Zocker

Abgestürzt sind zunächst die Aktien aller Autobauer, der Sturzflug ist ebenso steil wie in der Touristikbranche, aber seit die Maschinen in China wieder laufen, erholt sich die Branche deutlich besser als die Touristik.

Zumindest unter den Zulieferern konnte sich ein Unternehmen erstaunlich gut behaupten, ausgerechnet der deutsche Weltmarktführer für Schiebedächer: Webasto.

Der Name, den vor der Corona-Krise wohl kaum jemand gekannt hat, ist neben Heinsberg inzwischen zum Inbegriff der deutschen Corona-Krise geworden. Webasto ist das Unternehmen mit dem sogenannten Patienten 0. In der Firma tauchte der erste Corona-Fall in Deutschland auf, ein unbeabsichtigtes Gastgeschenk von einer Mitarbeiterin aus China.

Webasto hat im Land des gelben Drachen einige Niederlassungen und arbeitet seit Jahren eng mit der Volksrepublik zusammen. Nach eigenen Angaben durfte die Firma sogar ohne chinesische Beteiligungen Werke im Land gründen, was früher in China völlig unmöglich war.

Mitte Januar soll eine Mitarbeiterin von solch einer Niederlassung in China die Firmenzentrale in Stockdorf besucht haben. Dabei soll sie einen 33-jährigen Kollegen angesteckt haben, der am 27. Januar positiv auf das Corona-Virus getestet wurde. Der Mann geht damit als Patient 0 in die deutsche Corona-Geschichte ein.

Die chinesische Kollegin ist zu diesem Zeitpunkt schon wieder zurück in der Heimat und erkrankt erst dort nachweislich an Covid-19. Bis zum Rückflug hatte sie noch keine Symptome.

Wie beim Event 201, der strategischen Corona-Pandemie-Simulation von Bill Gates und der Johns-Hopkins-Universität vom Oktober 2019, steckt dieser Patient 0 in der Firma und im privaten Umfeld zahlreiche weitere Menschen an. Und lange vor dem Shutdown in Deutschland stehen bei Webasto die Förderbänder still, und die Pforten schließen. Trotzdem scheint das Unternehmen gestärkt aus der Krise zu gehen.

Zu den wirklich großen Gewinnern gehören sie trotzdem nicht, das sind ganz andere. Die Händler an den Börsen machen trotz rapider Talfahrten stets Gewinne, denn sie verdienen an jedem Deal. Einige Hedgefonds-Manager haben mit Leerverkäufen und Untergangswetten während der Corona-Krise schon Milliarden gescheffelt. Warum niemand auf die Idee kommt, zumindest einen Teil dieser Gewinne durch eine »Corona-Steuer« auf die Verlierer zu verteilen, ist eine Sache, viel gewichtiger ist jedoch, warum solche Deals überhaupt zugelassen werden. Dabei wetten Aktienverkäufer praktisch auf fallende Kurse und handeln mit Werten, die ihnen gar nicht gehören.

Ausgerechnet Deutschland verhindert das Verbot von Leerverkäufen und Untergangswetten. Während sich sogar die CDU/CSU-Gruppe im Europaparlament für ein EU-weites Verbot dieser Zockerei ausspricht, gibt sich SPD-Finanzminister Olaf Scholz zurückhaltend und erklärt in einem Interview vom 23. März 2020 in klassischem Politikersprech, dass, sollte die Betrachtung der Situation eine Intervention notwendig machen, die zuständigen Aufsichtsbehörden die entsprechenden Maßnahmen schon umsetzen würden. Nach konkreten Pläne im Umgang mit den unsauberen Geschäften klingt das nicht. Doch es muss gehandelt werden. Wenn nicht jetzt, wann dann? Italien, Österreich, Belgien, Frankreich und Spanien haben dagegen prompt reagiert und Leerverkäufe ganz oder teilweise verboten.

Andere machen weiter gutes Geld. Der US-amerikanische Hedgefonds-Manager Bill Ackman beispielsweise hat gezeigt, wie man mit dem Leid anderer ganz groß Kasse machen kann, und an der Corona-Krise mal schnell 2,6 Milliarden US-Dollar verdient, wobei »verdient« sicher nicht das richtige Wort dafür ist. Er hat dafür einfach auf »Untergang« gezockt und noch ein bisschen am empfindlichen Aktienkarussell gedreht, das manchmal nur einen winzigen Schubs braucht, um richtig in Gang zu kommen. In einem Interview, das er dem US-Sender CNBC gab, warnte er am 18. März 2020 vor den dramatischen Folgen des Virus, das unglaublich tödlich wäre. Seine Schilderungen schmückte er noch mit klassischen Kinderschicksalen aus und kassierte wenige Tage später ganz groß ab.

Man könnte hier auch von Marktmanipulation sprechen. Schlimm genug, wie viele Menschen mit Untergangswetten riesige Gewinne eingefahren haben und noch weiter am Leid von anderen profizieren. Fast noch schlimmer ist jedoch, dass die Heuschrecken, die sich schon mit diesen Wetten und Deals fett gefressen haben, sich gerade warm laufen, zu Wanderheuschrecken formieren und in Stellung bringen, um angeschlagene Konzerne zu schlucken. KKR, Blackrock, Bridgewater und wie sie alle heißen, die Vertreter von wohlklingenden Private-Equity-Beteiligungsgesellschaften und Holdinggesellschaften wie Berkshire Hathaway.

Und der Ausverkauf hat schon begonnen. Am 16. April 2020 stimmt das Bundeskartellamt zu, dass der Orascom-Entwickler Samih Sawiris über eine Kapitalerhöhung seine Anteile bei dem Touristikkonzern FTI, an dem Orascom ohnehin schon 75 Prozent hält, noch einmal ordentlich aufstocken darf. Genau einen

Monat zuvor hatte FTI ebenso wie TUI Staatshilfe beantragt. Und am 3. April, also knappe zwei Wochen vor der Entscheidung des Bundeskartellamts, dass Sawiris weitere Anteile an FTI erwerben darf, meldet das *Handelsblatt,* dass FTI sowohl Staatshilfe als auch Staatskredite bekommt, staatlich subventionierte Kurzarbeit sowieso.

Die Branchen werden erst ausgetrocknet und dann kurz vor dem Verhungern aufgefressen, aber nicht ohne noch einmal beim Staat respektive beim Steuerzahler richtig abzukassieren. Hinzu kommen noch die direkten Gewinner wie die Supermarktketten, Lieferplattformen, besonders Amazon, Streamingdienste wie Netflix, Videodienste wie Zoom, außerdem Microsoft, aber vor allem die Big Five der Lebensmittelindustrie, die sich über unsere Hamsterkäufe freuen: Mondelez International, Kraft Heinz Company, Danone, PepsiCo und Nestlé sowie der Biotech-Markt.

Nudge, nudge

Einer, der zu den großen Gewinnern der Corona-Krise zählt, ist mit Sicherheit Bill Gates, sein Einfluss und seine Medienpräsenz haben seit Beginn der Krise enorm zugenommen, und jedwede Kritik wird inzwischen in die rechte Verschwörungsecke gestellt, obwohl berechtigte und qualifizierte Gates-Kritik bis zur Krise noch aus der grünen und linken Ecke kam. In fast jedem Presseorgan wird Gates immer öfter als Epidemieexperte hofiert, sein »Rat« ist inzwischen weltweit gefragt, seine Spenden noch mehr, da sagen wohl auch deutsche Medienunternehmen nicht Nein. Deutschland, das Land der Dichter, Denker und Wissenschaftler, hört wie es scheint in Seuchen- und Gesundheitsfragen zunehmend auf Empfehlungen eines US-amerikanischen Computerexperten.

In zahlreichen Interviews ruft Gates zu noch strengeren Shutdown-Maßnahmen auf und mahnt immer wieder, zu impfen,

impfen, impfen. Ohne Impfungen wäre laut Gates kein normales Leben mehr möglich. Heilmittel kennt er anscheinend nicht. 18 Monate prognostiziert er, bis ein Impfstoff zur Verfügung steht, als würde er schon das Ergebnis kennen. Tatsächlich wurde genau diese Zeitspanne bei Gates' Event 201 vorhergesagt. Investiert hat Gates zumindest in zahlreiche Projekte zur Entwicklung eines solchen, direkt oder über seine Stiftungen, und forciert nun alle Regierungen, vor allem auch die deutsche, mehr Staatsgelder für »seine Impfstoffe« lockerzumachen.

Mit väterlicher Stimme erklärt er immer wieder, dass die Herstellung eines Impfstoffs erstaunlich schwierig sei und normalerweise fünf Jahre dauern würde. Aber es würde Hunderte Versuche auf der Welt geben, von denen acht bis zehn vielversprechend wären, und »wir«, damit meint er uns Steuerzahler, müssten diese eben unterstützen. Dass er bei den acht bis zehn Unternehmen, von denen er spricht, die Unternehmen meint, in die er schon investiert hat, darf wohl angenommen werden. Wer immer den Impfstoff dann produziert, wird ein enormes Geschäft machen. Überhaupt sind die Pharma-, Tech- und Biotechbranchen die ganz großen Gewinner der Krise und werden zusätzlich mit Geld aus Deutschland in Form eines Rettungspakets aus Steuergeldern bezuschusst.

Die 18 Monate, von denen Gates spricht, scheint er auch genau für eine clevere PR-Kampagne zu benötigen, um Regierungen und Bürger vollständig auf Kurs zu bringen, um freiwillig seiner Vision vom Impfen und Tracking zu folgen und selbige auch noch zu finanzieren. Es scheint wie eine Blaupause für Gates' ID2020.

Auch Gates' Gattin mischt bei der Kampagne mit. Am 16. April 2020 lobt Melinda Gates unsere Bundeskanzlerin Merkel in einem Interview in höchsten Tönen, und ich komme nicht umhin, zu denken, dass es sich dabei um eine reine Gates-Werbeveranstaltung handelt. Keinem Medienwächter scheinen dabei die Verstrickungen der Gates mit der Bundesregierung ein Dorn im Auge zu sein, die Journalisten scheinen bei Gates nur als Stichwortgeber zu fungieren und nicht als kritische Reporter. Nudging oder »libertärer Paternalismus« heißen die neuen Zauberwörter, mit denen solche Verquickungen perfekt und positiv verhüllt werden. Mit »Machtmanipulation« könnte man die Wortkreationen übersetzen, denn es geht um nichts anderes als die Beeinflussung von Verhalten.

Das scheinen nicht nur die Gates perfekt zu beherrschen, auch die Bundeskanzlerin und der Außenminister wollen sich diese Zauberei zunutze machen und haben schon 2015 Nudging-Experten ins Boot geholt.

Nudges sind positive Anreize, »Anstupser«, die ganz sanft zum gewünschten Verhalten führen. »Ich weiß besser, was für dich gut ist« ist der klassische Wegweiser des Nudgings.

Den Begriff geprägt hat der US-amerikanische Wirtschaftspsychologe Richard Thaler, der für seine Manipulationsstudien 2017 sogar mit dem Gedächtnis-Nobelpreis ausgezeichnet wurde. Kritiker halten seine Forderung nach staatlichen »Verhaltensanreizen« allerdings für mehr als bedenklich. Thaler geht davon aus, dass die Masse zur Kurzsichtigkeit neigt und durch Nudging auf Kurs gebracht werden muss.

Der Nudging-Klassiker ist die Fliege im Klo. Ein aufgemaltes Insekt in der Schüssel führt dazu, dass Mann nicht mehr danebenpisst. Der einfache Mann versucht, die Fliege zu treffen, und ist durch diesen simplen Anreiz schon auf Kurs gebracht.

Im Falle von Corona bekommt der Steuerzahler so lange eingeimpft, dass Impfen der einzig wahre Weg aus der Corona-Krise ist, bis er bereitwillig den Arm ausstreckt und seine Geldbörse leert.

VERSORGUNG, NOTSTAND UND ÜBERLEBEN

Krisenmodus

Angst

Besonders effizient funktioniert das Nudging bei zutiefst deprimierten Menschen, die nur einen winzig kleinen Stups brauchen, um den richtigen Tunnel zu finden, an dessen Ende das verheißungsvolle Licht hell leuchtet. Die vermeintlich leuchtenden Frohlockungen werden dann als wahre Verheißung gesehen und die Manipulatoren als Retter der Welt gefeiert.

Bei der Corona-Krise ließ die Depression nicht lange auf sich warten. Die deutsche Seele hat spätestens bei der Absage des Oktoberfests einen schweren Knacks bekommen, wahrscheinlich aber schon viel früher. Das kollektive Bewusstsein reagiert auf schlechte Nachrichten nämlich so sensibel wie Aktienkurse. Die täglichen Zahlen, mit denen uns die zum Teil von der Gates Foundation finanzierte Johns Hopkins University über alle Kanäle traktiert, schlägt seit Monaten deutlich aufs Gemüt.

Im sogenannten Worldometer kann jeder darüber hinaus fast live verfolgen, wie viele Corona-Patienten und -Leichen in der ganzen Welt schon zu bedauern und zu betrauern sind. Woher sie diese Zahlen aus aller Welt bekommen und damit sogar das deutsche Robert Koch-Institut korrigieren, will man lieber nicht genau wissen.

Bis vor einem Jahr hatte noch kaum ein Deutscher je von dieser Einrichtung gehört, doch jetzt ist sie in aller Munde. So funktioniert erfolgreiche PR. Egal, ob in Printmedien, Social Media, im

Radio oder im öffentlich-rechtlichen oder privaten TV, die Zahlen sind omnipräsent. Wenn über die neuesten Entwicklungen gesprochen oder geschrieben wird, wird die Johns-Hopkins-Universität stets zitiert. Es handelt sich dabei um genau die Universität, die im Oktober 2019 mit Bill Gates und einigen anderen Big Playern eine Corona-Pandemie simuliert hat und seit Januar die echte Corona-Pandemie praktisch managt. Eine Einrichtung, gegründet vor über hundert Jahren von dem Milliardär Johns Hopkins und heute eine der meistzitierten Quellen, wenn es um Statistiken der Krise geht. Ein Institut, das sich derzeit wegen Menschenversuchen in Guatemala vor Gericht verantworten muss und doch unantastbar scheint und mit seinen Statistiken von Anfang an ganz konkret Einfluss auf unsere Wahrnehmung der Krise hat.

Die große Angst beginnt in Deutschland Mitte März. Immer mehr Länder verhängen den Shutdown. Mehrmals täglich flimmern die Corona-Leichen über den Bildschirm, und die Beschwörung, das Virus sei »harmloser als Grippe«, die von der Politik noch Anfang März zu hören ist, wird gegen Katastrophenbilder aus Italien getauscht.

Experten verstricken sich immer tiefer in widersprüchlichen Aussagen, allen voran die WHO, die, wie bei der Schweinegrippe zehn Jahre zuvor, so fatal versagt, dass man sich mehr als einmal fragt, was oder wer wohl dahintersteckt.

Auch die amerikanische Regierung hat die WHO im Visier und friert kopflos ihre Beiträge ein. Präsident Trump schiebt die Schuld den Chinesen in die Schuhe und manifestiert das alte Feindbild aufs Neue, ohne den Akteuren bei der WHO genauer auf den Zahn zu fühlen.

Russland steht in den USA sowieso unter Generalverdacht und wird wegen Verbreitung von Fake News gerügt, genau wie China. Selbstverständlich nutzen Peking und Moskau die Krise, um hämisch gen Westen zu zeigen. Die Chronologie des WHO-Versagens spricht allerdings noch eine andere Sprache.

Am 31. Dezember 2019 erklärt die Gesundheitsbehörde von Wuhan, dass sich 27 Menschen mit einem neuartigen Virus angesteckt haben. Einen Tag später gibt die WHO bereits eine Erklärung an die Welt heraus. Darin wird auch auf den Markt von Wuhan als Seuchenquelle hingewiesen.

Wenig später ruft Hongkong den Notstand aus, und Taiwan macht sofort die Schotten dicht. Auch Afrika reagiert einheitlich und umgehend, fast alle Länder des Kontinents verteilen Masken und kontrollieren Fieber an den Flughäfen. Aber die WHO versäumt es nicht, mehrfach und nachdrücklich zu beteuern, dass es keinen Hinweis darauf gäbe, dass das neue Corona-Virus ansteckend sei.

Bilder von chinesischen Patienten, die im Krankenhaus streng abgeschirmt, wie bei hochansteckenden Seuchen üblich, in Quarantäne liegen, sind längst um die Welt gegangen, als die WHO am 14. Januar noch immer twittert:

»Vorläufige Untersuchungen der chinesischen Behörden haben keinen klaren Beweis dafür ergeben, dass sich das neue #coronavirus durch Mensch-zu-Mensch-Übertragung verbreitet.« (Übersetzung KI)

China hatte zu diesem Zeitpunkt längst veröffentlicht, dass die Möglichkeit einer begrenzten Mensch-zu-Mensch-Übertragung nicht ausgeschlossen werden könne. Am 20. Januar dann bestätigt Peking offiziell, dass das Virus ansteckend ist, was inzwischen ohnehin keine Überraschung mehr ist, da es an dem Tag schon über 200 Infizierte gibt und das Virus bereits Südkorea, Japan und Thailand erreicht hat und, ganz abgesehen davon, Corona-Viren bekanntermaßen ansteckend sind.

Um der Welt zu zeigen, wie ernst China die Sache nimmt, lässt Peking in einer einzigartigen Aktion innerhalb von zwei Wochen ein Krankenhaus für tausend Corona-Patienten hochziehen. Chi-

na hat die Epidemie im Griff, lautet die Botschaft, die mit beein-
druckenden Fotos und Videos untermauert wird.

Luftaufnahmen von Dutzenden Baggern, die an dem Projekt
arbeiten, gehen um die Welt. Zeitrafferaufnahmen vom Bau der
Klinik werden Anfang Februar an millionenfach geteilt und rund
um den Globus in Nachrichtensendungen gezeigt. Spätestens jetzt
hätte jeder den Ernst der Lage begreifen können.

Die WHO hält sich trotzdem noch lange zurück, erklärt zwar
am 30. Januar die Infektion zu einer »gesundheitlichen Notlage
mit internationaler Tragweite«, appelliert aber am folgenden Tag
an alle Staaten, ihre Grenzen offen zu halten.

Das Virus hält sich hingegen nicht an die WHO-Ansage, hat
inzwischen Deutschland und zahlreiche andere Staaten erreicht
und erste Todesopfer gefordert.

Entgegen der WHO-Empfehlung lässt die USA niemanden
mehr aus China einfliegen, während Deutschland brav die Grenzen offen hält. Zwar holt die deutsche Luftwaffe eine Gruppe aus
Wuhan, die streng isoliert und getestet wird, danach darf aber jeder wieder ohne jegliche Kontrolle oder Quarantäne einreisen.

Am 4. Februar sind bereits 20 000 Menschen an Covid-19 erkrankt, doch die WHO betont immer noch mit Nachdruck, dass
sie die Epidemie noch nicht als Pandemie ansieht. Die Kriterien
dafür seien erst erfüllt, wenn es auf mindestens zwei Kontinenten
eine anhaltende Weiterverbreitung des Virus gäbe. Die gibt es
zwar, aber irgendwer scheint bei der WHO auf die Bremse zu treten.

Das Virus breitet sich unterdessen rasant in Asien aus und hat
zu dem Zeitpunkt schon längst Europa, die USA und Australien
erreicht, außerdem auf mindestens zwei Kreuzfahrtschiffen internationale Gewässer erobert.

Drei Tage später, am 7. Februar, stirbt der Augenarzt Li Wenliang an Covid-19, es ist der Arzt, den die Welt später als Helden
feiert, weil er eigenmächtig als Erster auf die Gefahren durch das

neue Virus aufmerksam gemacht hat und dafür von den Behörden demütigend gemaßregelt wurde.

Die WHO hält Wenliangs Tod für eine nachvollziehbare Verwirrung, die zu Beginn einer Epidemie auftreten würde, und es sei wichtig, Missverständnisse und Fehlinformationen begrifflich zu unterscheiden. Interesse an Aufklärung hört sich anders an.

Am 13. Februar tagt die EU mit der WHO, die sich bei dem Treffen optimistisch gibt und von einer Pandemie nach wie vor nichts hören, geschweige denn sagen will. Inzwischen gibt es weltweit knapp 65 000 Fälle und etwa 1500 Menschen, die an dem Virus gestorben sind.

Einen Tag später hat das Virus auch Afrika erreicht, und eine weitere Woche später, am 21. Februar, meldet die *Tagesschau,* dass in Deutschland vorerst Entspannung herrscht. Es ist der Tag, an dem ich nicht ganz so entspannt zur Berlinale fahre, Hunderttausende völlig entspannt Karneval feiern und Millionen noch entspannter in den Urlaub starten.

Am 27. Februar nimmt der Krisenstab seine Arbeit im Bundestag auf und bekräftigt nach Rücksprache mit der WHO, dass das öffentliche Leben in Europa und Deutschland nicht so einfach lahmgelegt werden könne. Gesundheitsminister Spahn spricht sich ausdrücklich gegen die pauschale Absage von Großveranstaltungen aus. Ein Shutdown in Deutschland wird als Utopie abgetan.

Von einer Großbestellung von Schutzkleidung will noch keiner was wissen. Es hätte dem deutschen Steuerzahler Milliarden Euro sparen können, wenn damals entschieden gehandelt worden wäre.

Der Beschwichtigungskurs hilft derweil dem Virus dabei, sich in aller Ruhe auszubreiten. »Händewaschen, Händewaschen, Händewaschen« ist das Mantra der Zeit und gilt als Allheilmittel gegen das Corona-Virus. Selbst die satirische *Heute-Show* zeigt einen Zusammenschnitt mit allen Politikern von Rang und Namen, die dem deutschen Volk das Händewaschen vorbeten.

Am 2. März stuft das Robert Koch-Institut die Gefahr durch das neue Virus als mäßig ein, und Christian Drosten erklärt gelassen, es handele sich um eine milde Erkrankung, die für den Einzelnen im Prinzip kein Problem darstelle. Wenig später wird er eine 180-Grad-Wende hinlegen und das Gegenteil behaupten. Aber Drosten ist der Mann der Stunde.

Er folgt der Marschrichtung der WHO und des gesamten Krisenstabs im Gleichschritt, und der geht zu dieser Zeit immer noch in Richtung »Cool-down«. Die WHO will Anfang März hartnäckig nichts von einer Pandemie wissen, und Deutschland leistet Folge und verzichtet auf Grenzkontrollen und Quarantäne.

Hamstern

Die Zahlen der Corona-Kranken und -Toten sprechen allerdings eine andere Sprache, und die Bevölkerung wird langsam nervös. Die »hysterischen Medien« werden für die ängstliche Stimmung im Land verantwortlich gemacht, und die Deutschen fangen an zu hamstern, was das Zeug hält, vor allem Klopapier.

Warum dieser Hygieneartikel die Deutschen so beruhigt, konnten Psychologen noch nicht endgültig klären. Die Regale bleiben für Wochen leer gefegt. Verkäufer verdrehen die Augen bei jeder Nachfrage, weil sich gefühlt jeder nach dem wichtigen Utensil erkundigt. Nicht wenige Kunden versuchen gar, Lieferanten auf den Parkplätzen der Märkte abzupassen und die Ware zu hamstern, bevor sie den Laden erreicht.

Nudeln und Mehl sind mindestens genauso gefragt, Hefe auch. Die Leute kaufen, als gäbe es kein Morgen, und lernen anscheinend das Bäckerhandwerk. Tipps zur Eigenanzucht von Hefen kursieren im Internet, und die Deutschen schalten auf Krisenmodus.

In Westdeutschland habe ich in meinem ganzen Leben noch nie zuvor leere Regale gesehen und kann meinen Augen kaum trauen, als ich das klaffende Loch im Supermarkt sehe. Leere Regale werden normal in der Krise. Irgendwann fange auch ich an, mehr zu kaufen, als wir eigentlich brauchen.

Es wird zur Glückssache, ob gerade Mehl, Nudeln oder Haferflocken angeboten werden. Von Klopapier ist ohnehin wochenlang keine Spur zu sehen, und wenn, dann höchstens für den Bruchteil einer Sekunde, so schnell ist das begehrte Produkt ausverkauft. Klopapier wird zum Champagner der Saison.

Appelle an den Verbraucher, bitte nur eine Packung pro Familie zu kaufen, baumeln einsam an den leeren Regalen. Merkels Nudging-Coaches fällt dazu anscheinend auch nichts mehr ein. Gut, dass wir vor der Krise versehentlich eine Packung zu viel gekauft hatten. Aber auch jenseits der deutschen Grenzen wird gehamstert, allerdings anders als hierzulande.

Andere Länder, andere Sitten. Die Deutschen hamstern Klopapier, die Franzosen Kondome, die Italiener Wein, die Spanier Chips, die Russen Wodka und die US-Amerikaner Waffen. Desinfektionsmittel sind überall ausverkauft, und während der Parfümmarkt in aller Welt einbricht, stürzen sich die Türken auf »Kolonya«. Es ist das Kölnischwasser der Osmanen und geht auf das »Eau de Cologne« von Johann Maria Farina zurück, das seit 1709 in Köln in Familienhand hergestellt und vertrieben wird. Das begehrte Parfüm ist bis heute das am häufigsten kopierte Produkt überhaupt. Die Unterlagen der Rechtsstreitigkeiten um das Original füllen im Kölner Stadtarchiv zahlreiche Regalmeter, weitere Akten lagern im Farina-Haus. Weltbekannt unter den Nachahmern wurde vor allem das ebenfalls in Köln produzierte 4711, das im Gegensatz zu seinem »türkischen Bruder« aber nicht von der Corona-Krise profitiert. Kolonya wird in der Türkei nicht nur geliebt, viele sind auch immer noch von der heilenden, antiseptischen Wirkung des Wässerchens überzeugt. Kein Wunder also, dass am Bosporus Kolonya im Angesicht von Corona als Erstes ausverkauft war.

Alternative im Flakon

Die antivirale und antibakterielle Wirkung von Parfüm geht keinesfalls nur auf die desinfizierende Wirkung des Alkohols zurück, wie oft kolportiert wird, sondern auch auf die darin enthaltenen ätherischen Öle. Zahlreiche wissenschaftliche Studien belegen die heilende Potenz verschiedenster Pflanzenextrakte, auch gegen Corona-Viren. Geforscht wird dazu schon lange, auch mit SARS, MERS und weiteren Corona-Viren, inzwischen auch mit SARS-CoV-2.

Chinesische Wissenschaftler haben gleich 200 verschiedene Heilpflanzen erfolgreich getestet. Forscher aus anderen Ländern haben einige wenige Extrakte unter die Lupe genommen, darunter auch Allium – Knoblauch – mit seinem Wirkstoff Allicin. Alle Publikationen stimmen in ihrer Einschätzung der antiviralen Wirkung des Extrakts gegen Corona-Viren überein, aber in der Öffentlichkeit hört man davon so gut wie nichts.

Mitte Februar berichten fast alle Medien vom schweren Kampf der WHO gegen abstruse Corona-Virus-Gerüchte. Darunter sind einige durchaus berechtigte Richtigstellungen, wie die Warnung vor Bleichmitteln, deren Konsum noch in den 60er-Jahren von WHO und Gesundheitsämtern wärmstens gegen Viren empfohlen wurde.

Die Empfehlung, Desinfektionsmittel als Medikament gegen Corona zu testen, die US-Präsident Trump am 24. April veröffentlichte, irritiert nicht nur, sondern entsetzt die ganze Welt. Hektisch dementieren sämtliche Gesundheitsorganisationen seine Aussagen und veröffentlichen Warnungen vor der Einnahme von Bleich- und Desinfektionsmitteln.

Zu den vermeintlichen Fake News, gegen die die WHO kämpft, gehören aber auch ein paar irritierende Warnungen. Am 4. Februar twittert die Organisation beispielsweise: »Knoblauch ist zwar gesund, hilft aber nicht gegen eine Infektion mit dem neuen Corona-Virus.«

Die Botschaft wird von WHO-Chef Ghebreyesus in Interviews mehrfach betont. Es scheint immer mehr, als wolle die WHO alle alternativen Heilmittel und Möglichkeiten verteufeln.

Längst gibt es zahlreiche geprüfte Studien von verschiedenen antiviralen Pflanzenextrakten und auch anderen Medikamenten, die wirkungsvoll gegen Corona-Viren sind, darunter viele klassische Heilkräuter und auch Mineralien, die ergänzend zu Abstand und Hygiene ganz sicher sinnvoll sind.

Selbst Medikamente, die sich bereits in einigen Studien bei Covid-19-Patienten bewährt haben, wie das Malariamittel Chloroquin/Hydroxychloroquin oder das Ebola-Mittel Remdesivir, bekommen in anderen Studien ein vernichtendes Urteil.

»Gib mir ein Ergebnis, und ich mache dir die Studie dazu« heißt ein Sprichwort unter Wissenschaftlern. Die Börsen reagieren umgehend auf solche Studienergebnisse und offenbaren das Debakel des turbokapitalistischen Gesundheitssystem, in dem es mehr um Gewinn als um Gesundheit geht.

Zwar ist nicht belegt und fraglich, ob allein der Genuss von Knoblauch gegen das Virus hilft, aber die fast aggressive WHO-Kampagne gegen nachweislich wirksame phytopharmazeutische Virostatika ist mehr als irritierend.

Schon die alten Ägypter wussten zahlreiche Heilpflanzen wirkungsvoll gegen schädliche »Miasmen« einzusetzen und räucherten Häuser und Tempel mit heilenden und wohlriechenden Kräutern und Harzen aus. Das duftende Ritual war auch der Ursprung des Parfüms. »Durch den Rauch« heißt auf Latein *per fumum*.

Der Rauch oder, besser, das Nikotin im Tabak soll gar vor Corona schützen. Während Virenpapst Drosten noch vor Kurzem orakelte, dass wohl mehr Männer am neuen Corona-Virus erkranken als Frauen, weil Männer mehr rauchen würden, stellte sich bei einer Studie das genaue Gegenteil heraus.

Nur 5 Prozent der Corona-Patienten wurden bei einer französischen Studie als Raucher identifiziert, vermutet wird Nikotin als Virenhemmer. Einige französische Mediziner nehmen die Studie so ernst, dass sie Nikotinpflaster für das Personal im Krankenhaus verteilen lassen. Präsident Macron warnt bereits vor Hamsterkäufen, und die Tabakindustrie lacht sich wahrscheinlich ins Fäustchen. Corona scheint immer für eine Überraschung gut zu sein.

Mit duftendem Räucherwerk kommunizierten die Priester der Antike, die als Heiler auch für die Kranken zuständig waren, gar mit ihren Göttern. Ein Ritual, das sich später in der katholischen Kirche fortgesetzt hat.

Jeder kennt die kunstvollen Räuchergefäße, mit denen Messdiener durch die Kirche laufen und Weihrauchwolken im Gotteshaus verteilen. Verbrannt wird dabei das getrocknete bernsteinfarbene Harz des Weihrauchbaums.

Der heilige Baum taucht schon im Alten Testament auf und wurde inzwischen von der Medizin wiederentdeckt. Extrakte des Harzes wirken sogar krebshemmend, vor allem gegen Hirntumoren. Weihrauch hat aber auch starke antivirale und antibiotische Potenz. Im äthiopischen Addis Abeba verräuchern Anhänger der orthodoxen Kirche Weihrauch gegen das Virus. Die Prozession wirkt wie eine Demonstration gegen den Landsmann und WHO-Chef Tedros Adhanom Ghebreyesus. In Äthiopien gibt es jedenfalls kaum Fälle.

Allein aus diesem Grund in die Kirche zu gehen macht allerdings wenig Sinn. Heutzutage wird in fast allen Kirchen der Welt ausschließlich ein billiger, aber wirkungsloser synthetischer Ersatzstoff verräuchert. Wohldosierte echte Weihrauchessenzen gibt es dagegen geprüft als Tropfen oder Kapseln in Apotheken.

Die religiöse Affinität der monotheistischen Religionen zu duftenden Heilölen geht auf das Judentum zurück, und wohl keine andere Überlieferung drückt die Relevanz aromatischer Pflanzen in diesem Glauben so gut aus wie das Hohelied Salomons. In ei-

nem einzelnen Vers tauchen gleich neun verschiedene Medizinal-
pflanzen auf: Hennadolden, Nardenblüten, Narde, Krokus, Ge-
würzrohr und Zimt, alle Weihrauchbäume sowie Myrrhe und
Aloe.

Auch in allen anderen Religionen spielen sowohl der rituelle
Einsatz des Räucherns als auch die innere und äußere Reinigung
mit ätherischen Ölen und Duftwässern eine zentrale Rolle. Fast
alle zeremoniell verwendeten Essenzen wirken nachweislich des-
infizierend, vorausgesetzt, es sind keine künstlichen Aromen.
Diese synthetischen Ersatzstoffe bestehen nur aus Molekülen, die
unsere Nase verführen, und sind sonst völlig wirkungslos.

Alternative aus dem Urwald

Kein Wunder, dass auch einige Forscher auf die Idee gekommen
sind, unter den nachweislich antiviralen Pflanzenextrakten nach
solchen zu suchen, die gegen SARS-CoV-2 wirken. Professor Dr.
Arnold Grünweller konnte schon einen solchen Wunderstrauch
präsentieren, als das neue Corona-Virus gerade erst ausgebrochen
war, denn der Marburger Wissenschaftler forscht schon seit Jahren erfolgreich mit Substanzen aus einem Mahagonistrauch gegen
Corona-Viren.

Der Forscher mit dem gutmütigen Gesichtsausdruck und dem
gemütlichen Bauchansatz blickt konzentriert auf den Zweig eines
Mahagonistrauchs, den er fest in der linken Hand hält und etwas
zu sich heranzieht, als ein Fotograf des Sarawak Biodiversity Center auf den Auslöser drückt. Das liebevoll arrangierte Bild entstand in der Baumschule des Biodiversitätszentrums in Borneo,
wohin der Wissenschaftler aus Marburg gereist war.

Der indonesische Fotograf hätte den Wissenschaftler vielleicht
nicht so schön in Szene gesetzt, wenn er gewusst hätte, wie die
Universität in Deutschland damit an die Presse geht. Das Zentrum hofft sicher bis heute auf Deutschlands Unterstützung für

ein pflanzliches Medikament gegen Corona. Das Foto mit der Erfolgsgeschichte trägt jedoch den Titel »Künstlicher Wirkstoff hemmt Corona-Viren« und erobert Ende Januar 2020 zahlreiche Magazine und Zeitungen.

Dabei passt das idyllische Foto mit dem freundlichen Mann in der tropischen Baumschule so gar nicht zur Headline der Veröffentlichung. Die Erklärung ist allerdings denkbar einfach. Das Mahagonigewächs *Aglaia foveolata* gehört in Borneo seit Jahrhunderten zu den bedeutenden Heilpflanzen in Südostasien. Grünweller und sein Team hatten herausgefunden, dass der darin enthaltene Naturstoff Silvestrol ein sehr effizientes Virostatikum gegen Corona-Viren ist.

Die Substanz lässt sich zwar sehr schlecht synthetisch herstellen und ist lange nicht so wirksam wie das Extrakt aus der Natur, aber nur die synthetischen Moleküle lassen sich patentieren. Ein phytopharmazeutisches Medikament, wie Prospan, Umckaloabo, Tebonin und viele andere wirksame Arzneimittel, hätte sich angeboten, ist aber lange nicht so lukrativ.

Für das Forschungszentrum in Borneo und für viele indonesische Kleinbauern hätte so ein pflanzliches Corona-Heilmittel ein gutes Geschäft werden können. Natur, Umwelt und Klima hätten ebenfalls profitiert, denn Aglaia foveolata ist auf der südostasiatischen Insel heimisch, schluckt beim Wachstum tonnenweise CO_2 und ist auch bei Orang-Utans und anderen Tieren Borneos beliebt.

Und es ist allerhöchste Zeit, den Dschungel von Borneo zu retten. Mittlerweile ist der Urwald dort fast vollständig gerodet, selbst in Schutzgebieten. Erst kam die Holzmafia und dann die Palmölindustrie. Der Regenwald wird für unseren Sprit und unsere Nahrungsmittel abgefackelt. Ökosprit klingt gut an der Zapfsäule, E10 hat aber eine mörderische Geschichte hinter sich. Quadratkilometer große Dschungelflächen wurden und werden dafür zerstört und Orang-Utans dabei getötet. Kein schöner Gedanke.

In fast jedem Produkt der Nahrungsmittelindustrie, von der Tiefkühlpizza bis zum Nutella, steckt ebenfalls Palmöl. Indonesien ist der weltweit größte Produzent, Malaysia, Brasilien und Afrika gehören ebenfalls zu den Anbauländern. Borneo sieht aus der Luft mittlerweile aus wie ein Schnittmuster für Schutzmasken. Kilometerlange Straßen führen durch gigantische Palmöl-Monokulturen, nur unterbrochen von brennendem Dschungel.

Für mindestens 20 Millionen Hektar Palmölplantagen soll allein Indonesien Verträge unterzeichnet haben. Die EU-Kommission hat beschlossen, bis 2020 den Anteil von Agrodiesel im Dieseltreibstoff auf 10 Prozent zu erhöhen, und dafür wird der Rest des Dschungels so schnell abgefackelt, dass die Rauchsäulen noch aus dem Weltall zu sehen sind.

Orang-Utans und andere Dschungeltiere, von der Fledermaus bis zum Pangolin, sind dadurch nicht nur vom Aussterben bedroht, sondern dem Tode bereits geweiht. Kein Wunder, dass zahlreiche Viren, die in und mit diesen Tieren leben, jetzt eine neue Heimat suchen. Und es ist auch kein Wunder, wenn genau dort, wo besonders gefährliche Viren lauern, Pflanzen wachsen, die praktisch ein Gegenmittel in der Tasche haben: wie Mahagoni gegen Corona.

Eine Mahagoniplantage für ein antivirales Heilmittel wäre zwar kein Ersatz für den Urwald, aber ein ökologisch sinnvoller Ersatz für eine Palmplantage. Lukrativer für die Einheimischen, gut fürs Klima und bei entsprechendem Anbau zumindest eine Ersatzheimat für einige Wildtiere. Die Welt müsste dann vielleicht nicht mehr gar so vor Corona zittern.

Das klingt zu schön, um wahr zu sein. Ist es auch. Naturstoffe können nicht patentiert werden, und Big Pharma hat entsprechend wenig Interesse an ihnen. Denn nur mit Patenten lässt sich richtig Kasse machen. Die wenigen phytopharmazeutischen Produzenten haben es immer schwerer in der Haifischgrube der Medikamentenhersteller, denn es geht um Milliarden Dollar Gewinne.

Entsprechend haben die Marburger Forscher um Grünweller das Enzym Silvestrol synthetisch nachgebaut. Da sich aber auch eine künstliche Kopie nicht patentieren lässt, haben sie das Molekül ein wenig verändert, das verbessert sogar die Wirksamkeit des synthetischen Produkts.

Das Patent haben die Wissenschaftler angemeldet, eine Pharmafirma aber noch nicht gefunden. Die Suche danach erklärt wohl auch den irreführenden Titel ihrer Pressemitteilung, einen künstlichen Wirkstoff gegen Corona entwickelt zu haben. Damit lässt sich die Industrie leichter locken, aber auch das hat nicht geholfen.

Denn Bill Gates und Biotechunternehmen haben offenbar gar kein Interesse an Medikamenten, die heilen. Nur mit Biotech-Impfstoffen lässt sich das ganz große Geld machen, vor allem wenn die ganze Welt und damit Milliarden von gesunden Menschen geimpft werden sollen. Und auch der zahnlos gewordene »WHO-Tiger« stimmt die Welt perfide immer weiter darauf ein.

Shutdown

Countdown

Eingeläutet wird der Schlussakkord des Impfplans von der WHO am prophetischen 11. März 2020. Nach 4000 Corona-Todesfällen und fast 12 000 an Covid-19 erkrankten Menschen auf allen Kontinenten der Welt verkündet Generaldirektor Tedros Adhanom Ghebreyesus endlich, was seit Wochen nicht mehr zu verheimlichen ist: den Ausbruch einer Pandemie.

Das Datum hätte kein Thrillerautor besser wählen können. Für Verschwörungstheoretiker gilt die Zahl 11 schon lange als unheilvolles Omen, und der 11. März erst recht: Der Nuklear-GAU von

Fukushima, der Amoklauf in Winnenden, die Terroranschläge von Madrid, all diese Katastrophen fanden an einem 11. März statt, und Tedros scheint genau auf diesen Tag gewartet zu haben, um die Pandemie zu verkünden, die längst die Welt erobert hat.

Wertvolle Wochen sind bereits verstrichen, in denen die Pandemie hätte verhindert und eingedämmt werden können. Im Nachhinein liest sich die Folge von Ereignissen wie ein perfekt durchorchestriertes Drehbuch.

Drei Tage später, am 14. März, verlässt Bill Gates den Verwaltungsrat von Microsoft, um sich seinen Stiftungsaktivitäten stärker zu widmen. Man ahnt, dass er Größeres vorhat. Seither scheint Gates der Gesundheitsberater der Welt und insbesondere von Deutschland zu sein. Immer häufiger bekommt Bill Gates in allen möglichen Medien eine breite Plattform gestellt und tritt mit seiner Forderung nach Impfungen in Erscheinung.

Gates gerät zwar zunehmend ins Visier von Kritikern, darunter auch Verschwörungstheoretiker, wird aber unter anderem auch durch die Bundesregierung in Schutz genommen, die vor den vermeintlichen Fake News warnt. Sehr hilfreich beim Aussortieren von Kritikern ist dabei das Online-Fakten-Checker-Magazin *Correctiv,* das Berichten zufolge übrigens durch Stiftungen des Milliardärs George Soros ordentlich gesponsert wird. Die Clique der Milliardäre hält eben zusammen.

Gleichzeitig bekämpft das Bundesgesundheitsministerium auf Twitter selbst vermeintliche Fake News mit Aussagen, deren Wahrheitsgehalt sich bald als mangelhaft herausstellt. Am 14. März tritt das Bundesgesundheitsministerium Gerüchten entgegen, wonach bald massive weitere Einschränkungen des öffentlichen Lebens angekündigt würden. »Das stimmt nicht«, schreibt das Ministerium dazu auf Twitter. Entsprechende Behauptungen würden sich derzeit »rasch« verbreiten, und weiter: »Bitte helfen Sie mit, diese Verbreitung zu stoppen.«

Eine Woche später, am 22. März, beginnt jedoch der bundesweite Shutdown, nach und nach wird alles heruntergefahren. Deutschland macht die Grenzen dicht und die Geschäfte und Restaurants auch, Schulen und Kitas sind bereits geschlossen. Nur noch Lebensmittelgeschäfte, Apotheken und Arztpraxen dürfen öffnen. Das öffentliche Leben findet nicht mehr statt, noch nicht einmal Treffen mit Freunden und Familienmitgliedern sind erlaubt.

Andere Länder verhängen sogar noch strengere Regeln, Schweden sieht es eher locker. In Spanien dürfen die Menschen ihre Häuser und Wohnungen nur noch für die dringendsten Besorgungen verlassen, und das auch nur zu eingeschränkten Zeiten. Ausnahmen bekommen Haustierbesitzer. Scherzbolde gehen mit Stofftieren oder Kanarienvögeln »Gassi«. Der Polizei ist nicht mehr zum Scherzen zumute.

Stresstest

Die Märkte brechen endgültig zusammen, und die Gemüter der Menschen erst recht. Kurzarbeit, Homeoffice und Zwangsurlaub bekommen die »Glücklichen« verordnet, die anderen verlieren gleich ihren Job, Beamte ausgenommen. Klopapier gibt es immer noch nicht.

Hunderttausende sitzen im Ausland fest. Fast alle sind gestartet, als WHO und Regierung noch versicherten, dass die Grenzen offen bleiben und es keinen Shutdown geben wird. Die Stimmung schlägt um, Angst macht sich breit, weniger vor der Krankheit, mehr vor dem Existenzverlust.

Ostern wird gestrichen, zumindest als Familientreffen, alle Urlaube storniert, Geschäfte geschlossen, und sogar die Gottesdienste sind verboten. Ein Jahr zuvor brannte die Kathedrale Notre-Dame von Paris wie ein düsteres Omen.

Selbst vorm Sterben macht Corona nicht halt, Beerdigungen dürfen nur noch im engsten Kreis abgehalten werden. Täglich starrt die Nation auf die neuesten Zahlen der Gates-Johns-Hopkins-Universität. Die Bundesregierung schwört die Bürger auf harte Zeiten ein und legt ein Milliarden-Hilfsprogramm auf. Nudge, nudge. Danach erholen sich die Märkte ganz leicht, während Millionen Menschen in die Arbeitslosigkeit rutschen und viele Selbstständige ihre Existenz komplett verlieren.

Das Corona-Virus hält die Welt in Atem und steht ganz plötzlich auch bei mir vor der Tür. Mein Nachbar, zu dem wir sehr engen Kontakt haben, schickt mir einen Tag nach dem Shutdown die Nachricht, dass er keinen Geschmack mehr hat und er sicherheitshalber einen Test machen lassen will.

Ähnliches hatte ich schon von einigen Freunden zuvor gehört. Sie wurden aber gar nicht erst zum Testen vorgelassen. Wer nicht direkt aus einem Risikogebiet kommt oder mit einem Corona-Patienten Kontakt hatte, bekommt bis Mitte März keinen Test.

Nach dem Shutdown am 22. März folgt eine 180-Grad-Kehrtwende der Testpolitik. »Testen, testen, testen« lautet die neue Devise der WHO, die wie ein Heilsversprechen vorgetragen und von Politik und Medien verbreitet wird. Manch einer will sich in dem Irrglauben testen lassen, dass er mit dem Test schon geheilt ist.

Ende März gibt es anscheinend genug Tests. Mein Nachbar wird zur Frankfurter Uniklinik geschickt, irgendwann zwischen 9 und 13 Uhr soll er sich dort in die Corona-Schlange einsortieren.

Eine Bekannte in Potsdam hat ebenfalls typische Symptome und gehört auch noch zur Risikogruppe. Ihr Mann ist Arzt, sie wollen sich allerdings nicht testen lassen. Erinnerungen an Menschenversuche, die westliche Pharmafirmen mit DDR-Bürgern durchgeführt haben sollen, werden bei dem älteren Ehepaar wach.

Meine Bekannten aus Potsdam verzichten auf einen Test, der Arzt behandelt seine Frau mit einem Malariamedikament und mit Grippemitteln, macht seine Praxis zu und begibt sich mit ihr in Quarantäne. Nach zwei Wochen erholt sie sich wieder ohne weitere Komplikationen.

Ehemalige DDR-Bürger sind nicht die einzigen Skeptiker der massenhaften staatlich verordneten Testerei. An der Elfenbeinküste zerschlagen Aktivisten ein Testzentrum, andere demonstrieren mit großen Plakaten und Banderolen, auf denen zu lesen ist: Wir sind nicht die Versuchskaninchen der Welt.

Als französische Ärzte in einem Videotalk offen darüber diskutieren, klinische Impftests vielleicht erst einmal nur in Afrika durchzuführen, geht der Protest auf dem Kontinent erst richtig los. »Afrika hat die geringsten Zahlen von Covid-19-Infektionen und Toten weltweit. Und dennoch wollt ihr Impftests in Afrika einführen, als wären wir Laborratten«, schreibt beispielsweise der kenianische Blogger Bravin Yuri.

Die Furcht ist nicht unberechtigt. In Afrika sollen mithilfe großer Pharmafirmen in den letzten 20 Jahren Menschenversuche mit Impfstoffen durchgeführt worden sein, die zum Teil fatale Folgen hatten.

Frauen und Kinder sollen dauerhaft geschädigt worden, andere zu Tode gekommen sein. Auch in Brasilien, auf den Philippinen und in China machen immer wieder Impfskandale Schlagzeilen, in die Berichten zufolge auch WHO und Gates' Stiftungen verwickelt sind, zuletzt 2018.

Auch in China werden Kinder immer wieder zur Testmasse für Impfstoffe. Hunderttausenden Kindern soll 2018 ein mangelhafter Tollwutimpfstoff gespritzt worden sein, anderen ein unwirksames Medikament gegen Diphtherie, Tetanus und Keuchhusten (DTP). Im Visier der chinesischen Ermittler steht dabei auch das Wuhan Institute of Biological Products. Das halbstaatliche Institut ist auch an den ersten klinischen Corona-Impftests beteiligt, die mit zwei verschiedenen Impfstoffen bereits im April anlaufen.

Mit im Boot ist die chinesische *Sinovac Biotech GmbH,* an der Gates schon 2010 deutliches Interese zeigte. Zur Chinese Academy of Science wurde Gates inzwischen ebenfalls berufen, vor allem wegen seines Atomkraftprojekts »TerraPower«, in das er

Milliarden investiert hat, nicht mit seiner Stiftung, sondern mit eigenem Kapital über seine Vermögensverwaltungsfirma Cascade. Doch Trump hat ihm im Januar 2019 eine Absage erteilt, mit seiner Chinapolitik Gates' Traum zerstört und sich damit einen mächtigen Feind geschaffen.

Zum Portfolio von Gates' Investments sollen außerdem Öl, Big Pharma, Lebensmittel- und Chemiekonzerne wie Coca-Cola, Kraft Heinz, Monsanto, Dow Chemical, ExxonMobile, Wells Fargo und viele andere Firmen gehören und gehört haben. Multinationale Konzerne, deren Praktiken und Produkte dem öffentlichen Image des Philanthropen diametral widersprechen. Es fällt schwer, zu glauben, dass die vielen Millionen Dollar, die er mit seiner Stiftung für den Kampf gegen Corona investiert, sich nicht irgendwann auszahlen sollen.

»Testen, testen, testen« lautet auch Gates' Devise, bis sein Impfstoff um die Ecke kommt. Der Testwahn ist fast zu einer weltweiten Hysterie geworden, von dem sich nur wenige Länder unbeeindruckt lassen, und zu einem lukrativen Geschäft obendrein. Die Testhysterie hat die Welt in der Hand.

Kopflos

Mein Nachbar hatte von seinem Hausarzt problemlos eine Überweisung für einen Test bekommen. Vielleicht weil er Verwandtschaft im Kölner Raum besucht hatte oder es inzwischen einfach genug Corona-Kits gab. Aber offensichtlich nicht genug Schilder. Das Gelände der Frankfurter Uniklinik ist riesig. Wer sich nicht auskennt, läuft mit seinem Corona-Husten kreuz und quer über das Gelände, hustet sich dann vielleicht erst einmal durch eine falsche Abteilung, bevor er das »Corona-Testgelände« findet.

Inzwischen haben Frankfurter Virologen gemeinsam mit dem Blutspendedienst eine Methode entwickelt, mit der sie immerhin fünf Tests gleichzeitig analysieren können. Kurz zuvor waren die

Diagnose-Kits noch große Mangelware und der Ansturm so gewaltig, dass die Corona-Hotline ständig überlastet war. Wer dann in der Warteschleife auf Platz 50 hing, konnte sich glücklich schätzen, wenn er überhaupt vorrückte und nicht aus der Leitung flog.

So ergeht es meinem Nachbarn, als er endlich jemanden erreicht, hat er schon ziemlich hohes Fieber, starken Husten, und mit dem Geschmack ist es auch nicht weit her. Anfang März hatte er ein Meeting im Risikogebiet NRW und ein paar Tage später die ersten Symptome. Das alles erzählt er dem Sachbearbeiter in der hessischen Corona-Service-Stelle.

Einen Test bekommt er trotzdem nicht. Das Meeting fand nicht im direkten Corona-Krisengebiet statt, und er gehört nicht zur Risikogruppe, fertig. Drei Tage Telefonwarteschlange und dann die Absage. Sein Hausarzt verschreibt ihm ein paar Grippemedikamente, und zwei Wochen später ist er wieder fit.

So ergeht es vielen, aber wohl auch Tausenden eingebildeter Kranker, die sich prophylaktisch testen lassen wollen. In den Medien ist von fast nichts anderem mehr die Rede als von Corona und »Testen, testen, testen«, dem Mantra der WHO, das über alle Kanäle gebetsmühlenartig verbreitet wird. Kein Wunder, dass manche Menschen kopflos die Teststellen aufsuchen, die auch aus diesem Grund in den ersten Wochen völlig überlaufen und deren Mitarbeiter völlig verzweifelt sind.

Die Corona-Teststelle auf dem Frankfurter Unigelände wird zunächst wie ein Geheimtipp gehandelt, damit die Testwütigen das Gelände nicht stürmen. Manche sollen nach einem negativen Test wütend auf einem zweiten bestanden haben, als wäre Corona eine Errungenschaft, auf die jeder rechtschaffene Bürger ein Anrecht hätte. Lange lässt sich der »Geheimtipp« allerdings nicht geheim halten, irgendwann sickert durch, wo sich die Teststelle befindet.

Das ist kein Einzelfall in Frankfurt, vor allem das Testzentrum an der Uniklinik ist permanent überlastet. Manche müssen stundenlang anstehen und werden dann auf den nächsten Tag vertröstet. Mundschutz ist keine Pflicht, der Abstand zwischen den Wartenden mäßig. Wer kein Corona hat, wenn er zum Testen kommt, hat es vielleicht, wenn er geht. Fast alle Großstädte berichten Ähnliches, nur in Ostdeutschland sind die Menschen etwas zurückhaltender. Insgesamt ist noch nicht einmal jeder Zehnte an Corona erkrankt, der sich zum Test begeben hat. Die telefonischen Diagnosen funktionieren offensichtlich doch nicht so gut und verunsichern ebenso wie die ewigen Warteschleifen in der Telefonleitung.

Aber auch die ständig wechselnden Prognosen irritieren mehr, als dass sie helfen, vor allem die »Rechenspiele«. Nachdem es wochenlang um das »Abflachen der Kurve« ging, nun aber die Kurve längst abgeflacht ist, geht es nach der Verdopplungszahl um die magische sogenannte Covid-19-Reproduktionszahl.

Die völlig überflüssige Kurve, die von der Regierung am Anfang wie ein Mantra verbreitet wurde, visualisiert ausschließlich, dass weniger Fälle pro Zeiteinheit nötig sind, damit die Krankenhäuser nicht überlastet werden. Dafür braucht man keine Kurve, die noch nicht einmal Einheiten hat. Als sie wie befolgt abflacht, wird sie abgeschafft.

Darauf folgt die »magische« Verdopplungszahl, die angibt, wie häufig sich die Anzahl der Infizierten verdoppelt. Die sollte über 14 liegen, um Quarantänemaßnahmen zu lockern, hieß es Ende März. Mitte April liegt die Zahl bereits bei 35, gelockert wurden die Maßnahmen kaum.

Aber es gibt eine neue magische Floskel: die Reproduktionszahl. Der Faktor gibt die Anzahl der Infizierten an, die von einem einzigen Covid-19-Patienten ausgeht, und die soll wiederum möglichst niedrig liegen, unter 1 wird von den Experten vorgegeben. Ende April liegt diese magische Zahl bei 0,7, und gestritten wird weiter über die Maßnahmen, denn inzwischen wird viel mehr getestet, und die Werte sind nicht mehr vergleichbar.

Klarheit sieht anders aus, die Zahlenspiele wirken wie Taschen-spielertricks, dabei sollten sie Sicherheit schaffen. Das Gegenteil ist der Fall. Kein Wunder, dass Verschwörungstheorien Konjunktur haben.

Die Erkrankung meines Nachbarn ist dagegen ganz real. Nicht schlimm, aber durch den Verlust des Geschmackssinns sehr beunruhigend. Ein solches Symptom bedeutet, dass auch die Nerven in Mitleidenschaft gezogen werden und dass sich das Virus dorthin zurückziehen kann und vielleicht nie wieder verschwindet, so wie das Herpesvirus, mit dem 90 Prozent aller Deutschen infiziert sind.

Als mein Nachbar über das Uniklinik-Gelände läuft, hofft er immer noch, dass er das Virus gar nicht hat und es sich ganz sicher nicht für immer festsetzen wird. Am Eingang des Klinikums stehen zaghaft installierte Schilder, die zum Testzentrum weisen. Trotzdem ist es nicht leicht zu finden, und er muss zwei Stunden warten.

Aufnahme und Abstrich gehen ruck, zuck. Danach wird er ohne irgendwelche Auflagen oder Anweisungen nach Hause geschickt, begibt sich aber freiwillig in Quarantäne, bis er das Ergebnis hat. Wenn er überhaupt eins bekommt. Wenn er positiv wäre, würde er angerufen, wenn nicht, dann nicht.

Sein Hausarzt empfiehlt ihm, wenigstens mehrmals am Tag mit antiseptischen ätherischen Ölen in heißem Wasser gelöst zu gurgeln und ein Medikament gegen Fieber zu nehmen. Der Arzt hat immerhin eine Idee für die Behandlung eines normalen Covid-19-Patienten, während WHO-Chef Ghebreyesus, RKI-Chef Wieler und Virologe Drosten das Gates-Dogma predigen und einen Corona-Impfstoff zum Heiligen Gral der Krise stilisieren. Auf diesen Heiligen Gral hat die Welt gefälligst zu warten, ihn zu bezahlen und bis dahin Stillstand zu gewahren.

Mein Nachbar indes gurgelt brav, nimmt ein Medikament gegen Fieber und wartet auf das Testergebnis. Nach einer Woche hat er immer noch nichts vom Gesundheitsamt gehört, eigentlich könnte er sich rauswagen, ihm geht es auch schon deutlich besser. Trotzdem bleibt er in Quarantäne, aus Furcht, jemanden anzustecken, und versucht verzweifelt, das Gesundheitsamt zu erreichen. Danke, lieber Nachbar.

Denn irgendwann geht tatsächlich jemand ans Telefon. Es dauert einen Moment, ein paar Blätter rascheln, dann kommt fast nebensächlich und lapidar die Information: Sie sind positiv. Positiv ist in diesem Fall negativ, denn positiv heißt: Covid-19. Mein Nachbar ist erschüttert, hatte es doch geheißen, dass er nach spätestens zwei Tagen Bescheid bekommt, wenn er das Virus hat. Gut, dass er sich freiwillig bereits in Quarantäne begeben hat, obwohl er längst wieder putzmunter ist.

Weichen

Gute PR und ihre Folgen

Wäre die Lage nicht so ernst, hätte man es vermutlich für einen Aprilscherz gehalten. Der reichste Mann der Welt fordert am 1. April 2020 in einem Artikel der *Washington Post* vehement, Steuermittel in Milliardenhöhe zur Entwicklung eines Impfstoffs lockerzumachen, und darüber hinaus, dass sich die Staaten auf eine Massenproduktion von Impfdosen vorbereiten sollen.

»Wenn wir alles richtig machen, könnten wir in weniger als 18 Monaten einen Impfstoff entwickeln«, wird der Milliardär mal wieder zitiert. Dass ein Stoff entwickelt ist, heißt aber noch lange nicht, dass er auch wirkt und nicht vielleicht sogar schädlich ist.

Wie die Heilsbotschaft eines Propheten wird die Botschaft dennoch in fast allen deutschen Medien an diesem 1. April kommentar- und kritiklos zitiert, und die Marketingkampagne geht richtig los. Fast täglich kommen neue Gates-Botschaften mit dem immer gleichen Mantra: impfen, impfen, impfen, testen, kontrollieren. In immer anderen Worten wird die Botschaft als Erlösung gepriesen. Nudge, nudge, nudge. Jedwede Kritik perlt ab, wie Tropfen an einer Teflonschicht.

Gates scheint zum Heilsbringer der Krise aufzusteigen. Es vergeht jetzt gefühlt kein Tag mehr, an dem keine Impfpredigt gehalten und in sämtlichen Medien kritiklos verbreitet wird. Geschliffene Antworten auf vermeintlich kritische Fragen scheinen die PR-Strategen längst vorbereitet zu haben. Tiefer gehende Recherchen sucht man vergebens, auch bei jeder berechtigten Kritik wird sofort die Verschwörungstheoriekeule ausgepackt.

Am 12. April schafft es Gates schließlich mit seiner Werbebotschaft in die *Tagesthemen*. Drei Tage später folgt die Bundesregierung Gewehr bei Fuß und verbreitet die Gates-Botschaft nicht nur über die Presse, sondern verankert sie im offiziellen Bund-Länder-Beschluss zur Eindämmung von Covid-19.

In dem Papier steht wörtlich, dass die ganze Bevölkerung durchgeimpft werden und dabei nicht nur deutsche Unternehmen, sondern auch internationale Organisationen unterstützt werden sollen. Das heißt auf Deutsch: Der deutsche Michel zahlt mit seinem Steuergeld noch mehr an die Gates-Organisationen CEPI, Gavi, an die WHO und andere.

Dabei fließen die deutschen Steuergelder auch direkt oder indirekt an internationale und deutsche Firmen, an denen Gates über seine Stiftungen beteiligt ist, vor allem Biotechunternehmen, beispielsweise an Moderna, Inovio, CureVac oder Biontech.

Letztere haben es geschafft, bereits im April Menschenversuche in Deutschland mit ihrem mRNA-Impfstoff durchführen zu dürfen. Niemals zuvor wurde dieser Botenstoff der Zellen und Gencode von manchen Viren als Impfstoff getestet. Die Idee dahinter ist, dass der Körper des Geimpften den Botenstoff praktisch direkt als Matrize für die Synthese von Antikörpern nutzt. Theoretisch gut, praktisch noch unbekanntes Terrain. Am 22. April verkünden die Medien die vermeintlich frohe Botschaft. Moderna darf in den USA mit seinem mRNA-Impfstoff mit Menschenversuchen schon mal vorpreschen.

Es erinnert an die Alchemisten im Mittelalter, die es auch schafften, mit ihren Versprechen, vermeintlich Gold und Jungbrunnen herzustellen, die Geldsäckel der Bürger zu leeren. Impfstoffe sind für Biontech völliges Neuland, bislang war das Unternehmen auf individuelle Immuntherapien für Krebskranke spezialisiert.

Viele Forscher warnen vor möglichen fatalen Nebenwirkungen eines mRNA-Wirkstoffs. Ein solcher Impfstoff ist völliges Neuland in der Medizin. Renommierte Wissenschaftler haben am 22. April einen Brandbrief an die Regierung geschrieben und mit höflichen Worten gebeten, nicht einzig auf den Impfpoker zu setzen und Erfolg versprechende Medikamente nicht außer Acht zu lassen.

Von Heilmitteln und Prophylaxen ist in dem Bund-Länder-Beschluss vom 15. April nämlich überhaupt keine Rede. Gefährliche Risiken und Nebenwirkungen von Impfstoffen werden noch nicht einmal in einem Nebensatz erwähnt. Da müsste auch jedem Impfarzt angst und bange werden.

Dafür steht in dem Beschluss einiges über die digitale Überwachung von Erkrankten, Teil zwei von ID2020. Zur sanften Einstimmung auf diese ganz große Nummer bekommt der Bürger eine Tracking-App frei Haus. Frei Haus klingt schön, bezahlen muss der Steuerzahler das natürlich dennoch.

In Punkt 4 des Beschlusses heißt es, der Einsatz von digitalem »contact tracing« sei zentral, um Kontakte nachverfolgen zu können. Beides zusammen, Impfen und Tracking, ergibt den perfekten Schlussakkord für Gates' Jackpot ID2020.

Dabei haben die meisten potenziell wirksamen Medikamente bereits eine Zulassung gegen andere virale Erkrankungen. Laut dem österreichischen Institut AIHTA wird zum Zeitpunkt des deutschen Bund-Länder-Beschlusses am 15. April 2020 an weltweit 155 Medikamenten und 79 Impfstoffen geforscht.

Im Gegensatz zu Deutschland sind bei den Österreichern die Medikamente von besonderer Evidenz für die Zulassung gegen Covid-19, da die meisten davon bereits auf dem Markt sind und von den Impfstoffkandidaten bisher keiner über das Entwicklungsstadium gekommen sei.

Ebenfalls am 15. April verkündet die WHO in einer Pressemitteilung Zweifel an einer Immunisierung nach einer Covid-19-Erkrankung, hält aber weiterhin an der Vision einer Durchimpfung der Weltbevölkerung fest, was völlig widersprüchlich ist. Denn wenn eine virale Krankheit selbst keine Immunisierung hervorrufen kann, dann können es einfache Impfstoffe aller Wahrscheinlichkeit nach erst recht nicht.

Bei anderen Viruserkrankungen dagegen rät die WHO von einer Impfung ab, wegen zu starker Nebenwirkungen im Verhältnis zur Schwere der Krankheit oder unzureichendem Impfschutz, wie beispielsweise bei Windpocken. Und das nach jahrzehntelanger Versuchsphase und jahrelangem Impfen.

Zink – der Heilige Corona-Gral?

Dabei hat sich schon bei SARS und MERS das Corona-Virus als äußerst schwieriger Kandidat für einen Impfstoff erwiesen, und die bereits jetzt aufgetretenen Mutationen von SARS-CoV-2 – allein in Island sollen es 40 sein – sowie die relativ niedrige Todesrate bei Covid-19 lassen eine Durchimpfung der Bevölkerung aus wissenschaftlicher Sicht wenig sinnvoll erscheinen.

Bei Corona-Viren gibt es keine Kreuzimmunität gegen andere Viren aus der gleichen Familie. Das bedeutet, dass ein möglicher Impfstoff gegen SARS-CoV-2 hochspezifisch und komplex sein muss. Außerdem reagieren Kinder ganz anders als Erwachsene und ältere Menschen noch einmal unterschiedlich auf ein und denselben Impfstoff, genau wie auf die Viren selbst.

Biologen aus den USA und den Niederlanden haben bereits 2010 herausgefunden und in einem renommierten Fachmagazin veröffentlicht, dass ein ganz simples Mittel auch ganz hervorragend gegen verschiedene Corona-Viren wirkt: Zink! Sogenannte Zink-Ionophoren blockieren die Vermehrung der Viren in den befallenen Zellen. Die Ionophoren helfen dem Zink dabei, in die Zellen zu gelangen, dorthin, wo das Spurenelement aktiv wird und das Eindringen der Viren verhindert.

Zink könnte zum Heiligen Corona-Gral werden und der gesamten Bevölkerung wieder zu einer angemessenen Normalität verhelfen. Aber nicht alleine, sondern in Kombination mit sogenannten Ionophoren, Enzymen, die Zink den Eingang in die Zelle erleichtern, eine preiswerte Maßnahme auch für den Einsatz in Entwicklungsländern, das hat die WHO 2019 noch selbst veröffentlicht. Beispielsweise das Malariamittel Hydroxychloroquin ist ein solches altbekanntes, preiswertes Mittel, frei von jeglichen Patenten. Der New Yorker Mediziner Dr. Zelenko hat damit bereits Hunderte Patienten erfolgreich behandelt, die wissenschaftliche Studie dazu entsteht gemeinsam mit deutschen Wissenschaftlern. Der Inselstaat Bahrain hat sofort nach dem ersten Fall an all seine Bürger Hydroxychloroquin austeilen lassen und bis Mitte Mai bei knapp 5000 Covid-19-Fällen nur acht Todesfälle zu verzeichnen. Der australische Milliardär Clive Palmer will sein Land jetzt großflächig mit Zink und Hydroxychloroquin versorgen und auch andere Staatschefs motivieren, damit die Welt nicht in Angst erstarrt bleibt und nur auf einen zweifelhaften Impfstoff starrt, sondern dieser neuen Erkrankung mit preiswerten Medikamenten die Monsterfratze entreißt.

Deutsche Wissenschaftler haben dazu ebenfalls einen Facharti- kel veröffentlicht und Zink als effizientes ergänzendes Therapeuti- kum in Kombination mit Hydroxychloroquin als Ionophoren-Zusatz ins Spiel gebracht. In Afrika konnte bereits in zahlreichen Studien nachgewiesen werden, dass sich die Kindersterblichkeit durch Zinkzugabe deutlich reduziert.

Die antivirale und immunsteigernde Wirkung von Zink ist schon lange bekannt. Auch einige andere Mineralien und Vitamine tragen erheblich zur körpereigenen Abwehr bei. Doch die Weltbevölkerung leidet unter einem eklatanten Zinkmangel, einem Viertel bis zur Hälfte aller Menschen fehlt es an Zink in den Zellen, bedrohlich vor allem in Entwicklungsländern.

Corona-Viren aus dem Labor?

Daher war es nicht verwunderlich, dass der US-amerikanische Forscher Ralph Baric von der University of North Carolina (UNC) und seine Kolleginnen und Kollegen im wissenschaftlichen Kampf gegen SARS-CoV-1 2010 erfolgreich die Wirkung von Zink getestet haben. Viel erstaunlicher ist, dass ebendieser Chefvirologe Baric von der UNC fünf Jahre später gemeinsam mit »Batgirl« Zhengli, der Chefvirologin des Sicherheitslabors in Wuhan, ein neues, künstliches Corona-Virus schuf: SHC014-MA15. So nannten die Forscher ihr »Corona-Frankenstein-Monster«.

In dem renommierten Fachmagazin *Nature Medicine* beschreiben die Wissenschaftler 2015 exakt, wie sie das chimäre Corona-Virus kreiert haben, das entgegen den Erwartungen und modellbasierten Berechnungen für menschliche Zellen unglaublich infektiös und gefährlich ist. In Zellkulturen hat sich dieses Virus exponentiell vermehrt, und auch Mäuse konnten damit infiziert werden. Die Versuchstiere entwickelten danach Symptome, wie sie für SARS-CoV-2 beschrieben werden.

Die Forscher warnen am Ende des Artikels eindringlich vor der Gefahr, die von dem biowaffenfähigen chimären Corona-Virus ausgehen könnte. Die Versuche wurden in den USA durchgeführt, als es bereits Restriktionen für solche Experimente gab, und nur weil die Forschungen bereits vor der neuen Gesetzgebung durchgeführt wurden, durften sie beendet werden.

Das sogenannte SHC014-MA15-CoV stimmt zu 93 Prozent mit SARS-CoV-2 überein. Ob dieses chimäre Virus zur Pandemie führte, wird offiziellen Meldungen zufolge gerade untersucht. Die Argumente der La-Jolla-Universität, dass das Virus nicht aus einem Labor stammen könnte, widerlegen bereits Barics und Zhengs Experimente von 2015. Sowohl die La Jolla University als auch die University of North Carolina werden immer wieder großzügig von der Gates-Stiftung bedacht.

Trotz der Bedenken forschte Baric offensichtlich weiter an den chimären Corona-Laborviren in verschiedenen Varianten und veröffentlichte dies auch 2018. Gefördert wurden diese Experimente mit dem biowaffentauglichen Virus vom NIAID, dem National Institute of Allergy and Infectious Diseases. Direktor von NIAID ist Dr. Anthony Fauci, der Berater des US-Präsidenten Trump in der Corona-Krise. Das Institut arbeitet wiederum eng mit der Gates-Stiftung zusammen, die 2010 das Jahrzehnt der Impfungen ausgerufen hat.

Der Impfhersteller Inovio gehört ebenfalls zu den großen Gewinnern der Corona-Krise, die Aktie hat seit Januar um 400 Prozent zugelegt. Die Gates Foundation ist als Investor natürlich mit dabei und Baric als Universitätspartner auch. Die Biotechfirma hatte 2015, als Baric das biowaffentaugliche Corona-Virus kreierte, nach eigenen Angaben circa 70 Millionen US-Dollar vom US-Verteidigungsministerium bekommen.

Die ersten Versuchskandidaten werden mit dem DNA-Impfstoff INO-4800 bereits getestet. Von Barics erfolgreichen Zinkversuchen ist nichts mehr zu hören, in Kombination mit früher effizienter Quarantäne und Schutzkleidung hätten sie die Welt vielleicht ohne Shutdown retten können. Stattdessen werden die Bürger zermürbt und darauf eingeschworen, vielleicht jahrelang zu darben, bis der Heil versprechende Impfstoff kommt, den wir jetzt schon mal mit Milliarden finanzieren dürfen. Es scheint wie ein perfekter Plan.

Der perfekte Plan

Wer eine Biowaffe konstruieren will, braucht als Allererstes ein Gegenmittel, ein sogenanntes Antidot. Bei Viren fungieren dafür meist Impfstoffe, doch die Entwicklung eines sicheren Impfstoffs dauert Jahrzehnte und muss vor dem Einsatz erst großflächig an Hunderten gesunden Menschen getestet werden, die dann auch noch infiziert werden müssen. Für eine Geheimoperation ist das zum Glück eine schwierige Angelegenheit, aber es gibt auch andere Mittel, um sich vor Viren zu schützen, wie das Beispiel Zink zeigt.

Gates und die Gates Foundation investieren unterdessen nicht nur in zahlreiche Stiftungen, die WHO und in viele Biotechunternehmen, um die Impfstoffentwicklung zu pushen, sondern auch in Medien und in digitale Plattformen, um mutmaßlich neueste Forschungen und Wirkstoffe aufzuspüren, beispielsweise in Schrödinger und ResearchGate.

Bereits im Jahr 2000 initiiert Gates die Gründung der Impfallianz Gavi, mit dabei sind neben der Gates-Stiftung WHO, UNICEF und Impfhersteller. Sowohl bei der WHO als auch bei UNICEF, zahlreichen Pharmafirmen und Biotechunternehmen, die Impfstoffe herstellen, ist Gates darüber hinaus im Boot.

Im Jahr 2015, als Baric und Team das biowaffentaugliche Corona-Virus konstruieren, warnt Gates vor einer globalen Pandemie und bringt Deutschland dazu, seinen Beitrag bei der Impfallianz Gavi erheblich aufzustocken, auf 600 Millionen Euro jährlich, und es sollen noch mehr werden. Über das biowaffentaugliche Corona-Virus aus dem Labor berichtet damals kein einziges deutsches Medium, die Flüchtlingskrise verdrängte viele Themen.

Ein Jahr später, 2016, initiiert Gates eine weitere Impforganisation, diesmal auf europäischer Ebene: CEPI. Als hätte Deutschland keine eigenen, hervorragenden Wissenschaftler, die auf europäischer und internationaler Ebene bestens vernetzt sind, ist Deutschland auch bei dieser Gates-Impf-Initiative sofort mit viel deutschen Steuergeldern dabei. Der deutsche Steuerzahler zahlt, bei der Gründung von CEPI gleich 90 Millionen Euro und für die Corona-Krise zusätzliche 140 Millionen Euro, die zum Teil an Firmen mit Gates-Beteiligung fließen.

Darüber hinaus beteiligt sich Gates an zahlreichen weiteren Organisationen, die den Impfplan und ID2020 voranbringen, darunter auch das Fraunhofer-Institut, das Helmholtz-Institut und die Charité, das RKI sowie zahlreiche US-amerikanische Organisationen, darunter auch die umstrittene PATH-Stiftung, die die gefährlichen Impfversuche in Indien durchführte. Für Grundlagenforschung ohne Interessenkonflikte mit privaten Investoren gibt es kaum mehr Geld, auch nicht in Deutschland.

Ein Jahr nach der Erfindung des biowaffentauglichen Corona-Virus gründet Gates ID2020 als gemeinnützige Organisation mit dem Ziel, weltweit das Impfen sowie das digitale Tracking voranzutreiben. Mit dabei sind die Rockefeller-Stiftung, die Impfallianz Gavi, und damit auch deutsche Gelder, sowie Microsoft. Durchgeführt werden soll das Projekt vor allem mit Steuergeldern der Industrienationen.

Gleichzeitig investiert Gates massiv in Biotechunternehmen und Medien, Fernsehsender sowie digitale Gesundheitsplattformen und Recherchenetzwerke. Bill Gates nutzt die Jahre, um seinen Einfluss auf alles, was groß und wichtig in der weltweiten Gesundheitspolitik und -wirtschaft ist, auszubauen. Nichts geht mehr ohne Gates. Davos, G7, Münchner Sicherheitskonferenz, UNICEF und WHO sowieso nicht. Irgendwann sitzt Gates schließlich bei allen wichtigen Staatschefs und Ministern auf dem Sofa.

Neben dem politischen Parkett hat Gates vor allem die Medien im Visier, um die Menschheit auf Kurs zu bringen. Schon 2009

berichtete das Magazin *Business Insider* von der gefährlichen me-
dialen Einflussnahme durch Bill Gates, die der Milliardär durch
großzügiges Sponsoring von Sendern und Verlagen erreicht, von
Viacom Network mit der Comedy-Show von Trevor Noah bis zu
Serien. Gates weiß, wie Einflussnahme funktioniert.

Jahrelang hatte er sich nur auf englischsprachige Medien und
Länder spezialisiert, aber im letzten Jahrzehnt auch massiv auf
Europa. In Deutschland trifft Gates mit dem Sponsoring des *Spiegel* ins Mark des hehren, unabhängigen, kritischen Journalismus,
für den vor allem dieses Magazin stand.

Im Jahr 2019 gelingt Gates dieser Coup mit der sogenannten
Globalen Gesellschaft, einem Mediaprojekt der Bill-und-Melinda-Gates-Stiftung, das den *Spiegel* subventioniert. Zunächst mit
2,3 Millionen Euro für drei Jahre, wie die *taz* kürzlich recherchierte. Dafür gibt es konforme Artikel im *Spiegel* über arme Menschen
in Entwicklungsländern. Medienrechtlich korrekt mit dem Hinweis auf die Stiftung, Einflussnahme ausgeschlossen – heißt es.
Unabhängiger kritischer Journalismus sieht anders aus.

Zufällig stehen seither kaum noch kritische Artikel im *Spiegel*
über Impfskandale und den Einfluss von Gates auf die WHO, die
Gesundheitspolitik und die Verflechtungen mit Big Pharma, wie
sie dort zuvor noch häufig erschienen sind. Auch das Gros aller
anderen Medien scheint mittlerweile auf dem Gates-Auge erblin-
det. Die Welt ist bereit für den großen Auftritt.

Militärolympiade 2019 in Wuhan

Am 18. Oktober 2019 führt Bill Gates das Corona-Pandemie-Plan-
spiel Event 201 mit der Johns-Hopkins-Universität durch. Gleichzeitig werden im chinesischen Wuhan die Military World Games
feierlich eröffnet. Nach dem Vorbild der Olympischen Spiele finden die Militärweltspiele seit 1995 alle vier Jahre an einem anderen Austragungsort statt. 2019 ist es Wuhan.

Fast 10 000 Soldaten und Soldatinnen aus über hundert Ländern nehmen an dem Wettkampf teil und reisen Mitte Oktober für zwei Wochen in die chinesische Stadt. Zu den Delegationen gehören auch Mitarbeiter von Geheimdiensten und Militärlaboren aus aller Welt. Es sind die größten Militärspiele, die es je gab, und zum ersten Mal sind auch zivile Zuschauer zugelassen.

Einige der Athleten werden ganz in der Nähe des Fischmarkts von Wuhan einquartiert, darunter auch US-Militärs, die inzwischen von chinesischer Seite beschuldigt werden, das neue Corona-Virus in die Welt gesetzt zu haben. In den Anschuldigungen geht es um genau das chimäre Virus, das Baric und Zhengli 2015 entwickelt haben.

Die USA wiederum verdächtigen China und nehmen an, dass das Virus aus Zhenglis Sicherheitslabor in Wuhan entschlüpft sei. Putin schließlich freut sich wahrscheinlich, dass er dieses Mal der lachende Dritte ist. Das Corona-Virus entgleist bei internationalen, militärischen Sportwettkämpfen, und dahinter steckt ein mächtiger Drahtzieher, liest sich wie die Zusammenfassung eines Thrillers.

Falls es einen Biowaffenattentäter gab, hätte er aus jedem Land kommen können. Die Anthrax-Anschläge 2001 und deren jahrelange Aufklärung haben gezeigt, wie verworren die Wege einer Biowaffe sein können.

Wo auch immer das Virus herkam, Gates hilft es, seine Impf- und Tracking-Kampagne voranzutreiben. Nach der ersten Panik im Januar folgt die Beschwichtigungsphase. Die WHO wird vorgeschickt, um Tür, Tor und Grenzen für das Virus offen zu halten, während Gates ID2020 vorbereitet.

Erst Wochen nachdem das Virus die Welt erobert hat, ruft die WHO die Pandemie aus. Mit dem dann unvermeidlichen Shutdown folgen Angst und Schrecken, die Börsen sind im freien Fall, und die Menschen hoffen nur noch, dass der Horror bald ein Ende hat.

Die Bühne ist frei für das immer lauter werdende orchestrierte Mantra von Bill Gates, abwechselnd vorgetragen von ihm, der WHO, dem RKI, der Charité oder Politikern: testen, impfen, tracken. Wenn das so weitergeht, wird die Menschheit in einem Jahr allem zustimmen, was Gates vorschlägt, und ID2020 bereitwillig unterstützen.

Es wird Zeit, dass wir unser System überdenken, nicht alles der Wirtschaft unterordnen und Philanthropen-Milliardären blind wie Lemminge folgen. Die nächste Pandemie ist vorprogrammiert, und wenn beim nächsten Mal ein noch viel tödlicheres Virus zuschlägt, stehen wir mit leeren Händen da, weil wir uns für Corona verausgabt haben.

EPILOG

Der Himmel ist blau, die Sonne scheint, ein Meer von Blüten ziert die Landschaft, Menschen allen Alters und Geschlechts spazieren durch Wälder, Wiesen und Parks. Eine Apokalypse sieht anders aus. Keine Frage, SARS-CoV-2 ist ein gefährliches Virus, aber es könnte bald noch viel schlimmer kommen. Pocken, Pest, Cholera und viele andere tödliche Seuchen sind noch lange nicht ausgerottet, sondern breiten sich gerade wieder aus.

Im Angesicht der Seuche hat die hochzivilisierte, technisierte Welt mit modernstem Gesundheitssystem versagt, und die Angst greift weltweit um sich. Angst fressen Seele auf, heißt es, und Angst ist kein guter Ratgeber.

Es wird sich noch zeigen, wie gut es ist, dass wir in dieser Situation vermeintliche Retter in der Not haben, die die ganze Welt mit nie getesteten Impfstoffen und weltweiten Überwachungssystemen beglücken wollen, die wiederum die deutschen Steuerzahler bezahlen sollen.

Es wird sich auch zeigen, wie gut es ist, dass wir eine WHO haben, die weltweite Richtlinien für eine solche Krise setzt und zu 80 Prozent von Big Pharma und privaten Stiftungen finanziert wird.

Schließlich wird sich zeigen, wie gut es ist, Hunderte Millionen deutscher Steuergelder in Stiftungen für die Corona-Bekämpfung zu investieren, die mit ebenden Akteuren verflochten sind, die auch die Marschrichtung bei der WHO vorgeben und auch in zahlreiche Medien investiert haben, die weltweit Meinungen beeinflussen.

»Variola« ist auf dem besten Weg, zurückzukommen, Kuhpocken und Affenpocken haben die Menschheit schon erreicht.

Noch sind es nur Einzelfälle, aber in der atemberaubenden Geschwindigkeit, mit der die Menschheit gerade sämtliche Lebensräume zerstört, machen sich Viren und Bakterien auf die Suche nach einem neuen Wirt.

Nicht nur auf Madagaskar tobt immer wieder die Pest, auch in China, Russland und den USA erliegen regelmäßig Menschen dem Schwarzen Tod, Tuberkulose und Cholera sowieso. Durch die Klimaerwärmung sind Malaria, Dengue, Gelbfieber und andere gefährliche tropische Seuchen, die durch Stechmücken und sonstige Insekten übertragen werden, auch in unseren Breitengraden auf dem Vormarsch.

Seuchengefahr droht auch verstärkt aus dem Labor. Biowaffen können dank CRISPR/Cas, Gene-Drives und Insect Allies immer leichter und heimlicher hergestellt werden. Kontrollen gibt es keine. Am 10. April warnt auch UN-Generalsekretär António Guterres mit drastischen Worten vor dieser Gefahr: »Die Schwächen und mangelhafte Vorbereitung, die durch diese Pandemie offengelegt wurden, geben Einblicke darin, wie ein bioterroristischer Angriff aussehen könnte – und erhöhen möglicherweise das Risiko dafür.«

Die WHO agiert hilflos und kopflos, getrieben von privatwirtschaftlichen Interessen, während zahlreiche Menschen weltweit ihre Existenz verlieren. Die Welt ist im Krisenmodus und stellt sich auf eine neue »Corona-Normalität« ein. Ein Heilmittel gegen Corona wäre dafür sehr hilfreich. Der australische Milliardär Clive Palmer hat sich dafür in Stellung gebracht, die Welt mit Hydroxychloroquin und Zink vor Corona zu retten und der Impfkampagne von Bill Gates einen eisigen Wind entgegenzuschicken. Auch Robert Kennedy junior schärft die Messer seiner Antiimpfkampagne, während die Clintons noch stramm bei Gates stehen. Der Kampf der Titanen wird noch spannend werden, und die Regierungen der Welt werden sich entscheiden müssen, welche Marschrichtung sie einschlagen.

Fast nichts ist mehr, wie es einmal war. Die Welt und die Wirtschaft müssen sich neu sortieren, und die Menschheit sollte sich nicht vor den Karren vermeintlich philanthropischer Milliardäre spannen lassen, sondern für ihre Bürger entscheiden, welchen Weg sie wählen.

Europa steckt voller Ideen und kluger Köpfe, und jede Krise birgt auch Chancen für einen Neuanfang. Nicht nur für Politik und Wirtschaft, auch für Natur und Klima und vor allem für die Gesundheit der Menschen, vielleicht ohne Patente, aber mit Medikamenten und Impfstoffen für das Gemeinwohl.

DANK

Schreiben ist ein einsames Geschäft, aber selbst in Corona-Zeiten entsteht ein Buch nicht ganz allein am Schreibtisch. Manchmal glühten meine Ohren vom vielen Telefonieren, und bis zum Shutdown habe ich mit Sicherheitsabstand noch einige Termine wahrgenommen und viele hilfreiche Informationen bekommen. Nicht allen kann ich hier danken, und manche wollen auch lieber nicht genannt werden. Ganz großer Dank geht an meine Familie, die es so geduldig ertragen hat, dass ich mich mal wieder wochenlang, selbst an den Wochenenden, nicht vom Schreibtisch entfernt habe.

Vor allem möchte ich mich aber auch bei meinem Verlag bedanken, vor allem bei Florian Fischer, der an das spontan eingebrachte Thema Corona und Pandemien schon von Anfang an glaubte, obwohl wir bereits einen ganz anderen Titel besprochen hatten, und das Projekt unglaublich engagiert, kompetent und inspirativ begleitet hat. Außerdem möchte ich mich bedanken bei meinem Kollegen Erich Mauracher für unterhaltende und kluge Ideen; bei der großartigen Therapeutin Nina Gurk für ihren Input über chinesische Heilkräuter; Gianni, Antonio und Bandino Lo Franco sowie Annette Müller, die mich über Italien und italienische Heilkräuter auf dem Laufenden gehalten haben; bei Prof. Martin Scholz und Dr. Roland Derwand, die mich auf die Zinkspur gebracht und mich auf entscheidende Details bei dem biowaffentauglichen chimären Corona-Virus aus dem Labor hingewiesen haben; der sensationellen Fotografin Angelika Wald-Buettner, die mich über Neues und kritische Stimmen aus New York und den USA immer wieder informiert hat; sowie bei Marjorie Goetz, Steffi Lupp und Sabine Schmalwieser-Klopp für zahlreiche Unterlagen und Hinweise.

QUELLENVERZEICHNIS

Alibek, Ken, Handelman, Steven: Biohazard. The Chilling True Story of the Largest Covert Biological Weapons Program in the World – Told from Inside by the Man Who Ran. London 1999

Büchenbacher, Katrin: Chinas Whistleblower-Ärzte: Sie enthüllten die Aids-Krise, das wahre Ausmass von Sars und die Existenz des neuen Coronavirus. Ihr Aktionismus rettete Leben – und trieb sie ins Verderben. NZZ, 11.02.2020
https://www.nzz.ch/nzz-asien/coronavirus-sars-aids-whistleblower-li-wenliang-hat-vorgaenger-ld.1539629
(abgerufen am 11.05.2020)

Bundesamt für Verbraucherschutz und Lebensmittelsicherheit: Stellungnahme zur gentechnikrechtlichen Einordnung von neuen Pflanzenzüchtungstechniken, insbesondere ODM und CRISPR-Cas9, 28.02. 2017
https://www.bvl.bund.de/SharedDocs/Downloads/06_Gentechnik/
Stellungnahme_rechtliche_Einordnung_neue_Zuechtungstechniken.
pdf?__blob=publicationFile&v=12
(abgerufen am 11.05.2020)

Bundesministerium für Bildung und Forschung, Pressemitteilung 011/2020: CureVac und CEPI bauen Kooperation zur Entwicklung eines Impfstoffs gegen das Coronavirus nCoV-2019 aus, 31.01.2020
https://www.bmbf.de/de/curevac-und-cepi-bauen-kooperation-zur-entwicklung-eines-impfstoffs-gegen-das-coronavirus-10797.html
(abgerufen am 11.05.2020)

Charité, Universitätsmedizin Berlin: Erster Test für das neuartige Coronavirus in China entwickelt. Gemeinsame Pressemitteilung der Charité und des DZIF, 16.01.2020

https://www.charite.de/service/pressemitteilung/artikel/detail/erster_test_fuer_das_neuartige_coronavirus_in_china_entwickelt/
(abgerufen am 11.05.2020)

Chrubasik-Hausmann, Sigrun: Schwarzer Knoblauch (Allium sativum). Uniklinik Freiburg 2016
https://www.uniklinik-freiburg.de/fileadmin/mediapool/08_institute/rechtsmedizin/pdf/Addenda/2016/SchwarzerKnoblauch.pdf
(abgerufen am 11.05.2020)

Cox, David B. T., Gootenberg, Jonathan S., Abudayyeh, Omar O., Franklin, Brian, Kellner, Max J., Joung, Julia, Zhang, Feng: RNA editing with CRISPR-Cas13. Science Nov. 2017: 1019–1027
https://science.sciencemag.org/content/358/6366/1019.long
(abgerufen am 11.05.2020)

Cyranoski, David: Bat cave solves mystery of deadly SARS virus – and suggests new outbreak could occur. Nature, 01.12.2017
https://www.nature.com/articles/d41586-017-07766-9
(abgerufen am 11.05.2020)

Deutscher Bundestag: Drucksachen und Plenarprotokolle des Bundestages, 19. Wahlperiode, Antwort der Bundesrgierung vom 25.10.2019, Drucksache 19/14519 vom 25.10.2019
http://dipbt.bundestag.de/dip21/btd/19/145/1914519.pdf
(abgerufen am 11.05.2020)

Deutscher Bundestag: Drucksachen und Plenarprotokolle des Bundestages, 19. Wahlperiode, Antrag vom 10.09.2019, Drucksache 19/13072 vom 10.09.2019
https://dip21.bundestag.de/dip21/btd/19/130/1913072.pdf
(abgerufen am 11.05.2020)

Deutscher Bundestag, Parlamentsnachrichten: 600 Millionen Euro für GAVI-Impfallianz. hib 047/2015 vom 28.01.2015
https://www.bundestag.de/presse/hib/2015_01/358482-358482
(abgerufen am 11.05.2020)

Derwand R., Scholz M.: Does zinc supplementation enhance the clinical efficacy of chloroquine/hydroxychloroquine to win todays battle against COVID-19? Medical Hypotheses, Volume 142, September 2020, 109815

https://www.sciencedirect.com/science/article/pii/S03069877203
06435?via%3Dihub

(abgerufen am 11.05.2020)

Engdahl, F. W.: Why Is the Pentagon Weaponizing Insects? Global Research, 30.10.2018

https://www.globalresearch.ca/pentagon-weaponizing-insects/5658460

(abgerufen am 11.05.2020)

Engdahl, F. W.: Gene Edited Catastrophe in Brazil. Mosquitos. Global Research, 03.10.2019

https://www.globalresearch.ca/gene-edited-catastrophe-brazil/ 5690917

(abgerufen am 11.05.2020)

Enserink, Martin: GM Mosquito Trial Alarms Opponents, Strains Ties in Gates-Funded Project. Science, 16.11.2010

https://www.sciencemag.org/news/2010/11/gm-mosquito-trial-strains-
ties-gates-funded-project

(abgerufen am 11.05.2020)

Enserink, Martin: Flu Researcher Ron Fouchier Loses Legal Fight Over H5N1 Studies. Science, 25.09.2013

https://www.sciencemag.org/news/2013/09/flu-researcher-ron-
fouchier-loses-legal-fight-over-h5n1-studies#

(abgerufen am 11.05.2020)

Fan, Y., Zhao, K., Shi, Z.-L., Zhou, P.: Bat Coronaviruses in China. Viruses 2019, 11 (3), 210

https://www.ncbi.nlm.nih.gov/pmc/articles/PMC6466186/

(abgerufen am 11.05.2020)

Fonbuena, Carmela: Hundreds of children die in Philippine dengue epidemic as local action urged. The Guardian, 12.09.2019

https://www.theguardian.com/global-development/2019/sep/12/
hundreds-of-children-die-in-philippine-dengue-epidemic-as-local- ac-
tion-urged

(abgerufen am 11.05.2020)

Gaytandzhieva, Dilyana: US diplomats involved in trafficking of human blood and pathogens for secret military program, 12.09.2018
http://dilyana.bg/us-diplomats-involved-in-trafficking-of-human-blood-and-pathogens-for-secret-military-program/
(abgerufen am 11.05.2020)

Gerichtshof der Europäischen Union, Pressemitteilung 111/18: Durch Mutagenese gewonnene Organismen sind genetisch veränderte Organismen (GVO) und unterliegen grundsätzlich den in der GVO-Richtlinie vorgesehenen Verpflichtungen. Luxemburg, 25.07.2018
https://curia.europa.eu/jcms/upload/docs/application/pdf/2018-07/cp180111de.pdf
(abgerufen am 11.05.2020)

Herfst, Sander, Schrauwen, Eefje J. A., Linster, Martin, Chutinimitkul, Salin, de Wit, Emmie, Munster, Vincent J., Sorrell, Erin M., Bestebroer, Theo M., Burke, David F., Smith, Derek J., Rimmelzwaan, Guus F., Osterhaus, Albert D. M. E., Fouchier, Ron A. M.: Airborne Transmission of Influenza A/H5N1 Virus Between Ferrets. Science, 22 Jun 2012, Vol. 336, Issue 6088, pp. 1534–1541
https://science.sciencemag.org/content/336/6088/1534.long
(abgerufen am 11.05.2020)

Jeremias, Gunnar, Himmel, Mirko: Biologische Grundlagen der Friedensforschung – Biowaffen und ihre Kontrolle. ZNF Universität Hamburg, 08.04.2015
https://www.znf.uni-hamburg.de/media/documents/docs-ss15/biowaffen/02-bio-vl-bw-kontrolle-final.pdf
(abgerufen am 11.05.2020)

Klee, S. R., Jacob, D., Nattermann, H., Appel, B.: Bioterroristisch relevante bakterielle Erreger. Robert-Koch-Institut, Berlin 2003
https://www.rki.de/DE/Content/Infekt/Biosicherheit/BGB_Sonderausgabe/02_Leitthema.pdf?__blob=publicationFile
(abgerufen am 11.05.2020)

Klooß, Kristian: Wo Bill Gates' Microsoft-Milliarden heute stecken. Manager Magazin, 06.05.2014

https://www.manager-magazin.de/unternehmen/artikel/wo-die-micro-soft-milliarden-von-bill-gates-heute-stecken-a-967703-5.html
(abgerufen am 11.05.2020)

Krangel, Eric: Gates Foundation Paying For Programming On ER, Viacom. Business Insider, 02.04.2009
https://www.businessinsider.com/bill-gates-tv-2009-4?r=DE&IR=T
(abgerufen am 11.05.2020)

Kumar, Sanjay, Butler, Declan: Calls in India for legal action against US charity. Nature, 09.09.2013
https://www.nature.com/news/calls-in-india-for-legal-action-against-us-charity-1.13700?referral=true
(abgerufen am 11.05.2020)

Max-Planck-Gesellschaft: Freisetzung transgener Insekten beruht auf unvollständig veröffentlichten Daten, 01.02.2012
https://www.mpg.de/5007052/genetisch_veraenderte_insekten
(abgerufen am 11.05.2020)

Max-Planck-Gesellschaft: Ein Schritt zur biologischen Kriegsführung mit Insekten?, 04.10.2018
https://www.mpg.de/12316482/darpa-insect-ally
(abgerufen am 11.05.2020)

Max-Planck-Gesellschaft: Artemisia annua to be tested against coronavirus, 08.04.2020
https://www.mpg.de/14663263/artemisia-annua-to-be-tested-against-covid-19
(abgerufen am 11.05.2020)

Menachery, VD, Yount, BL Jr, Debbink, K, et al.: A SARS-like cluster of circulating bat coronaviruses shows potential for human emergence. Nature Medicine 2015; 21 (12): 1508–1513
https://www.ncbi.nlm.nih.gov/pmc/articles/PMC4797993/
(abgerufen am 11.05.2020)

Miłek, Justyna, Blicharz-Domańska, Katarzyna: Coronaviruses in Avian Species – Review with Focus on Epidemiology and Diagnosis in Wild Birds. Journal of veterinary research vol. 62,3, 249–255, 10 Dec. 2018

https://www.ncbi.nlm.nih.gov/pmc/articles/PMC6296008/
(abgerufen am 11.05.2020)

Naruepol Promkuntod (2016): Dynamics of avian coronavirus circulation in commercial and non-commercial birds in Asia – a review. Veterinary Quarterly, 36:1, 30–44
https://www.tandfonline.com/doi/full/10.1080/01652176.2015.1126868
(abgerufen am 11.05.2020)

Normile, Dennis: Mystery virus found in Wuhan resembles bat viruses but not SARS, Chinese scientist says. Science, 10.01.2020
https://www.sciencemag.org/news/2020/01/mystery-virus-found-wu-han-resembles-bat-viruses-not-sars-chinese-scientist-says
(abgerufen am 11.05.2020)

Rich, Nathaniel: The Baffling, Gruesome Plague That Is Causing Sea Stars to Tear Themselves to Pieces. Vice, 31.03.2015
https://www.vice.com/en_us/article/3bjz4v/the-wasting-0000650-v22n5
(abgerufen am 11.05.2020)

Schreier, Doro: Ein gefährliches Netzwerk und unsägliche Allianz – Bill Gates und die WHO. netzfrauen.org, 19.12.2018
https://netzfrauen.org/2018/12/19/who/
(abgerufen am 11.05.2020)

te Velthuis, AJ, van den Worm, SH, Sims, AC, Baric, RS, Snijder, EJ, van Hemert, MJ: Zn(2+) inhibits coronavirus and arterivirus RNA polymerase activity in vitro and zinc ionophores block the replication of these viruses in cell culture. PLoS Pathogens 2010; 6 (11): e1001176. doi:10.1371/journal.ppat.1001176
https://www.ncbi.nlm.nih.gov/pmc/articles/PMC2973827/
(abgerufen am 11.05.2020)

United World International: New evidence suggests coronavirus may have originated in the US, 17.03.2020
https://uwidata.com/8839-new-evidence-suggests-coronavirus-may-have-originated-in-the-us/
(abgerufen am 11.05.2020)

Unmüßig, Barbara: Ein globaler Coup zum Wohle der Menschheit? Wir

müssen sicherstellen, dass auch beim privaten Sponsoring das öffentliche Interesse im Mittelpunkt steht. Heinrich Böll Stiftung, 26.03.2008
https://www.boell.de/de/navigation/struktur-2468.html
(abgerufen am 11.05.2020)

U.S. Department of Defense: Top Military Research Lab Part of Worldwide Search for SARS Cure, 29.05.2003
https://archive.defense.gov/news/newsarticle.aspx?id=28935
(abgerufen am 11.05.2020)

Von Rheinbaben, Fabian, Wolff, M. H.: Handbuch der viruswirksamen Desinfektion. Berlin 2012

WHO: Stellungnahme per Tweet am 14.01.2020:
https://twitter.com/who/status/1217043229427761152?lang=de
(abgerufen am 11.05.2020)

Wilburn, Lauren: Gene Drive Mosquitoes: Ethics, Environment and Efficacy. Science <Innovation Union, 20.09.2019
http://science-union.org/articlelist/2019/9/20/gene-drive-mosqui-toes-ethics-environment-and-efficacy
(abgerufen am 11.05.2020)

Wyatt, Tim: Research into deadly viruses and biological weapons at US army lab shut down over fears they could escape. Independent, 06.08.2019
https://www.independent.co.uk/news/world/americas/virus-biologi-cal-us-army-weapons-fort-detrick-leak-ebola-anthrax-smallpox-ri-cin-a9042641.html
(abgerufen am 11.05.2020)

Xu, Liwen, Han, Zongxi, Jiang, Lei, Sun, Junfeng, Zhao, Yan, Liu, Sheng-wang (2018): Genetic diversity of avian infectious bronchitis virus in China in recent years. Infection, Genetics and Evolution 66, Sep 2018
https://www.researchgate.net/publication/327774456_Genetic_diversi-ty_of_avian_infectious_bronchitis_virus_in_China_in_recent_years
(abgerufen am 11.05.2020)

Yang Rui, Feng Yuding, Zhao Jinchao, Matthew Walsh: Wuhan Virology Lab Deputy Director Again Slams Coronavirus Conspiracies. Caixin, 07.02.2020

https://www.caixinglobal.com/2020-02-07/wuhan-virology-lab-deputy-director-again-slams-coronavirus-conspiracies-101512828.html
(abgerufen am 11.05.2020)

Yang, X., Tan, C. W., Anderson, D. E., et al.: Characterization of a filovirus (Měnglà virus) from Rousettus bats in China. Nature Microbiology 4, 390–395 (2019)
https://www.nature.com/articles/s41564-018-0328-y
(abgerufen am 11.05.2020)

Young, Ed: Second mutant-flu paper published. Nature 21.06.2012
https://www.nature.com/news/second-mutant-flu-paper-published-1.10875
(abgerufen am 11.05.2020)

Für weiterführende Informationen und Hintergründe meiner Recherche besuchen Sie bitte:

http://city-media-tv.de/homestart/bucher/